죽기 전에
사기를 공부하고
삼국지를 통하고
홍루몽을 즐겨라

죽기 전에 사기를 공부하고 삼국지를 통하고 홍루몽을 즐겨라

초판 1쇄 발행　　2012년 5월 7일
초판 4쇄 발행　　2019년 7월 15일

편저자	김세중
펴낸이	김상철
발행처	스타북스
등록번호	제300-2006-00104호
주소	서울특별시 종로구 종로1가 르메이에르 1117호
전화	02) 735-1312
팩스	02) 735-5501
이메일	starbooks22@naver.com
ISBN	978-89-968193-8-7 13820

ⓒ 2019 Starbooks Inc.
Printed in Seoul, Korea

- 잘못 만들어진 책은 본사나 구입하신 서점에서 교환하여 드립니다.
  이 책은 저작권법에 의해 보호를 받는 저작물이므로 무단전재와 무단복제를 금합니다.

절·대·지·식·동·양·고·전

죽기 전에

이름은 헛되이 전해지는 법이 없다 名不虛傳 명불허전

사기를 공부하고

타고 온 배를 물에 빠뜨리다 破釜沈舟 파부침주

삼국지를 통하고

지나친 꾀와 계책이 도리어 화를 초래하다 機關算盡 기관산진

홍루몽을 즐겨라

김세중 편저

스타북스

머리말

　중국은 유구한 역사를 가진 나라로 동양의 고대·중세 문화의 중심에 서 있었다. 아시아 대부분의 국가가 이에 영향을 받았는데 우리나라를 비롯해서 일본·베트남·태국·홍콩 등 거의 아시아의 모든 나라가 그렇다고 해도 무리가 없을 정도이다. 비록 근세를 지나며 잠시 주춤하긴 했지만 거대한 영토나 어마어마한 인구, 특유의 민족성 때문에 현대의 중국은 여전히 쉽게 여길 수 없는 존재이다. 게다가 최근 급격한 위상의 상승으로 인해 제2외국어로 중국어를 선택하는 학생도 늘고 있다.
　중화 민족의 비약적 성장의 기반에는 문화가 있고 역사가 있고 사람이 있다. 지리적으로 인접한 우리나라에서는 계속해서 중국의 학문이나 역사를 연구해 왔다. 하지만 그 연구는 유가 경전이나 도가 경전 같은 '학문'의 범주에만 국한되고 문학은 한시(漢詩) 정도가 다뤄졌을 뿐, 상대적으로 산문에 대한 이해나 연구는 부족했다.
　학문이 머리라면 문학은 가슴이다. 한 사람을 안다고 말할 때 이성만 알거나 감성만 아는 것은 불완전한 '앎'이다. 다시금 중국의 힘이 강해지고 있는 시기에 그 근간을 파헤쳐 보고자 한다면 단지 지금까지 해 왔던 방식만으로는 부족하다. 그리하여 인간의 감정과 본성을 다루는 '문학'의 장르에서 중국의 역사를 파악하고 인물들을 만날 수 있는 책이 필요했다. 바로 그것이

『죽기 전에 사기를 공부하고 삼국지를 통하고 홍루몽을 즐겨라』가 만들어진 동력이다.

『삼국연의』는 중국 문학사상 가장 유명하고 가장 큰 영향력을 끼친 장회(章回)체 고전 소설이며 총 4백여 명에 이르는 인물들이 형상화되었다. 작품 속에는 사납고 야심 많은 호걸이나 뛰어난 모사, 용맹한 장수를 막론하고 모든 인물이 생생하고 개성 넘치는 모습으로 묘사되었다. 특히 전투 장면은 기세가 웅장하고 박진감이 넘쳐 여타의 작품들과는 전혀 다른 맛을 보여준다. 실제로 각기 다른 상황에 따라 개성적으로 묘사된 전쟁 장면들은 혼을 뺄 정도로 놀랍고 감동적이다. 분명히 책을 읽으면서 나관중이 자연스럽게 형상화한 복잡다단한 전장의 모습에 찬탄을 금치 못할 것이다.

중국인들의 자존심이자, 오랜 관심사인『홍루몽』은 인물의 성격에 대한 세밀한 묘사와 긴박감 넘치는 구성 및 아름다운 문체를 지닌 소설로 이름이 높다. 우리나라에선 비교적 잘 알려져 있지 않지만 한 가문의 흥망성쇠와 사랑 이야기를 통해 당대 중국의 문화와 사상 및 여러 가지 특수성들을 살펴보게 해 준다.

『사기』는 황제(黃帝)에서 한(漢) 무제(武帝)에 이르기까지 3천 년 역사가 기록되어 있는 중국 역사학 사상 최초의 기전체 통사이다. 이는 김부식의『삼국사기』나 일연의『삼국유사』만큼이나 대한민국 국민에게도 익숙한 역사서이다. 그것은 비단 우리나라가 중국의 영향을 많이 받았기 때문만은 아니다. '중국의 역사' 보다는 '중국의 학문'을 공부하는 것이 정석이던 우리나라 학자들이『사기』를 언급하고 읽어 왔다는 것은『사기』자체가 가지고 있는 고유한 가치가 상당히 높다는 이야기가 된다. 또한『사기』는 단지 역사서에 그치지 않고 운문과 산문의 조화가 절묘해 때문에 '문학'으로 구분되기도 한다.

이와 같은 세 권의 경전에서 가장 핵심적인 명언들만 정선하여 구성한 이 책을 통해 집약된 중국사와 문화를 살펴볼 수 있을 것이다. 한민족의, 아시아 문화의 전반을 지배하며 아직까지도 뿌리 깊게 박혀 있는 중국의 문화는 일종의 집단 무의식과 같다. 하지만 이것을 그대로 두지 않고 내부를 들여다보며 분석하는 것은 반드시 필요한 일이다. 또한 이 책들이 꾸준히 사랑받고 인정받는 까닭은 부정할 수 없는 진리가 그 안에 깃들어 있기 때문일 터, 압축된 『사기』, 『삼국연의』, 『홍루몽』을 읽어 단지 중국이란 한 나라에 국한된 지식을 갖는 것 뿐이 아니라 자아를 통찰하고 세상을 관찰하고 지혜를 얻는 시간을 가질 수 있기를 바란다.

|목차|

_ 머리말

역사 속에서 핀 꽃, 사기

001 선비는 나를 알아주는 사람을 위해 목숨을 바치고 여자는
    자기를 좋아하는 사람을 위해 치장을 한다
    士爲知己者死 女爲悅己者容(사위지기자사 여위열기자용) _017
002 갑옷을 입고 무기를 들다 披堅執銳(피견집예) _020
003 타고 온 배를 물에 빠뜨리다 破釜沈舟(파부침주) _024
004 가르칠 만한 가치가 있다 孺子可敎(유자가교) _028
005 세 번 명령하고 다섯 번 말하다 三令五申(삼령오신) _031
006 한 글자의 값어치가 천금이다 一字千金(일자천금) _034
007 길에서 만나면 눈짓으로 말을 한다 道路以目(도로이목) _037
008 원숭이가 갓을 쓰다 沐猴而冠(목후이관) _040
009 시장과 길거리에서 이루어지는 교제 市道之交(시도지교) _043
010 사방에서 초나라 노래가 울린다 四面楚歌(사면초가) _046
011 집안이 빈곤하면 좋은 아내가 그리워지는 법이요 나라가 혼란하면
    현명한 재상이 아쉽다 家貧思良妻 國亂思良相(가빈사량처 국란사량상) _049
012 술을 좋아하고 제멋대로 행동하다 高陽酒徒(고양주도) _053
013 밥 한 그릇이 천금의 가치가 있다 一飯千金(일반천금) _056
014 가만히 앉아서 현실성 없는 이론만 늘어놓는다 紙上談兵(지상담병) _059
015 윗사람을 농락해 권세를 마음대로 휘두르다 指鹿爲馬(지록위마) _062
016 하찮은 인정이나 베푼다 婦人之仁(부인지인) _065
017 겉모습은 같으나 실제로는 다르다 優孟衣冠(우맹의관) _069
018 섶 위에서 잠을 자고 쓸개를 핥는다 臥薪嘗膽(와신상담) _072
019 비슷한 두 세력이 공존할 수 없다 勢不兩立(세불양립) _075
020 충언은 귀에 거슬린다 忠言逆耳(충언역이) _078

021 입술이 없으면 이가 시리다 脣亡齒寒(순망치한) _081
022 복숭아나무와 자두나무는 말을 할 수 없지만 나무 아래에 사람들이
    저절로 찾아와 길이 생긴다 桃李不言 下自成蹊(도리불언 하자성혜) _085
023 서적을 불태우고 유생들을 구덩이에 묻다 焚書坑儒(분서갱유) _088
024 나라 안에서 가장 뛰어난 인물이다 國士無雙(국사무쌍) _092
025 허물을 고쳐 스스로 새로워지다 改過自新(개과자신) _095
026 호랑이 두 마리가 싸우면 한쪽은 반드시 다친다
    兩虎相鬪 必有一傷(양호상투 필유일상) _098
027 지나간 일을 잊지 말고 훗날의 스승으로 삼자
    前事不忘, 後事之師(전사불망 후사지사) _102
028 항장이 칼춤을 추는데 뜻은 패공에게 있다
    項莊舞劍 意在沛公(항장무검 의재패공) _105
029 천하를 내 집으로 삼는다 四海爲家(사해위가) _108
030 이익을 함께 나누다 分一杯羹(분일배갱) _111
031 주색에 빠져 할 일을 팽개치다 醇酒婦人(순주부인) _114
032 싸움에 진 장수는 용맹을 운운할 자격이 없다
    敗軍之將 不語兵(패군지장 불어병) _117

패자의 꿈을 꾸다, 삼국지

001 세상에서 보기 드문 인재 曠世逸材(광세일재) _123
002 언제라도 위험이 닥칠 수 있다 危在旦夕(위재단석) _127
003 관계가 먼 사람은 관계가 가까운 사람 사이에 끼어들지 못한다
  疏不間親(소불간친) _131
004 늑대 새끼 같은 야심 狼子野心(랑자야심) _135
005 쥐 잡으려다 그릇 깬다 投鼠忌器(투서기기) _139
006 겉으로는 강하지만 속은 약하다 色厲膽薄(색려담박) _143
007 매실을 생각하며 갈증을 없앤다 望梅止渴(망매지갈) _147
008 몸은 조조의 진영에 있지만 마음은 한나라에 있다
  身在曹營 心在漢(신재조영 심재한) _150
009 다섯 관문을 지나며 여섯 장수를 베다 過五關 斬六將(과오관 참육장) _155
010 겉은 도량이 넓어 보이지만 속은 쌀쌀맞다 外寬而內忌(외관이내기) _159
011 마음이 어지러워지다 方寸已亂(방촌이란) _163
012 하늘을 다스리고 땅을 다스리다 經天緯地(경천위지) _167
013 초가집을 세 번 방문한다 三顧草廬(삼고초려) _171
014 엎어진 둥지 아래 성한 알이 있겠는가
  覆巢之下 安有完卵(복소지하 안유완란) _174
015 간과 뇌를 땅에 쏟다 肝腦塗地(간뇌도지) _178
016 짚을 실은 배로 화살을 빌다 草船借箭(초선차전) _182
017 자기 몸을 상해 가면서까지 꾸며 내는 계책 苦肉計(고육계) _186
018 지혜롭고 계략이 많다 足智多謀(족지다모) _190
019 불세출의 공적 不世之功(불세지공) _194
020 연못 속의 동물이 아니다 非池中物(비지중물) _198
021 부인도 잃고 병사도 잃고 賠了夫人 又折兵(배료부인 우절병) _202

022 주유를 낳으셨으면서 어찌 제갈량을 또 낳으셨습니까
　　　既生瑜 何生亮(기생유 하생량)_206
023 그때그때 처한 뜻밖의 일을 재빨리 알맞게 대처한다 隨機應變(수기응변)_210
024 부드러움으로 강함을 이긴다 柔能克剛(유능극강)_214
025 섶을 지고 불에 뛰어든다 抱薪救火(포신구화)_218
026 이름은 헛되이 전해지는 법이 없다 名不虛傳(명불허전)_222
027 장수가 밖에 있을 때는 듣지 않아도 되는 군주의 명이 있다
　　　將在外 君命有所不受(장재외 군명유소불수)_225
028 보검은 늙지 않는다 寶刀不老(보도불로)_229
029 배짱이 두둑하다 渾身是膽(혼신시담)_232
030 먹자니 맛이 없고 버리자니 아깝다
　　　食之無味 棄之可惜(식지무미 기지가석)_236
031 뼈를 긁어 독을 치료하다 刮骨療毒(괄골료독)_240
032 차에 싣고 말로 담을 정도 車載斗量(거재두량)_243

가없는 사랑의 굴레, 홍루몽

001 물길 따라 배를 젓듯이 대세에 따르다 順水行舟(순수행주) _249
002 지나친 꾀와 계책이 도리어 화를 초래하다 機關算盡(기관산진) _253
003 세상사 도리를 깨우치는 것이 바로 학문이다
    世事洞明皆學問(세사동명개학문) _256
004 얼굴에 희색이 만면하다 眉開眼笑(미개안소) _259
005 본인과 하등의 이해관계 없는 일 不關痛癢(불관통양) _262
006 달도 차면 기울고 물도 차면 넘친다
    月滿則虧 水滿則溢(월만즉휴 수만즉일) _265
007 숨이 끊어질 듯 애통해하다 哀哀欲絶(애애욕절) _269
008 밤낮으로 갈 길을 재촉하다 晝夜兼程(주야겸정) _272
009 온갖 추태를 부리다 醜態畢露(추태필로) _275
010 한 번 보면 줄줄 외울 정도로 기억력이 좋다 過目成誦(과목성송) _278
011 주인의 품격이 높으면 자연히 찾아오는 이가 많다
    主雅客來勤(주아객래권) _281
012 땅이 꺼져라 한숨을 내쉬다 唉聲歎氣(해성탄기) _284
013 미인은 불행하거나 병약하여 요절하는 일이 많다 佳人命薄(가인박명) _287
014 경미한 일을 위해 어리석은 짓을 하다 剖腹藏珠(부복장주) _290
015 유유자적하다 逍遙自在(소요자재) _293
016 천혜의 보물을 썩혀 두다 暴殄天物(포진천물) _296
017 병이 위중하면 아무 의사에게나 매달린다 謂病篤亂投醫(위병독난투의) _300
018 상대하면 같은 부류가 된다 一般見識(일반견식) _303
019 시류에 영합하지 않다 不合時宜(불합시의) _306
020 입에서 나오는 대로 지껄이다 信口開合(신구개합) _309
021 웃음 속에 비수를 감추다 明是一盆火 暗是一把刀(명시일분화 암시일파도) _313

022 결혼은 인륜지대사 終身大事(종신대사)_316
023 마른하늘의 날벼락 같은 재앙 天有不測風雲(천유불측풍운)_320
024 사소한 일로 공연한 소란을 떨다 小題大做(소제대주)_323
025 자기도 모르게 不由自主(불유자주)_326
026 변변치 못한 사람 不稂不莠(불랑불유)_329
027 전생의 인연 前世因緣(전세인연)_333
028 체통을 지키지 못하다 不成體統(불성체통)_336
029 약수 삼천 리 한결같은 사랑 弱水三千(약수삼천)_340
030 양식이나 축내고 일처리는 데면데면하다 吃糧不管事(흘량불관사)_344
031 괴이한 일을 담담히 지나치다 見怪不怪 基怪自敗(견괴불괴 기괴자패)_347
032 반짝하고 마지막 회생의 기미를 보이다 廻光返照(회광반조)_350

역사 속에서 핀 꽃
사기

선비는 나를 알아주는 사람을 위해 목숨을 바치고
여자는 자기를 좋아하는 사람을 위해 치장을 한다

士爲知己者死 女爲悅己者容
사위지기자사 여위열기자용

001
선비는 나를 알아주는 사람을 위해 목숨을 바치고 여자는 자기를 좋아하는 사람을 위해 치장을 한다

士爲知己者死 女爲悅己者容(사위지기자사 여위열기자용)

예양(豫讓)은 산 속으로 도망치며 말했다. "에잇! 진짜 사나이라면 자신을 알아주는 사람을 위해 목숨을 바칠 수 있어야 하고 여자는 자신을 아껴 주는 사람을 위해 치장한다고 했어. 지백(智伯)은 나의 지기이니 나는 그의 원수를 갚는 데 내 생명도 바칠 수 있어! 그래야 내가 죽어 귀신이 된다 해도 내 양심에 부끄럽지 않을 것이야."

춘추 시대 말기에 진(晉)나라에 내란이 일어나자 지백은 한호(韓虎)와 위구(魏駒)를 협박해 병사를 일으키고 조양자(趙襄子)를 포위했다. 그러나 한호와 위구는 비밀리에 조양자와 모의해 지백을 협공해 그를 무너뜨리고 영토를 나누어 가졌다. 이때 지백의 가신인 예양은 간신히 목숨을 부지해 도망쳤고 반드시 지백의 복수를 하겠다고 결심했다.

예양이 처음으로 침입했을 때는 날카로운 칼을 숨기고서 궁중 변소를 수리하는 자로 위장해 암살 기회를 엿보고 있었다. 그러나 공교롭게도 금세 조양자에게 들통이 났고 예양은 솔직하게 자신은 지백을 위해 복수하러 왔다고 말했다. 조양자는 예양이야말로 진정한 의인이라는 생각이 들었다. 그리고 의인을 죽이는 것은 상서롭지 못한 일이라며 순순히 그를 풀어 주었다. 예양은 그곳을 탈출하자마자 수염과 눈썹을 온통 다 밀어 버렸다. 그리고는 온몸에 옻칠을 하고 나병 환자처럼 꾸민 다음에 그것도 모자라 숯을 삼키고 벙어리가 되었다.

이렇듯 고생스럽게 외모를 바꾼 뒤 예양은 다시 진양(晉陽)으로 가서 돌다리 아래에서 구걸하며 숨어 살았고 내내 조양자를 죽일 기회만 엿보았다. 마침내 절호의 기회가 다가왔다. 조양자가 마차를 타고 거리로 나온 것이다! 그러나 하필이면 그의 마차를 끄는 말이 뭔가에 놀라 소동을 피우는 바람에 암살 계획은 그만 수포로 돌아가고 말았다. 결국 예양은 또다시 체포되었다.

예양은 이번에는 죽음을 면하기 힘들다는 것을 직감했다. 그래서 그는 조양자의 옷이라도 몇 번 찌를 수 있게 해달라고 간청했다. 그렇게라도 해서 지백의 복수를 하겠다는 소원을 이루고 싶다는 것이다. 조양자는 입고 있던 두루마기를 벗어 그에게 주었다. 그러자 예양은 검을 뽑아 들고 고함을 치며 옷을 몇 차례 찌르더니 돌다리에서 스스로 목숨을 끊었다.

역사적 사례

춘추 시대에 정영(程嬰)은 진나라 재상 조삭(趙朔)의 친구였고 공손저구(公孫杵臼)는 조삭의 문객이었다. 이들은 모두 조삭이 매우 아끼는 인재들이었다.

진(晋) 경공(景公) 3년(기원전 579년), 조씨 가문에 재앙이 닥쳤다. 사구(司寇, 사법을 담당하는 직책—역주) 도안가(屠岸賈)가 조삭의 아버지 조순(趙盾)의 죄를 물어 조씨 가문 전체를 주살한 것이다. 당시 진 성공(晋成公)의 누이동생이었던 조삭의 아내만이 궁에 숨어 겨우 목숨을 건질 수 있었다.

공손저구가 정영을 보더니 친구가 화를 당했는데 왜 그의 뒤를 따르지 않느냐고 물었다. 정영은 이렇게 대답했다. "조삭의 아내에겐 유복자가 있네. 아들을 낳는다면 내가 어떻게든 그 아이를 보호해 나중에 복수를 시킬 것이며 딸을 낳는다면 그때 가서 뒤따라 죽어도 늦지 않네."

얼마 후 조삭의 아내가 아들을 낳았다. 이 소문을 들은 도안가는 즉시 궁에 사람을 풀어 수색했다. 그러나 조삭의 아내는 아기를 바지 안에 감추는 기지를 발휘해 수색을 무사히 통과할 수 있었다.

정영과 공손저구는 다시 모여 대책을 의논했다. 공손저구가 물었다. "죽는 것과 고아를 보살피는 것 중에서 무엇이 더 어려운가?" 정영이 대답했다. "죽는 것은 쉽지만 고아를 기르는 것은 어렵지." 잠시 무언가 생각하던 공손저구는 자신의 아들을 산에 숨겨 놓고 도안가에게 정영을 보내 조 씨의 유복자를 찾았다고 전하게 했다. 도안가는 산에서 찾은 공손저구의 아들을 조 씨의 아들인 것처럼 꾸며 공손저구와 함께 죽였다. 한편 정영은 조 씨의 유복자를 데려다 키웠고 나중에는 결국 조삭의 복수를 했다.

공손저구는 자신을 알아주는 사람을 위해 친아들과 자신의 생명을 바쳤던 것이다.

002
갑옷을 입고 무기를 들다
披堅執銳(피견집예)

송의가 말했다. "나는 그렇게 생각하지 않습니다. 등에는 소를 물기는 하지만 상처를 입히지는 못합니다. 지금 진(秦)나라가 조(趙)나라를 쳐서 승리했지만 병사들은 지쳤을 것입니다. 진나라 병사가 지치면 우리에게도 기회가 생기는 것입니다. 패배한다면 우리는 부대를 이끌고 북을 치며 서진하면 됩니다. 그러면 반드시 진군을 섬멸할 수 있을 것입니다. 그러므로 지금은 진나라와 조나라가 서로 싸우게 그냥 두는 편이 낫습니다. 만약 완전무장한 정예 부대가 용감하게 전방에서 싸운다면 나는 당신보다 못할 것입니다. 하지만 장막 안에 앉아 전략을 짜는 것은 당신이 나 송의보다 한 수 아래입니다."

진나라 말기에 항량은 의군(義軍)을 이끌고 동아(東阿)에서 출발해 서진했다. 정도(定陶)에 도착했을 때는 이미 두 차례나 진군을 공격해 승리를 거두었다. 게다가 항우 등은 이유(李由)를 죽인 후에 더욱 진군을 우습게 여겼다.

그때 부장 송의가 항량에게 충고를 한마디 했다. "전장에서 승리했다고 장수들이 자만하면 병사들이 게을러집니다. 이런 군대는 언젠가는 분명 패하고 말지요. 지금 우리 병사들은 이미 태만해졌는데 진군은 하루하루 강대해져 가니 저는 그저 걱정스러울 뿐입니다."

그러나 항량은 그의 충고를 듣지 않고 송의를 보내 제나라를 치게 했다. 송의는 도중에 제나라 사자 고릉군(高陵君)을 만나자 그에게 물었다. "무신군(武信君) 항량을 뵈러 오신 거요?" 상대방이 대답했다. "예, 그렇소." 송의가 말했다. "제 생각에 항량의 군대는 반드시 패배할 것입니다. 조금만 더 늦게 가신다면 목숨은 건질 수 있을 것입니다. 하지만 너무 일찍 가시면 분명 재앙을 면할 수 없을 것입니다."

진나라는 예상대로 장한(章邯)을 선두로 하여 전 병력을 동원해 초군을 공격했다. 그리고 진군이 정도에서 초군을 크게 물리친 전투에서 항량은 전사하고 말았다. 그 후 초 회왕(懷王)은 송의를 상장군에 항우를 부장에 임명하여 장한을 에워싸고 있는 조나라를 지원토록 했다. 그러나 송의와 항우는 서로 생각이 달랐다. 앞서 이야기한 항량과 송의의 대화가 바로 이 두 사람의 의견 차이를 분명하게 보여 준다.

송의는 군대가 안양(安陽)에 도착한 후에 46일 동안 진군하지 않았다. 그러나 항우는 신속히 강을 건너 조군과 안팎으로 공격해 진군을 대파하고자 했다. 그래도 송의는 이에 동의하지 않고 진나라와 조나라의 싸움을 지켜보다가 나중에 어부지리만 챙기면 된다고 했다. 항우는 결국 이를 참지 못하고 송의를 죽여 군권을 탈취했다.

역사적 사례

765년에 복고회은(僕固懷恩)은 당을 배반하고 토번(吐蕃, 지금의 티베트—역주), 회흘(回紇, 지금의 위구르—역주)과 결탁하여 30만 대군을 이끌고 여러 방향에서 중원을 공격해 장안을 위협했다. 곽자의(郭子儀)는 이런 위기 상황에서 명을 받고 적과 싸우기 위해 전방으로 떠났다. 당시 회흘의 병력만 해도 당나라 병사의 다섯 배나 되었다. 그런데 이때, 복고회은이 돌연 병으로 세상을 떠나자 회흘과 토번은 서로 이견을 좁히지 못했다. 곽자의는 회흘의 대장 약갈라(藥葛羅)에게 사자를 보내 안부를 물었다. 그러자 약갈라는 곽자의가 아직 살아 있다는 것을 믿을 수 없어 사자를 시켜 곽자의에게 직접 담판을 하자고 전했다. 이 말을 들은 곽자의는 바로 말을 타고 혼자서 회흘 군영으로 갈 생각이었는데 병사들이 모두 말렸다. 그리고 그의 아들 곽희(郭晞)는 아예 말고삐를 잡고 놓아주지 않았다. 이에 곽자의는 고삐를 잡고 있던 아들의 손을 채찍으로 힘껏 내리치고 군영을 빠져나갔다. 곧 회흘 군영에 곽자의가 도착했다고 소식이 전달되었다.

회흘 병사들은 마치 큰 적이라도 마주한 것처럼 '피견집예(披堅執銳)'하고 활을 쏠 준비를 한 채 전투태세를 갖췄다. 그럼에도 곽자의는 전혀 당황하지 않고 갑옷을 벗고 창을 내려놓고는 천천히 군영 안으로 걸어갔다. 약갈라와 회흘 장수들은 정말 곽자의가 나타나자 황망히 대열을 정비해 예를 행했다.

곽자의는 약갈라에게 우선 사정 이야기를 하고 대의를 깨우치며 이전의 공로를 포기하지 말고 또 새로운 원한을 맺지 말라고 권했다. 그 말을 들은 약갈라는 자신이 복고회은에게 속았다며 자신은 당나라와 전쟁을 벌이고 싶지 않다고 했다. 그리고 토번은 이 소식을 듣고 밤새 퇴각해 버렸다. 그러자 곽자의는 회흘과 연합해 정예 기마 부대를 보내서 토번을 추격했고 5만을 죽이고 10만을 포로로 잡았다.

003
타고 온 배를 물에 빠뜨리다
破釜沈舟(파부침주)

항우는 전군을 이끌고 장하(使河)를 건넌 후에 배를 모조리 침몰시켰다. 그러고는 단 사흘치 식량만 남긴 채 사용했던 그릇을 전부 때려 부수고 군영은 모두 불태워 버렸다. 필사의 각오로 전투에 임하라는 뜻이었다. 전방에 도착한 부대는 왕리(王離)를 포위하고 진나라 군대와 여러 차례 교전했다. 이렇게 해서 진나라 군대가 건설한 도로를 모두 차단하고 진군을 격파해 소각(蘇角)을 죽이고 왕리를 포로로 잡았다.

항우는 군대를 이끌며 연승 행진을 했다. 그러자 진(秦) 이세(二世) 호해(胡亥)는 황급히 대장 장한을 내보냈다. 정도 전투에서 초나라 군대는 대패했고 항량은 전사했다. 이 기세를 몰아쳐 장한은 군대를 이끌고 조나라를 공격했고 거록(巨鹿)에서 조 왕을 포위했다. 이에 조 왕은 긴급히 초 왕에게 구원을 요청했다.

초 왕은 송의를 대장으로 하고 항우를 부장으로 삼아 구원병을 보냈다. 송의는 진군의 공격을 피해 힘을 남겨두고자 했다. 그래서 안양(安陽)에 도착해서는 진군과 조군이 서로 전투에서 지쳐 나가떨어질 때까지 기다린다며 46일 동안이나 주둔했다. 하지만 항우는 조급해서 이런 상황을 견딜 수가 없었다. 항우는 여러 차례 송의를 설득해 당장 출격하자고 했지만 번번이 거절당했다. 송의가 말했다. "완전무장한 정예부대가 용감하게 전방에서 싸운다면 나는 당신보다 못할 것입니다. 하지만 장막 안에 앉아 전략을 짜는 것은 당신이 나 송의보다 한 수 아래입니다."

　서로 이견을 좁힐 수 없자 항우는 결국 송의를 죽이고 병사들에게는 그가 제나라와 결탁하고 초나라를 배반해 초 왕이 그를 죽이라 밀령을 내렸기에 그 임무를 수행했다고 말했다. 병사들은 항우를 상장군에 추대했다. 그리고 항우는 송의를 죽인 사실을 곧 초 회왕에게 알렸다. 초 회왕은 즉시 항우를 상장군에 정식으로 임명했다. 항우는 바로 장군 두 명에게 2만 군대를 이끌고 도하하여 거록을 지원하라고 명령을 내렸다. 그리고 곧 작은 승리를 거두었다는 소식과 함께 증병 요청이 들어오자 그는 전군이 도하하여 조군을 지원하겠다고 결정했다.

　일단 전군을 도하시킨 뒤에 항우는 과감한 결정을 내렸다. 단 사흘치 식량만 남긴 채 사용했던 취사도구는 모조리 때려 부수고 타고 왔던 배는 모두 가라앉혔으며 병영의 숙소를 전부 불태웠다. 이로써 필사의 각오로 전투에 임할 생각이었다. 전진만 있고 후퇴란 없는 항우의 부대는 거록 부근에 도착하자마자 진군을 포위했다. 격렬한 전투를 수차례 벌이면서 진군의 보급선을 차단했고 거록을 지키던 진나라 장군 두 명 중에 한 명은 포로로 잡고 한 명은 스스로 분신했다. 그 이전에 조나라를 원조하러 왔던 여러 제후들은 거록 부근에 주둔했지만 감히 진군과 교전하러 나서지는 못하던 상황이었다. 이런 상황에서 초나라 군대가 필사적으로 싸워 승리를 거두자 항우의 명성은 바로 드높아졌다. 각 제후들은 항우에게 군주의 예를 행했고 그의 군대는 40만으로 늘어났으며 항우는 스스로 '서초패왕(西楚覇王)'이라 칭했다.

역사적 사례

215년에 손권(孫權)은 10만 대군을 이끌고 장료(張遼)가 지키던 합비(合肥)로 진격했다. 마침 조조의 대군이 거의 서쪽 한중(漢中)의 전장에 가 있던 터라 동쪽의 합비에는 겨우 7천여 병사만 남아 있을 뿐이었다. 손권의 10만 대군이 보여주는 용맹함에 주눅 든 조나라 군대는 순식간에 사기가 떨어지고 군기가 풀어졌다. 그래서 장료는 동오군 진영이 안정되기 전에 '파부침주(破釜沈舟)'의 각오로 오군을 습격하기로 결정했다.

장료와 이전(李典)은 장사 800명을 모아 새벽에 공격을 개시했다. 선두에 선 장료는 큰 소리로 자신의 이름을 외치며 병사들을 이끌고 맹렬히 돌격했다. 순식간에 장료 혼자서 적장 두 명을 베고 적군 수십 명을 죽였다. 이어서 적의 군영까지 그리고 곧바로 적의 사령관 손권의 부대까지 쳐들어갔다. 상황이 이렇게 되자 오군 사령관과 부사령관은 놀라 멍해졌고 손권도 깜짝 놀라 근처의 산으로 도망쳐서 전투에 나서지 못했다.

이렇게 장료는 자신이 앞장서서 조군의 사기를 진작시켰다. 장료·이전·악진(樂進) 세 명의 장군은 또 한편으로는 수비를 강화하고 장기전을 준비했다. 그러나 동오군은 수십일 동안 합비를 포위하고도 아무것도 수확하지 못한데다 보급까지 날로 어려워지자 군심이 동요하기 시작했다. 결국 손권은 철군을 명령했다. 장강(長江) 나루 소요진(逍遙津)으로 대군을 이동시킨 손권이 부하들을 불러들여 회의를 하고 있는데 갑자기 장료가 병사들을 이끌고 나타나 공격을 감행했다. 결국 오군은 무참히 패배하고 말았다.

  이 전투에서 동오를 완전히 섬멸시킨 장료는 이후 "장료라는 이름만 들어도 모두 벌벌 떨었고 어린아이가 밤에 울다가도 그의 이름을 들으면 뚝 그쳤다."라는 명성을 얻게 되었다.

004
가르칠 만한 가치가 있다
孺子可教(유자가교)

노인이 500미터 정도를 걸어가다가 되돌아와서는 이렇게 말했다. "자네는 가르칠 만한 가치가 있겠군. 닷새 후 해 뜰 무렵에 여기서 보세."

진나라 말년, 한국(韓國) 귀족 출신 장량(張良)은 자객을 고용해 박랑사(博浪沙)를 순시하던 진시황을 암살하려다가 그만 문제가 생겨 실패하고 말았다. 그 후 장량은 신분을 숨기고 하비(下邳)에 숨어 살았다.

어느 날 장량은 발길 가는 대로 걷다가 다리에 도착했다. 거기에는 낡은 옷을 입은 노인이 한 명 있었다. 그 노인은 천천히 장량의 앞으로 오더니 갑자기 신발을 벗어 다리 아래로 던져 버렸다. 그러더니 장량에게 명령조로 말했다. "여보게, 내려가서 신발 좀 주워오게." 장량은 황당해서 노인을 쳐다보았다. 하지만 무척 연로해 보이는 노인이라 장량은 화를 참고 신발을 주워다 주었다. 그런데 노인은 고맙다는 말은 고사하고 이번에는 "신발을 신기게." 라고 말했다.

장량은 한편으로는 화가 났지만 다시 생각해 보니 우습기도 해서 그냥 무릎을 꿇고 노인에게 신발을 신겨 주었다. 그러자 노인은 한마디 말도 하지 않고 빙그레 미소를 지으며 그곳을 떠났다. 장량은 너무 기가 막혀 못 박힌 듯 그 자리에 서서 멀어져 가는 노인을 멍하게 보고 있었다. 한 500미터쯤 갔을까? 갑자기 되돌아온 노인이 장량에게 말했다. "이보게, 자네는 가르칠 만한 가치가 있겠군. 닷새 후 해 뜰 무렵에 여기서 보세."

약속한 날에 장량은 다리 위로 갔다. 그런데 노인은 벌써 도착해 그를 기다리고 있었다. 노인은 장량을 보자마자 덜컥 화부터 내며 말했다. "어른과 약속을 하고 늦게 나오다니 이게 말이 되는가? 닷새 후에는 일찍 나오게!"

다시 닷새가 지났다. 닭이 울어 새벽을 알리자 장량은 급히 다리로 갔다. 이번에도 노인은 그보다 먼저 다리에 도착해 있었고 장량에게 닷새 후에는 더 일찍 나오라고 당부하고 그냥 가 버렸다. 또 다시 닷새가 지났다. 장량은 이번에는 새벽이 되기도 전에 일찌감치 다리로 나갔다. 잠시 후에 도착한 노인은 장량에게 병서를 한 권 건네며 말했다. "이 책을 열심히 공부하도록 하게. 그러면 장차 황제의 스승이 될 것이네."

장량은 이 『태공병법(太公兵法)』을 연구하여 후에 한 고조 유방의 책사가 되었고 한나라를 위해 큰 공을 세웠다.

역사적 사례

남당 시대에 화조화(花鳥怜)에 뛰어난 곽건휘(郭乾暉)라는 화가가 있었다. 종은(鍾隱)은 곽건휘를 존경해 그에게 그림을 배우고 싶은 마음이 간절했으나 통 기회가 닿지 않았다. 곽건휘는 무척 보수적이어서 다른 사람에게 자신의 기법을 전수하려 하지 않는 것으로 유명했기 때문이다. 종은은 이름을 바꾸고 곽건휘의 집에 하인으로 들어갔다.

곽가에서 종은은 물과 식사를 나르고 먹을 갈고 붓을 씻으며 궂은일도 마다하지 않고 공손히 주인의 시중을 들었다. 그러면서 기회만 생기면 몰래 곽건휘가 그림 그리는 것을 훔쳐보고 마음속에 그 방법을 새겼다. 한편 사실을 모르는 곽건휘는 일찍 일어나서 밤늦게까지 부지런히 일하는 이 하인이 점점 마음에 들었다. 그래서 그림을 그릴 때 그가 곁에 있어도 그냥 내버려 두었다. 가끔 기분이 고조되었을 때는 그에게 그림 그리는 비결을 몇 마디 이야기해 주기도 했다. 그럴 때마다 종은은 옆에서 그가 하는 말을 한 마디도 놓치지 않고 깊이 새겼다. 이렇게 몇 개월이 흘렀고 종은은 곽건휘가 그림 그리는 비결을 전부 파악하게 되었다.

하루는 종은이 그림을 너무 그리고 싶어서 그냥 자기방 벽에 도요새를 한 마리 그렸다. 그런데 다른 하인이 이를 보고 곽건휘에게 고했다. 달려와 이 그림을 본 곽건휘는 솜씨가 예사롭지 않은데다 자신의 화풍과 많이 닮았다는 사실을 발견했다. 곰곰이 생각해 보니 종은의 행동이 의심스러웠다. 곽건휘는 종은을 불러 물었다. "설마 네가 화조화를 잘 그린다는 종은은 아니렷다?"

종은은 이제 더는 숨길 수 없다는 것을 감지하고 바로 무릎을 꿇고 사건의 전말을 설명했다. 그리고 마지막으로 자신을 제자로 받아 달라고 간청했다. 곽건휘는 그의 말에 감동받아 그를 부축해 일으키면서 말했다. "유자가교(孺子可教)로다. 그림을 배우고자 하는 마음이 매우 가상하고 대견하도다. 내 어찌 이런 자네를 제자로 받지 않을 수 있겠는가?" 이 말이 떨어지자 종은은 바로 무릎을 꿇고 스승을 모셨다.

005
세 번 명령하고 다섯 번 말하다
三令五申(삼령오신)

호령을 마친 손무(孫武)는 부월(斧鉞) 등의 형구를 배치하고 곧이어 이미 내렸던 호령을 여러 차례 반복해서 시범을 보였다. 다시 말해 북을 치면 오른쪽을 보라는 뜻이나 궁녀들은 그저 웃기만 할 뿐이었다.

춘추 시대의 저명한 군사학자 손무는 자신의 저서 『손자병법(孫子兵法)』을 들고 오(吳) 왕(王) 염려(閻閭)를 알현하러 갔다. 오 왕은 손무의 능력을 시험해보고 싶은 마음에 궁녀 180명을 선발해 훈련을 시켜보라고 했다. 손무는 그들을 두 진영으로 나누고 오 왕이 총애하는 궁녀 두 명을 각각 대장으로 삼았다. 손무는 부월(斧鉞 고대 살인용 형구—역주)을 옮겨 오게 하고서 훈련을 시작했다. 그리고 명을 따르지 않으면 처벌하겠다고 여러 차례 반복해서 경고했다. 그런 후에 북을 치는 것은 우향우를 하라는 뜻이라고 가르쳤으나 궁녀들은 명령에 따라 행동하지 않았을 뿐만 아니라 웃기까지 했다. 손무는 이 모습을 보고 이렇게 말했다. "설명이 바로 되지 않은 것은 장관인 나의 잘못이오."

그러고서 방금 전에 한 설명을 다시 한 번 했다. 그런데도 궁녀들은 웃기만 할 뿐 꼼짝도 하지 않았다. 손무는 양쪽 진영의 대장을 불러내 목을 베어 버렸다. 그리고 다시 앞줄에 선 두 명을 대장으로 삼았다. 그러자 궁녀들은 아무리 복잡한 동작도 열심히 따라하면서 더는 장난으로 여기지 않았다.

역사적 사례

춘추 시대 초나라 영윤(令尹) 손숙오(孫叔敖)가 구피현(苟陂縣) 일대에 남북으로 길게 용수로를 건설했다. 이 용수로는 폭도 넓고 길이도 길어서 용수로 주변에 있는 농경지에 물을 충분히 댈 수 있었다.

그런데 가뭄이 들자 수로 부근에 사는 농민들이 하나 둘 물이 빠져나간 제방 근처에 작물을 심기 시작했다. 심지어 제방 한가운데에 씨를 뿌리는 농민도 있었다. 그러다가 우기가 되어 수로에 물이 불어나자 농민들은 농작물을 지키려고 몰래 제방에 구멍을 내서 물을 흘려보냈다. 손숙오는 바로 이 점을 간과했다. 사태는 날이 갈수록 심각해졌고 결국 고심해서 만든 수로는 상처투성이가 되고 말았다. 제방에 구멍이 난 것 때문에 수재가 자주 발생해 이득보다는 오히려 피해가 더 커진 것이다. 이런 상황에서 구피현의 역대 행정 관리들이 아무리 '삼령오신(三令五申)' 해도 전혀 소용이 없었다. 그저 수로에 물이 불어날 때마다 군대를 보내 제방을 고치고 그새 생겨난 구멍을 메우는 수밖에 없었다.

훗날 송(宋) 대에 이약곡(李若谷)이 구피현에 임명되었을 때도 같은 문제가 발생했다. 그러나 그는 좀 달랐다. "앞으로 수로에 구멍이 생겨도 군대를 동원해서 수리하지 않을 것이며 수로 근처에 사는 백성은 자신이 낸 구멍을 스스로 메워야 할 것이다."라는 내용의 방을 붙인 것이다. 그러자 그 후로 제방에 몰래 구멍을 뚫는 일은 다시는 발생하지 않았다.

006
한 글자의 값어치가 천금이다
一字千金(일자천금)

여불위는 식객들에게 자신이 보고 들은 것을 기록하라고 명했다. 그러고는 이를 집대성하여 팔람(八覽)·육론(六論)·십이기(十二紀) 등 모두 20만여 자에 이르는 책을 편찬했다. 그는 이 안에 천지 만물과 고금의 이치가 모두 들어 있다고 생각해 이를 『여씨춘추(呂氏春秋)』라고 명명했다. 그리고 이 사실을 함양성 성문에 공표했다. 그리고 그 위에 1천 금을 걸고 제후와 각국 선비와 빈객을 초청해 그 누구라도 한 글자를 첨삭하는 사람에게 상금으로 내리겠다고 했다.

전국 시대 말기에 여불위라는 대상인이 있었다. 그는 조나라에서 장사를 할 때 당시 볼모로 잡혀와 있던 진의 장양왕(莊襄王) 자초를 도와주었고 자신의 첩 조희(趙姬)를 자초에게 아내로 주기까지 했다. 자초가 제위에 오른 뒤에 여불위는 문신후(文信侯)에 봉해졌고 승상의 자리까지 올랐다. 장양왕이 죽은 다음에 13세인 그의 아들 영정(反政)이 왕위를 물려받으니 그가 바로 역사적으로 유명한 진시황(始皇)이다. 그는 여불위를 중부(仲父)라 부르며 존경을 표했다.

당시에는 문객을 두는 것이 성행해 여불위도 3천여 명에 달하는 문객을 두었다. 문객은 그야말로 온갖 종류의 사람이 다 있었다. 이런 사람들 각자의 견해와 깨달은 바를 모아 집대성한 거작이 바로 『여씨춘추』이다. 여불위는 이 책을 진나라 통일의 경전으로 삼았다. 당시 여불위는 이 책들을 진나라 수도인 함양에서 공포하고 한 글자라도 첨삭할 수 있는 사람에게는 상금 1천 금을 내리겠다고 했다. 그 후로 '일자천금(一字千金)'이라는 말이 전해진다.

역사적 사례

당(唐)의 현장(玄奘) 법사는 온갖 고난을 다 겪으며 서역에서 경전을 구해 장안으로 돌아왔다. 현장 법사의 불교에 대한 독실함과 식을 줄 모르는 불법 탐구 정신은 당 태종을 감동시켰다. 당 태종은 현장이 번역한 불교 경전에 친히 서문을 썼고 태자 이치(李治)가 간략한 해설과 감사의 글을 덧붙였다. 이 세 가지를 더해 『삼장성교서(三藏聖敎序)』라고 한다.

태종은 이것으로는 부족하다 여겨 『삼장성교서』를 석비로 만들어 당의 불교 문화를 널리 전파했다. 이 석비가 바로 그 유명한 '대당삼장성교서비(大唐三藏聖敎序碑)'이다. 이렇게 만들어진 책을 옮겨 쓸 만한 사람이 과연 몇이나 되겠는가? 당나라에는 물론 실력 있는 서예가들이 넘쳤지만 태종은 그 일을 맡을 사람은 오직 왕희지(王羲之, 중국 진(晋)나라의 서예가—역주)뿐이라고 생각했다.

어쩔 수 없이 장안 홍복사(弘福寺)의 고승 회인(懷仁)이 왕희지체를 집자

하여 비석에 새겼다. 그런데 서문에 있는 세 글자는 아무래도 글씨체를 구할 수가 없었다. 고민하던 회인은 결국 방을 붙여 '부족한 왕희지체 세 글자를 찾아주면 한 글자 당, 금 천 냥을 준다(一字千金)'고 했다. 그래서 마침내 수집가 세 명에게서 각각 한 글자씩을 살 수 있었다.

007
길에서 만나면 눈짓으로 말을 한다
道路以目(도로이목)

34년, 려왕(厲王)은 더욱 냉혹해졌고 도성 사람들은 아무도 감히 말을 하려 들지 않았다. 길에서 만나도 서로 눈빛만 교환할 뿐이었다.

주나라 려왕 통치 시대에 일반 백성이 생업으로 삼아 온 여러 분야가 갑자기 왕실 소유로 바뀌자 민생은 도탄에 빠지고 백성의 원망이 들끓었다. 그러나 려왕은 간언을 들으려 하지 않았을 뿐 아니라 오히려 위무(衛巫)를 초빙해 사람들이 하는 말을 엿들었다. 위무가 반역을 꾀하거나 비방을 한다고 지적하는 사람은 바로 하옥되거나 처형됐다.

얼마 지나지 않아 호경(鎬京)에서 려왕을 비방하는 목소리는 들을 수 없었다. 사람들은 아예 입을 막고 말을 하지 않았다. 길에서 친지나 친구를 만나도 눈빛으로만 려왕에 대한 불만을 주고받을 뿐이었다. 려왕은 크게 기뻐하며 말했다. "드디어 나를 비방하는 소리가 뚝 끊겼구나!" 이때 대신 소공(召公)이 나서서 충언을 했다. "이런 식으로 백성의 입을 막는 것은 강줄기를 막는 것과 같습니다. 그 강줄기가 일단 터지면 더 큰 화를 불러올 것입니다. 백성의 입을 막아 생기는 화는 강줄기를 막는 것보다 훨씬 크다는 것을 명심하셔야 합니다."

삼 년 후 정말로 백성이 폭동을 일으켰고 순식간에 왕궁까지 쳐들어왔다. 주 려왕은 체(彘)로 탈출해 그곳에서 14년을 살다가 죽음을 맞았다. 역사에서는 이 사건을 '국인(國人) 폭동'이라고 부른다.

역사적 사례

명나라 천계(天啓) 연간, 경사 안팎으로 위충현(魏忠賢)의 첩자가 널리 퍼져 있었다. 누군가가 뒤에서 몰래 그의 욕을 하는 것이 첩자의 귀에 들어가면 그 자리에서 잡혀가 고문을 당했고 때로는 혀를 뽑히거나 가죽이 벗겨지는 혹형에 처해지기도 했다. 온 거리에는 곧 '도로이목(道路以目)'이란 말이 돌았고 공포 분위기로 얼어붙었다.

기록에 따르면 네 사람이 술집에 모여 술을 마시다가 그중에 술을 좀 과하게 마신 한 사람이 위충현의 악행을 토로하자 다른 한 사람이 분개하며 이렇게 말했다고 한다. "위충현이 아무리 대단하다 해도 사람의 가죽을 벗기고 뼈를 바르지는 못하겠지."

이 네 사람은 술을 다 마시기도 전에 술집에 들이닥친 몇 사람에게 끌려갔다. 그들이 도착한 방에는 화려한 관복을 입은 사람이 앉아 큰 소리로 위충현을 욕한 사람의 가죽을 벗기라고 했다. 말이 떨어지기가 무섭게 그 사람의 손과 발을 목판에 고정하고 전신에 용화된 역청을 뿌렸다. 역청이 식으면서 점차 응고되면 다른 사람이 와서 망치로 쳐서 역청과 함께 사람의 가죽을 벗겨

냈다.

　나머지 세 사람은 이 장면을 목격하고 혼비백산했다. 풀려난 후에 이 세 사람이 화려한 복장을 하고 있던 사람에 대해 말하자 듣고 있던 사람이 놀라서 "그 사람이 바로 구천세(九千歲)의 위공공입니다."라고 말했다.

008
원숭이가 갓을 쓰다
沐猴而冠(목후이관)

항우를 설득하던 사람이 말했다. "사람들이 초나라 사람은 미후(獼猴)에게 모자를 씌워 놓은 것과 같다 하더니 정말 그렇사옵니다." 항우는 이 말을 듣고 바로 그 사람을 솥에 넣어 삶아 죽였다.

⁂

항우는 진 왕조를 멸망시킨 후에 함양성이 심하게 파손된 모습을 보고 관동으로 돌아갈 채비를 했다. 그는 유방과 천하를 두고 벌인 전쟁에서 우위를 차지했다는 생각에 매우 거만해 있었다. 그때 누군가가 그에게 권고했다. "관중 지역은 지대가 험난하고 토지가 비옥하니 수도로 삼고 패왕이 되기에 적합합니다." 그러나 항우는 이에 동의하지 않았다. 그는 사람이 높은 관직을 얻거나 부자가 되고 나서 고향으로 돌아가 자랑하지 않으면 아무것도 보이지 않는 한밤중에 비단옷을 입고 걷는 것처럼 전혀 소용이 없다고 생각했던 것이다.

당시는 초나라와 한나라의 전쟁에서 가장 중요한 시기를 맞고 있었다. 그런 와중에 이런 실질적이지 못한 생각을 한다는 것은 그의 조급한 성격과 정치적 안목이 부족함을 여실히 보여 주었다. 그리고 이는 초나라의 앞길에도 어두운 그림자를 드리웠다. 그래서 그 사람은 분개하며 말했다. "사람들이 초나라 사람들은 미후(獼猴)에게 모자를 씌워 놓은 것과 같다 하더니 정말 그렇사옵니다."

항우는 이 말을 한 사람을 처형했지만 결국 자신의 행동으로 그가 선견지명이 있었음을 증명하는 꼴이 되고 말았다. 항우는 마침내 해하(垓下)에서 패전하고 오강(烏江)으로 퇴각했다. 그러고는 강동에 있는 부모님을 뵐 면목이 없어 자결했다.

역사적 사례

수(隋)나라 말기에 양현감(楊玄感)은 수(隋) 양제(煬帝)를 칠 생각으로 장안에 사람을 보내 친구 이밀(李密)을 여양(黎陽)으로 데려오게 했다.

양현감은 이밀에게 가르침을 청했다. "수 양제를 치려면 이번 싸움을 어떻게 하면 좋겠나?" 이밀이 대답했다. "관군을 치려면 세 가지 방법이 있네. 첫째는 황제가 현재 요동(遼東)에 있으니 병사를 이끌고 북상해 그의 퇴각로를 막는 것이지. 앞에는 고려가 있고 뒤는 퇴각로가 막혀 열흘 안에 군량이 떨어질 테니 전투를 하지 않고도 쉽게 승리를 거둘 수 있을 것이네. 이것이 상책이지. 둘째는 서쪽의 장안을 빼앗아 그들의 오랜 근거지를 손에 넣는 것이네. 관군이 퇴격하려 한다면 우리는 지세가 험준한 관중 지역을 거점으로 삼는 것이야. 이것이 중책이지. 셋째는 동도인 낙양을 공략하는 것이네. 그렇지만 이것은 가장 좋지 않아. 아직 조정의 군대가 상당수 남아 지키고 있어서 금방 함락시킬 수는 없을 테니 말이야."

명문가 출신인 양현감은 비록 병권을 장악하고 있었지만 '목후이관(沐猴而冠)'의 도련님에 불과했다. 그는 이 세 가지 계책을 듣고 앞의 두 가지는 시간이 너무 많이 걸린다고 생각해 이렇게 말했다. "아무래도 하책을 쓰는 것이 가장 좋겠네. 지금 조정 관리의 가족들이 모두 동도에 있지 않은가. 우리가 동도를 치고 그들의 가족을 포로로 잡으면 관군은 마음이 동요되어 반드시 승리를 거둘 수 있을 것이네."

양현감은 여양(黎陽)에서 출병해 동도를 쳤다. 그러자 수 양제는 우문술(宇文述) 등 장군에게 대군을 함께 보내 여러 방향에서 양현감을 공격했다. 이를 버티지 못한 양현감은 서쪽 장안으로 퇴각하고 싶었지만 마침내는 우문술 군대의 추격을 받고 막다른 길에 몰려 피살되고 말았다.

009
시장과 길거리에서 이루어지는 교제
市道之交(시도지교)

손님이 말했다. "에이, 당신의 견해는 어찌 이리도 낙후되었단 말이오? 천하 사람이 모두 시장에서 교역하듯 교제를 합니다. 당신이 권세가 있을 때는 우리 모두 당신을 따를 것이나 당신에게 권세가 없으면 우리는 당신을 떠날 것이오. 이것은 아주 평범한 이치입니다. 그런데 무슨 불평이 있을 수 있겠습니까?"

춘추 전국 시대, 염파는 조나라의 유명한 장군이었다. 그는 수차례 제나라, 위나라 등을 치고 조나라를 위해 혁혁한 공을 세웠다. 그래서 조의 혜문왕(惠文王)은 그를 상장군에 임명했다.

그가 중용 받던 때는 많은 대신과 귀족·명인·현자들이 그의 집을 찾아가 함께 술을 마시고 즐겁게 지냈다. 그리고 진나라와 조나라의 장평(長平) 전투에서 조 효성왕(孝成王)은 염파를 스승으로 모시기도 했다. 그렇지만 얼마 후에 진나라의 이간질에 걸려든 효성왕은 조괄(趙括)을 장군으로 임명하고 염파를 파면해 버렸다. 염파가 한단으로 돌아가자 그의 친구들은 즉각 그와 절교하고 눈길도 주려 하지 않았다.

한참이 지나 진나라 장군 백기(白起)가 장평에서 조괄의 군대를 크게 물리치고 조나라 병사 40만 명을 생매장했다. 이리하여 조나라의 원기가 크게 상하자 다급해진 조왕은 염파를 다시 기용하여 군사권을 맡겼고 그러자 전에 그를 떠났던 친구들도 다시 돌아와 그를 축하해 주었다. 그러나 성격이 강직했던 염파는 이런 상황을 참지 못하고 그들을 모두 쫓아냈다.

그중에 한 사람이 얼굴색을 바꾸고 미소까지 지으며 염파에게 말했다. "화내지 마시오. 친구를 사귀는 것은 사업하는 것과 비슷하다오. 돈벌이가 되는 일에는 누구나 달려들고 손해 볼 것 같으면 아무도 나서지 않는 법이오. 친구를 사귀는 것도 바로 같은 이치라오." 이 말을 들은 염파는 현실을 직시하고 길게 한숨을 내쉬었다. "이야말로 '시도지교(市道之交)'로다."

역사적 사례

춘추 시대, 제나라 민왕(愍王)은 재상 맹상군(孟嘗君)을 의심해 재상 자리를 뺏고 그를 좌천시켜 설(薛) 땅으로 보냈다. 이 소식을 듣고는 문객들이 모두 그를 떠났다. 그때 오직 풍훤(馮諼)이라는 사람만 그를 따라 마차를 끌고 설 땅으로 갔다. 그리고 진 소왕(昭王)을 찾아가 설 땅에 있는 맹상군을 진나라로 불러 달라고 설득했다. 그러고는 제나라의 민왕에게 이 소식을 전했다. 이 소식을 들은 민왕은 크게 화를 내더니 곧 사절을 보내 맹상군을 불러들이고 그를 재상 자리에 복위시켰다. 그리고 맹상군에게 천 호를 더 내렸다. 결국 진의 사자는 설 땅에 도착하긴 했으나 맹상군이 이미 제나라 재상으로 복위되었다는 것을 알고 하는 수 없이 진나라로 돌아가야 했다.

맹상군이 재상 자리를 되찾자 그를 떠났던 문객들이 차례로 돌아왔다. 이 상황을 보고 맹상군이 풍훤에게 말했다. "나는 본래 문객을 좋아해 그들에게 실례를 범한 적이 없으나 내가 재상 자리를 상실하니 문객들은 나를 버리고 떠났소. 지금 선생 덕분에 재상 직을 회복하니 집을 나갔던 문객들이 돌아오는구려. 이들이 대체 무슨 면목으로 돌아와 나를 대한단 말이오?" 그런 그에게 풍훤은 이렇게 말했다. "영욕과 성쇠는 사물의 당연한 이치입니다. 재상께서는 대도의 저잣거리에 나가 보신 적이 없으십니까? 아침에는 변화하지만 해가 지고 난 후에는 쇠락하니 이때는 원하는 물건이 이미 사라졌기 때문입니다. 그래서 부귀할 때는 많은 사람이 서로 사귀려 하고 빈곤할 때는 주변에 사람이 적어지는 것입니다. 이것은 '시도지교(市道之交)'의 원리입니다. 그런데 재상께서는 어찌 이를 탓하십니까?" 말을 듣고 맹상군은 전처럼 문객을 대했다.

010
사방에서 초나라 노래가 울린다
四面楚歌(사면초가)

항우의 부대가 해하에서 군영과 보루를 건설하고 있었다. 병사의 수도 적고 군량까지 떨어져 가는 상황에서 한군과 제후국 군대가 그들을 겹겹으로 에워쌌다. 밤이 깊었을 때 한군이 사방에서 초나라 노래를 부르자 항우가 크게 놀라며 말했다. "설마 한군이 이미 초나라 땅을 전부 손에 넣었단 말인가? 어찌 초나라 사람이 이토록 많은 것인가?"

기원전 202년, 한신은 팽월(彭越)의 군대와 회합하여 해하에서 항우의 군대를 포위했다. 초나라 병사들은 부상자와 사상자 수가 거의 절반에 달했고 사방이 적으로 둘러싸였다. 항우는 해하의 군영으로 돌아가 장수들에게 방어에 힘쓰라고 분부함과 동시에 출전할 기회를 엿보고 있었다. 밤이 되자 사방에서 한나라 군이 초나라 노래를 부르기 시작했고 항우는 크게 놀라 말했다. "한군이 이미 초나라를 정복했단 말인가? 어찌 한군 중에 초나라 노래를 부를 줄 아는 이가 이토록 많단 말인가?"

결국 잠을 이루지 못하고 한밤중에 깨어난 항우는 군영에서 그와 원정길을 함께 한 부인 우희(虞姬)를 앞에 두고 술을 마셨다. 비분강개해진 그는 노래를 한 곡 불렀다. "산도 뽑을 것 같은 힘과 세상을 다 덮을 것 같은 기개가 있어도 사정은 불리하고 오추마(烏騅馬)도 달리려 하지 않으니 이를 어찌한단 말인가? 우희야, 우희야, 너를 어찌할까나."

항우의 노래가 끝나자 우희가 대구를 달았다. "한군이 이미 침략했고 사방에서 초나라 노래가 들리네. 대왕의 기개가 다 꺾였으니 그의 미천한 처는 어찌 살리." 그러고는 스스로 목숨을 끊었다. 항우는 병사 800여 명을 데리고 부상당한 맹호처럼 오추마를 타고 밤새 달려 마침내 포위를 뚫고 남쪽으로 피했다. 한군은 날이 밝아서야 그 사실을 알아차리고 곧바로 기병 5천 명을 보내 추격했다. 항우가 회하를 건널 때 함께 있던 병사는 겨우 100명 남짓이었다.

그들은 오강(烏江, 지금의 안후이(安徽), 허현(和縣) 동북쪽 지역)에 도착했을 때 하필이면 길을 잃고 늪지대에 빠지고 말았다. 설상가상으로 한군의 추격까지 더해져 항우는 결국 그곳에서 31세로 생을 마감했다.

역사적 사례

서한(西漢) 무제(武帝) 때 한나라가 하남(河南) 지역의 영토를 빼앗고 삭방군(朔方郡)을 설치한 데 불만을 품은 흉노 우현왕(右賢王)은 한의 변경 지대를 수차례 침략하며 하남의 삭방을 습격했다. 원삭(元朔) 5년(기원전 124년) 봄, 무제 유철(劉徹)은 기병 10여만 명을 보내 북방 변경 지대에서 흉노에 반격했다. 그는 위청(衛靑)에게 소건(蘇建)·이저(李沮)·공손하(公孫賀)·이채

(李蔡) 등 장군을 보내 삭방 고궐(高闕)로 가게 했다. 그리고 대행(大行) 이식(李息)과 안두후(岸頭侯) 장차공(張次公)을 장군으로 삼아 우북평(右北平)에서 출격하여 우현왕부를 견제하게 했다.

위청은 군사를 이끌고 변방 밖으로 600~700리까지 나가 어둠을 틈타 우현왕 왕궁을 포위하고 습격했다. 그때 흉노의 우현왕은 설마 한군이 자신의 군영까지 올 수 있으랴 싶어 잔뜩 술에 취해 장막에서 자고 있었다. 밤중에 우현왕 군영에 도착한 한군은 신속하게 적을 포위했다. 이른바 '사면초가(四面楚歌)' 상황에 처한 우현왕은 크게 놀라 애첩만 간신히 데리고 기마병 수백 명의 호위를 받으며 포위를 뚫고 북쪽으로 도망갔다.

한군이 즉시 경기교위(輕騎校尉) 곽성(郭成) 등을 파견해 160킬로미터를 추격했지만 우현왕을 잡지는 못하고 그의 편장 10여 명과 남녀 1만 5천여 명을 사로잡았다. 그 밖에 획득한 가축이 수백만 마리에 달했다.

위청은 병사를 이끌고 개선했다. 변경에 도착했을 때 한 무제는 사자에게 대장군인을 들려 보내 군영에서 위청을 대장군에 봉했다. 나머지 장군들은 위청의 지휘 하에 넣고 각각 봉호를 내렸다.

011
집안이 빈곤하면 좋은 아내가 그리워지는 법이요 나라가 혼란하면 현명한 재상이 아쉽다
家貧思良妻 國亂思良相(가빈사량처 국란사량상)

위(魏) 문후 이극(李克)에게 말했다. "전에 선생이 과인에게 이런 말을 했소. '집안이 빈곤하면 좋은 아내가 그리워지는 법이요, 나라가 혼란하면 현명한 재상이 아쉬운 법입니다' 위성자(魏成子)와 적황(翟璜) 두 사람을 어떻게 생각하오?"

전국 시대, 위 문후가 이극을 불러 물었다. "집안이 가난하면 어진 아내를 그리며 나라가 혼란하면 훌륭한 재상을 그리기 마련이라 했소. 훌륭한 재상을 두고 나라를 잘 다스리려 한다면 위성자와 적황 중에서 누가 더 낫겠소?"

이극은 책임을 회피하고 싶은 마음에 오직 그 자리에 있거나 있어 본 사람만이 그 자리의 일을 말할 수 있다고 대답했지만 문후가 재차 추궁하자 어쩔 수 없이 이렇게 말했다. "그들의 과거 행적을 보면 알 수 있습니다. 그들이 평소 어떤 사람들과 친분이 있는지, 부유했을 때 다른 사람들에게 무엇을 주었는지, 높은 지위에 있을 때 어떤 사람들을 천거했는지, 역경에 처했을 때 무슨 일을 했는지, 가난할 때는 무얼 삼갔는지 등 이 다섯 가지 면을 관찰하면 도움이 되실 것입니다." 이 말을 듣고 문후가 기뻐하며 말했다. "그 말을 들으니 누구를 재상에 봉할 것인지 결정할 수 있겠소."

이극은 문후에게 인사를 한 뒤 적황의 집을 찾아갔다. 그러자 적황이 물었다. "국왕께서 선생과 재상 임명에 대해 상의하셨다고 하던데 누구를 염두에 두고 계시오?" 이극이 대답했다. "위성자입니다." 적황은 벌컥 화를 내며 얼굴색까지 변했다. "내가 위성자보다 무엇이 못하단 말이오? 서하(西河) 태수도 내가 천거한 사람이고 국왕께서 업성(鄴城) 일로 고민하실 때 내가 서문표(西門豹)를 천거해 통치하게 했소. 또 국왕께서 중산국(中山國)을 토벌하려 하셨을 때도 내가 악양자(樂羊子)를 천거해 승리를 거두었소. 그리고 중산을 공략한 후에 아무도 지키는 이가 없어 내가 당신을 추천하지 않았소! 뿐만 아니라 세자께 스승이 필요했을 때 굴후부(屈侯鮒)를 추천한 것도 나요. 대체 내 어떤 면이 위성자보다 못하다는 것이오?" 대답을 들은 이극이 반문했다. "당초 나를 국왕께 소개한 것은 사욕을 채우고 고관이 되려고 한 목적 아니오? 그런데 어찌 위성자와 비교할 수 있겠소! 위성자는 봉록이 만 섬에 이르는데 그 가운데 10분의 1만 자신을 위해 쓸 뿐 나머지 대부분은 모두 국가를 위해 현인을 초빙하는 데 쓰고 있소이다. 그는 동방에서 복자하(卜子夏)·전자방(田子方)·단간목(段干木)을 초빙해왔소. 이 세 사람은 모두 천하의 인재로 군자가 그들을 스승으로 모시며 치국의 도리를 배웠소. 그러나 당신이 추천한 다섯 명은 그저 신하로서만 가치가 있을 뿐입니다. 이러한데 어찌 당신

자신을 위성자와 비교하시오?"

적황은 이극의 말을 듣고서야 정신을 차리고 공손히 사과했다.

역사적 사례

상(商)대 제23대 국왕 무정(武丁)은 즉위한 후 나날이 국가 상황이 악화되자 어떻게 해서든 과거의 영광을 되찾고 싶었다. 하지만 아무래도 그를 보좌할 적당한 인물을 찾을 수가 없었다. 그래서 그냥 자신은 한 마디도 하지 않고 모든 일을 대신들더러 처리하라고 했다. 이런 무정의 행동에 조급해진 대신들은 왕이 무슨 말이라도 하길 기다렸지만 아무런 소용이 없었다.

이렇게 삼 년이 흘렀다. 갑자기 무정이 굳게 다물고 있던 입을 열어 말했다. "어제 선왕께서 내 꿈에 모습을 드러내어 성인을 한 분 천거해주셨다. 이름은 설(說)이다. 앞으로는 그가 나를 도와 국사를 처리할 것이다. 나는 나를 도와 천하를 다스릴 사람이 필요하다."

무정은 즉각 전국 곳곳에 방을 붙이고 이 사람을 찾으라고 명령했다. 마침내 전암(傳岩, 지금의 산시(山西) 핑루현(平陸縣) 동남쪽 지역)이라는 지역에서 설이라는 사람을 찾아냈다. 그러나 이 사람은 노역을 하고 있는 죄인이었다. 관리는 그래도 어쩔 수 없이 그를 무정에게 데려갔다. 무정은 그의 얼굴을 보자마자 말했다. "바로 이 사람이다!" 그는 매우 기뻐하며 그를 즉각 재상에 임명했다.

사실상 이 모든 과정은 무정이 꾸민 것이었다. '나라가 혼란스러울 때는 훌륭한 재상을 그리워한다(國亂思良相).' 라는 말이 있다. 무정은 삼 년이라는 긴 시간 동안 줄곧 자신을 도와 보좌할 인재를 계속 찾았고 결국 전설(傳說)이란 인물을 발견한 것이었다. 그러나 당시 귀족이 아닌 계층에서 인재를 선발하는 것은 극히 어려운 일이었다. 하물며 죄인은 더 말할 것도 없었다. 그래서 그는 이런 방법을 써서 대신들을 설득한 것이다. 전설이 정치에 참여하자 과연 천하는 태평해졌고 무정은 '중흥명주(中興明主)'라 불렸다.

012
술을 좋아하고 제멋대로 행동하다
高陽酒徒(고양주도)

사자가 이를 보고 너무 놀란 나머지 당황해 허둥지둥하다가 명패를 땅에 떨어뜨렸다. 즉각 무릎을 꿇고 줍더니 신속히 몸을 돌려 뛰어 들어가 다시 유방에게 보고했다. "밖에 계신 손님은 정말 천하의 장사셨습니다. 큰 소리로 저를 꾸짖는 데 깜짝 놀라 그만 명패를 바닥에 떨어뜨렸습니다. 그랬더니 저에게 '어서 돌아가 자네 주인에게 전하게. 나는 유생이 아니라 고양(高陽)의 술꾼이야!' 라고 하더군요."

진(秦)나라 말이자 한(漢)나라 초, 진류(陳留) 고양(지금의 허난(河南) 치현(杞縣))에 역이기(食其)라는 사람이 살았다. 역이기는 가정 형편이 어려웠지만 술을 무척 좋아해 사람들은 그를 고양의 술꾼이라 불렀다. 그는 책 읽기를 좋아하고 성격도 활달했으나 집에 은거하며 밖으로 잘 나오지 않았다. 유방이 진류를 공격할 때 역이기는 유방이 포부가 원대하고 도량이 넓으며 교제하는 것을 좋아한다는 소문을 듣고 그를 찾아가기로 마음먹었다. 그런데 뜻

밖에도 유방은 유생을 혐오해서 유생들이 관모를 쓰고 그를 만나러 가면 그들에게 모자를 벗으라 해서 그 안에 소변을 본다는 것이다!

역이기는 유방을 만나 일부러 그를 자극하는 말을 했다. "당신은 폭정을 펼치는 진나라를 위해 제후들을 칠 것입니까 아니면 제후들을 이끌고 폭정을 펼치는 진나라를 공격할 것입니까?" 유방은 이 말을 듣고 바로 그를 꾸짖었다. "이 선비 놈이 못 하는 말이 없구나. 전국의 백성이 진나라의 폭정에 고통 받고 있어 일찍부터 그들을 공격하려 했거늘 내가 진나라를 도와 제후들을 칠 것이라니! 이게 가당키나 한 말인가?" 그러자 역이기가 대답했다. "진나라를 치고 강산을 빼앗고 싶다면 이런 식으로 연장자와 유생들을 무시해서는 안 되옵니다."

유방은 그의 말을 듣자마자 황급히 몸을 일으켜 겸허한 마음으로 가르침을 청했다. 진류 현령의 항복을 받아낼 대책을 내놓은 역이기 덕분에 유방은 피 한 방울 흘리지 않고 진류를 손에 넣었고 그를 광야군(廣野君)에 봉했다. 역이기는 그 후에도 수차례 훌륭한 계략을 내놓아 유방이 천하를 통일하는 데 크게 공헌했다. 일례로 유방의 명을 받들어 제(齊)나라와 평화 담판을 성사시킨 일이 있다. 그러나 역이기는 안타깝게도 한신과 관계를 제대로 매듭 짓지 못 했다. 그래서 나중에 한신의 군대가 제나라를 쳤고 그는 결국 제나라 왕에게 팽형(烹刑, 사람을 삶아 죽이는 형벌-역주)을 당하고 말았다.

역사적 사례

역사적으로 주신(酒神), 주성(酒聖)이라고 불리는 인물들은 수없이 많았다. 성격이 호쾌하고 의협심 강한 이들은 '고양주도(高陽酒徒)'라는 말에 자부심을 느꼈다. 당나라 시인 고적(高適)은 이런 시를 쓰기도 했다. "문을 나서니 눈에 보이는 것은 온통 가득한 봄기운, 나를 알아주는 친구 하나 없음을 한탄하네. 비록 고양의 술꾼일지라도."

역사상 '고양주도(高陽酒徒)'에 견줄만한 인물로는 위진(魏晉) 시대 '죽림칠현(竹林七賢)' 가운데 한 명인 유영(劉伶)이 있다. 유영은 몸을 가누지 못할 정도로 폭음을 하고 허황된 소리를 늘어놓았으며 예법은 완전히 무시했다. 사슴이 끄는 수레에 늘 술 항아리를 싣고 다니면서 하인들더러 괭이를 들고 뒤를 바짝 쫓아오라고 하며 이렇게 말했다. "내가 죽거든 나를 묻어라." 그는 또 술을 너무 많이 마셔서 혹시 두강(杜康, 주나라 시대에 양조 기술이 아주 뛰어났던 사람—역주)이라도 만나게 되면 그 자리에 땅을 파고 자신을 묻어 달라고 말하기도 했다.

유의경(劉義慶)은 『세설신어(世說新語)』에서 유영을 이렇게 말했다. 어느 날 유영의 아내가 그에게 술을 끊으라고 하자 유영이 다짐했다. "나는 술로 유명세를 얻었소. 일단 한 번 마시면 열 말씩 술을 마시고 닷 말로 해장을 하오. 부인의 말은 삼가 따르기 힘드오."라고 말하고는 고기 안주에 술을 마셔 몸을 가누지 못할 정도였다.

013
밥 한 그릇이 천금의 가치가 있다
一飯千金(일반천금)

하비(下邳)에 도착한 한신이 전에 자신에게 밥을 주었던 그 빨래터의 아낙네를 찾아 그녀에게 황금 천 냥을 주었다.

어려서 부모님을 여읜 한신은 늘 형편이 궁핍했다. 한번은 그와 잘 아는 사이인 하향현(下鄕縣, 남창(南昌)의 정장(亭長, 정의 우두머리―역주) 집에서 몇 개월 동안 신세를 졌다. 그런데 그를 귀찮게 여긴 정장 부인이 일부러 아침 일찍 일어나 밥을 해서는 이불 속에서 둘이서만 몰래 밥을 먹었다. 그래서 한신이 일어났을 때는 솥에 아무것도 남아 있지 않았다. 한신은 그 집을 떠날 수밖에 없었다.

그는 회음성(淮陰城) 아래에 있는 어느 강가에서 자주 낚시를 했다. 운이 좋아 물고기를 몇 마리 낚는 날은 손에 조금이라도 돈을 쥘 수 있었고 그 돈으로 배를 채웠다. 형편은 이렇듯 늘 곤궁했다. 그때 다행히 가끔 낚시터에 와 빨래하는 아낙네가 그를 가엾게 여겨 종종 그에게 밥을 주었다. 사실 그 아낙네도 사정이 여유롭지는 않을 것이었다. 그래서 더욱 고맙게 생각했다. 한신이 반드시 보답하겠다고 말하자 아낙네는 절대 보답 같은 것을 바라고 도와준 것이 아니라며 몹시 불쾌해했다.

한신은 나중에 한(漢) 고조 휘하에서 대장군에 임명되었고 병사를 이끌고 항우를 물리치는 데 크게 공헌하여 초(楚) 왕(王)으로 봉해졌다. 그는 이전에 빨래터 아낙네에게 도움을 받던 시절을 생각해내고 그녀에게 술과 안주를 보내면서 보답의 의미로 황금 천 냥을 주었다. 한편 남창의 정장은 한신을 보고 부끄러워 차마 고개를 들지 못했다. 한신이 말했다. "나에게 도움을 주기는 했으나 끝까지 돕지는 못했지." 그러면서 백 냥을 주어 돌려보냈다.

역사적 사례

춘추 시대, 당시 진(晉)나라의 정권을 손에 쥐었던 조돈(趙盾)이 강을 거슬러 올라가 강(絳) 지역으로 가는 중이었다. 가는 길에 조돈은 다 말라가는 뽕나무 아래에 누워 곧 굶어 죽을 것 같은 사람을 한 명 보았다. 조돈은 발길을 멈추고 그에게 먹을 것을 주었다. 그러자 그 사람이 천천히 눈을 떴다.

조돈이 물었다. "당신은 어찌 이토록 굶주린 채 이런 곳에 누워 있는 겁니까?" 그 사람이 대답했다. "저는 원래 강 지역 관원이었습니다. 그런데 돌아가는 중에 여비와 양식이 모두 바닥나 버렸습니다. 구걸을 하자니 차마 입이 떨어지지 않고 그렇다고 도적질을 할 수는 없고 해서 결국은 이 꼴이 되었지요." 조돈은 이번엔 그 사람에게 육포를 하나 주었다. 그 사람은 무척이나 감사해하며 계속 절을 했다. 그런데 육포를 먹지는 않고 손에 들고서 이렇게 말했다. "집에 노모가 계신데 이것을 어머님께 드려야겠습니다." 조돈은 그 사람에게 다시 육포 두 개와 돈을 약간 주고 그 곳을 떠났다.

후에 진(晉) 영공(靈公)이 주색에 빠져 폭정을 일삼자 조돈은 수차례 나서서 왕을 설득했다. 진 영공은 이런 조돈이 눈엣가시 같아 마침내는 그를 없애기로 마음먹었다. 영공은 궁궐 안에 무사를 매복시키고서 술을 마시자고 조돈을 불렀다. 조돈을 불러들인 후 그가 술에 취한 틈을 타서 죽일 생각이었다. 그러나 조돈은 진 영공의 의도를 알아차리고 술이 반쯤 취했을 때 슬그머니 밖으로 빠져나왔다. 진 영공은 급히 방에 숨어 있던 무사에게 그를 추격해 죽이라고 했다. 그중에서 가장 발이 빠른 자객이 이내 조돈을 막아섰다. 그러나 그 자객은 조돈을 보자 뜻밖에도 이렇게 말했다. "아니, 선생님이셨군요. 제가 다른 사람들을 막을 테니 어서 마차를 타고 이곳을 떠나십시오." 조돈이 물었다. "자네, 이름이 무엇인가?" 그 사람은 되돌아 뛰어가며 말했다. "이름을 알아서 무엇 하시렵니까? 제가 바로 그 뽕나무 아래에서 굶어 죽을 뻔했던 사람입니다."

그 사람은 추격해 오는 병사들에 맞서 혼자 필사적으로 싸우다가 결국은 그들의 손에 죽었지만 조돈은 무사히 도망칠 수 있었다. 그 사람이야말로 목숨을 걸고 은혜에 보답한 '일반천금(一飯千金)'의 전형적 사례이다.

014
가만히 앉아서
현실성 없는 이론만 늘어놓는다
紙上談兵(지상담병)

어려서부터 병법을 배운 조괄(趙括)은 병법이라면 천하에 자신을 능가할 사람이 없다고 생각하며 매우 자만해 있었다. 한번은 아버지 조사(趙奢)가 그와 병사(兵事)를 논하다가 아들 앞에서 말문이 막힌 적도 있었다. 그러나 그는 아들을 칭찬하지는 않았다. 부인이 그 이유를 묻자 조사가 대답했다. "그 녀석은 수많은 목숨이 걸린 전쟁을 너무 쉽게 생각하더군. 녀석을 대장으로 쓰지 않는다면 상관없겠지만 혹시라도 녀석이 대장이 된다면 분명 조(趙)군을 파멸로 이끌고 말 거요."

조괄은 조나라의 명장 조사의 아들이다. 조사는 생전에 아들과 함께 자주 병법에 대해 논했는데 한번은 아들의 반박에 그만 말문이 막혔다. 그러자 사람들은 "장군의 아들이라 역시 다르군." 이라며 조괄을 칭찬했다. 그러나 조사는 생각이 달랐다. "그 녀석은 수많은 목숨이 걸린 전쟁을 너무 쉽게 얘기

하지. 녀석이 대장이 된다면 반드시 패할 것이네."

　기원전 260년, 조 왕은 진(秦)나라의 소문만 믿고서 염파(廉頗)를 파직하고 대신 조괄을 대장군에 임명했다. 막 취임해서 친히 정예부대를 이끌고 출병한 조괄은 파격적인 전술로 진군 군영의 가장 허술한 곳을 공격해 진군을 퇴각시켰다. 승리를 거둔 후에도 조군이 공세를 늦추지 않고 계속해서 맹공을 퍼부어 진군은 또 다시 퇴각했다. 그런데 패주하는 것만 같았던 진군이 갑자기 조괄의 퇴각로를 막아버려서 조군은 두 개로 나뉘고 말았다. 이어서 진군은 신속하게 조군의 보급로를 차단했다. 간신히 40일을 버틴 조괄은 군량과 무기가 다 떨어진 상태에서 최후의 일전에 나섰지만 결과는 조군의 참패였다. 조군은 전부 투항했고 조괄은 활에 맞아 목숨을 잃었다.

　그 후 사람들은 전쟁을 논할 때는 훌륭하지만 실제 전쟁에서는 무참히 패배한 것을 두고 조괄을 가리켜 탁상공론에만 능한 자라고 했다.

역사적 사례
　삼국 시대에 마속(馬謖)이 가정(街亭) 지역을 빼앗긴 고사도 '지상담병(紙上談兵)'의 또 다른 예다.

　가정(街亭)은 군량을 전선으로 보내는 요충지였다. 당시 가장 적합한 인물을 찾지 못한 제갈량은 그 임무를 맡겠다고 자원한 마속을 가정으로 파견했다. 마속은 군대를 통솔해 가정에 도착한 다음 우선 지형 조사를 마치고 산 아래 다섯 갈래 길이 만나는 길목으로 갔다.

　부장인 왕평(王平)이 나무를 구해 와서 울타리를 쳐야 한다고 했다. 다시 말해 그 길목에 진을 치고 적군을 막아야 한다는 주장이었다. 일단 성벽만 쌓으면 천군만마가 온대도 병사 한 명이 지키는 관문을 공략할 수 없을 것이라 계산한 것이다.

그러나 마속은 옆에 있는 산에 숲이 무성하여 천연 요새를 형성하니 이미 유리한 지점을 차지한 아군이 위군이 도착하기를 기다려 맹공을 가하면 충분하리라고 생각했다.

그러자 왕평은 위군이 산 아래에서 물 공급선을 차단해버리면 촉군은 물 부족으로 끝내는 전투다운 전투도 해보지 못하고 혼란에 빠질 것이라고 반박했다.

그러나 마속은 『손자병법』에서 '사지에 몰려야 살 수 있다'고 했다면서 위군이 물 공급선을 끊으면 촉군은 필사적으로 싸울 테고 그러면 병사 한 명이 적 열 명을 상대할 정도로 용맹해질 것이라고 주장했다.

'사지에 몰린 후에야 살 수 있다'는 전술이 성공할 수 있었던 것은 불리한 지리적 환경을 이용해 효과적으로 병사들의 사기를 제고시킨 덕분이었다. 그러나 열악한 지리적 환경이 반드시 높은 사기로 전환되는 것은 아니다. 마속은 옛것을 배우고도 완전히 자기 것으로 소화하지 못해 결국 웃음거리로 전락하고 말았다.

015
윗사람을 농락해 권세를 마음대로 휘두르다
指鹿爲馬(지록위마)

팔월 기해(己亥, 60갑자의 36번째—역주)에 반역을 준비하던 조고(趙高)는 다른 대신들이 끝에 가서 동조하지 않을까 봐 그들을 한번 시험해 보기로 했다. 조고는 이세(二世)에게 사슴 한 마리를 바치면서 이렇게 말했다. "여기 말 한 마리가 있습니다." 그러자 진 이세가 웃으면서 말했다. "승상이 틀렸소. 이것은 사슴이지 말이 아니오." 이번에는 조고가 주변에 있던 대신들에게 물었다. 그랬더니 일부는 침묵을 지켰고 일부는 조고의 의도를 알아차리고서 잘 보이려고 말이라 했으며 일부는 사슴이라고 했다. 그러자 조고는 법률을 위반했다는 핑계를 대며 사슴이라고 답한 사람들을 몰아냈다.

진시황이 죽은 후에 중차부령(中車府令)을 맡은 환관 조고는 진시황의 막내아들 호해(胡亥)와 결탁해서 재상 이사(李斯)를 위협하고 유서를 위조해 호해를 황제에 추대했다. 그가 바로 진 이세(二世)다.

진 이세는 자신의 즉위에 큰 공을 세운 조고를 낭중령(郞中令)에 임명했고 조고는 이세의 최측근이 되었다. 그러나 그는 여전히 재상인 이사보다 직위가 낮은 것이 늘 불만이었다. 후에 그는 이사를 모함해 죽이고 결국은 자신이 재상 자리에 올랐다. 그러나 그의 야심은 여기서 끝나지 않고 황제 자리까지 넘봤다. 조고는 대신들의 마음을 떠보고자 한번 그들을 시험해 보기로 했다.

어느 날 조정에 꽃사슴을 한 마리를 끌고 가서 이세에게 말했다. "제가 막 찾아낸 준마 한 필을 폐하께 바치고자 끌고 왔습니다." 진 이세는 조고가 사슴을 말이라고 하자 웃으며 말했다. "승상이 틀렸소. 이것은 분명 사슴인데 어찌 말이라 하는 거요?" 조고가 말했다. "폐하, 이것은 말이지 사슴이 아닙니다. 못 믿으시겠다면 도대체 말인지 사슴인지 다른 대신들에게 물어보시죠."

이를 지켜본 대신들은 일부는 침묵을 지키고 일부는 조고에게 잘 보이려고 사슴이라 했다. 물론 조고의 뜻에 따르지 않고 사실대로 사슴이라 말한 대신도 있었다. 이 일이 있은 후 조고는 그때 사슴이라 대답한 대신들을 모함해 감옥에 넣어 버렸다. 그리하여 대신들이 그를 더욱 두려워하게 되었다.

역사적 사례

명나라의 위충현(魏忠賢)은 희종(熹宗) 주유교(朱由校)의 총애를 받아 사례태감(司禮太監)에 오른 후 동림당(東林黨)을 탄압하는 데 열을 올렸다. 일부 관리들은 위충현의 권세와 지위를 등에 업고 승승장구했다. 그러면서 위충현의 공덕을 칭송하는 생사당(生祠堂, 관리의 공적을 기리고자 백성이 생시에 그를 모시던 사당―역주) 건립이 전국적으로 유행하는 등 점차 나쁜 풍토가 조성되었다.

천계(天啓) 6년(1626년) 6월, 절강 순무 반여정(潘汝楨)이 상소를 올려 위충현을 위해 생사당을 건립해 달라고 처음으로 주청했다. 그는 사실을 완벽히 왜곡하여(指鹿爲馬) 동창(東廠)의 위충현이 나라를 위해 성실히 일하고 백성 구휼에 힘쓰니 지방 백성이 이를 칭송하여 생사당을 건립해야 한다고 입을 모은다며 공언(空言)했다. 주유교도 즉각 서면으로 자신의 의견을 피력했다. "백성들의 뜻이 그러하니 생사당을 짓도록 해라."

그 후 순식간에 생사당 건립 열풍이 전국적으로 확산되었다. 위로는 봉강대리(封疆大吏) 염명태(閻鳴泰)·유조(劉詔)·이정백(李精白)·요종문(姚宗文)에서부터 아래로는 일반 무인과 상인, 건달들까지도 앞다투어 위충현을 흉내 냈다. 그들은 민간 소유 농지를 강점하고 멋대로 가옥을 부수고 심지어는 묘에 있는 나무까지 채벌하는 등 만행을 서슴지 않았다. 뿐만 아니라 각지에 분포한 생사당은 지극히 화려하게 치장되었고 문무를 겸비한 완벽한 인물로 위충현을 신격화했다.

위충현은 생사당을 자신에 대한 사람들의 충성도를 측정하는 기준으로 여겼다. 그러면서 반여정이 생사당 건립을 요청하는 상소를 올렸을 때 문서 정리와 보고를 하루 늦게 올렸다는 이유로 어사 이지대(李之待)의 관직을 박탈했다. 또 계주도(車州道) 호사용(胡士容)은 생사당을 건립할 당시 글을 써 남기지 않고, 준화도(遵化道) 경여기(耿如杞)는 생사당을 지을 때 절을 하지 않았다는 이유로 모두 감옥에 갇히고 사형에 처해졌다. 이렇듯 위충현은 생사당 건립 풍조를 이용해 대신들을 시험하고 자신과 뜻이 다른 사람을 주살했다. 그는 희종 때 육칠 년 동안 온갖 부귀영화를 누리며 명나라 삼 대 환관 중 한 명으로 이름을 남겼다.

016
하찮은 인정이나 베푼다
婦人之仁(부인지인)

한신이 두 번 절을 하고 칭송하며 말했다. "…… 항왕은 사람을 대할 때 공경하고 자애로우시며 말을 하실 때는 온화하고 아픈 병사가 있으면 마음 아파 눈물을 흘리십니다. 또 당신의 먹을 것을 나누어주시지요. 그런데 부하가 공을 세워 관직과 작위를 높여줄 때면 미리 파놓은 인장을 모서리가 닳아 없어질 정도로 만지작거리고 선뜻 내주려 하지 않습니다. 이것이 바로 부인들의 하찮은 인정입니다."

초나라와 한나라가 전쟁할 때 명장 한신은 원래 항우를 섬겼다. 그러나 그에게 중용 받지 못하자 항우를 버리고 유방에게 갔다. 후에 유방은 소하(蕭何)의 적극 추천으로 한신을 대장군에 임명했다.

한신이 대장군이 된 후에 유방이 물었다. "소하가 여러 차례 자네를 추천한 걸 보면 분명 좋은 계략이 있을 게야. 어서 한번 말해 보시오." 한신이 대답했다. "신은 한때 항왕을 모시며 일했습니다. 그래서 그의 능력도 단점도 잘 알고 있습니다. 항왕이 한 번 고함을 치면 수천 명이 놀라 넘어졌다고 하니 얼마나 용감하고 거칠겠습니까? 그러나 다른 사람의 의견을 수용할 줄 모르고 능력 있는 장수를 중용할 줄 모른다는 단점이 있지요. 다시 말하면 그의 용기는 필부의 용기에 불과할 뿐입니다."

한신은 항우의 필부지용(匹夫之勇)을 이야기한 다음, 두 번 절을 하고 칭송하는 말을 했다. "항왕은 사람을 대할 때 공경하고 자애로우시며 말을 하실 때는 온화하고 아픈 병사가 있으면 마음 아파 눈물을 흘리십니다. 또 당신의 먹을 것을 나누어 주시지요. 그런데 부하가 공을 세워 관직과 작위를 높여 줄 때면 미리 파놓은 인장을 모서리가 닳아 없어질 정도로 만지작거리고 선뜻 내주려 하지 않습니다. 이것이 바로 부인들의 하찮은 인정입니다." 다시 말해 항우의 두 가지 특징은 얼핏 보면 장점 같지만 실은 단점이었다. 또 후에 봉지를 나누어 줄 때도 논공행상하지 않고 개인적인 친분에 따른 탓에 크게 인심을 잃었다. 그리고 그는 진군할 때마다 살인과 약탈을 일삼아 아무래도 천자가 되기에는 자질이 부족했다. 반면 유방은 관중에 입성한 후 옳은 일만 한 덕분에 민심은 자연히 그에게 기울었다. 뿐만 아니라 삼진(三秦)의 부로(父老, 중국 전국(戰國) · 진(秦) · 한(漢) 시대의 취락의 대표자이며, 질서 유지 책임자—역주)도 모두 유방이 진나라 영토에 들어와 왕이 되기를 바랐다.

한신이 마지막으로 정리해서 말했다. "삼진은 격문을 보내 해결할 수 있습니다." 그러니까 유방이 선전포고만 하면 삼진 지역은 곧바로 그의 손에 들어간다는 뜻이다. 유방은 이 말을 듣고 고개를 끄덕이며 먼 장래를 내다보는 능력을 갖춘 한신이 자기에게 온 것이 다행이라고 생각했다.

역사적 사례

경녕(竟寧) 원년(기원전 33년) 5월, 한(漢) 원제(元帝)가 43세에 병사하자 태자 유오(劉鶩)가 즉위해 한 성제(成帝)가 되었다. 그리고 왕정군(王政君)이 황태후에 봉해졌다.

왕정군은 자신이 권력을 장악하든가 적어도 자신의 가족 손에 있어야 한다고 생각했다. 그래서 그녀는 조정을 마음대로 조정하려고 왕봉(王鳳)을 대사마대장군령상서사(大司馬大將軍領尙書事)에 봉하고 왕숭(王崇)을 안성후(安成侯)에 봉해 식읍을 만 호나 내렸다. 왕담(王譚) 등도 관직과 작위가 높아져 식읍을 받았다. 관리 중에서 가장 지위가 높은 '대사마대장군령상서사'는 거의 왕씨 집안에서 독점했다. 이렇게 왕봉을 필두로 왕음(王音)·왕상(王商)·왕근(王根)·왕망(王莽)의 관직이 순서대로 올라 어느덧 왕씨 외친이 권력의 중심을 지키게 되었다.

기원전 1년에 태후 왕정군은 조카 왕망을 대사마에 임명했다. 대권이 왕망의 손에 넘어간 것이다. 이때 왕망은 조정 곳곳에 자신의 측근을 심어 놓았다. 얼마 후 그는 황제의 직권까지 대행했다. 기원후 5년에 왕망은 마침내 한 평제(平帝)를 독살하고 겨우 두 살인 유영(劉嬰)을 황제로 추대했다. 태후는 왕망에게 섭정을 시키다가 얼마 지나지 않아 그를 섭황제(攝皇帝)에 봉했다. 시기적으로 성숙되었다 여긴 왕망은 국호를 고치고 스스로 황위에 올랐으며 사람을 보내 태후에게서 옥새를 빼앗아왔다.

태후는 그제야 왕망의 의도를 알아차렸다. 그때 그녀가 성이 난 나머지 왕망에게 옥새를 던져버려서 옥새는 탁자 위에 떨어져 모퉁이 한 곳이 떨어져 나가고 말았다. 남조(南朝)의 사학자 범엽(范曄)은 『후한서(後漢書)』에서 전체적인 것을 보지 못하고 작은 것에 얽매이는 것을 '부인지인(婦人之仁)'이라 했다.

9년 정월에 왕망은 정식으로 황제가 되었고 왕조 이름을 '신(新)'으로 개명했다.

017
겉모습은 같으나 실제로는 다르다
優孟衣冠(우맹의관)

우맹(優孟)이 즉각 손숙오(孫叔敖)의 의복과 관모를 만들어 입고서 그의 언행과 음성, 용모를 흉내 냈다. 그렇게 일 년여가 지나자 신통하게도 모방의 정도가 진짜와 거의 같아 초(楚) 장왕(莊王)의 근신조차 진위를 가려내기 힘들 정도였다. 마침 초 장왕이 주연을 베푸는데 우맹이 앞으로 나와 장왕에게 축배를 올렸다. 손숙오가 다시 살아난 것이라 생각한 장왕은 깜짝 놀라고 말았다. 장왕은 그에게 초나라 재상을 맡아 달라고 했다.

우맹은 원래 가무에 능한 초나라 출신 배우였다. 그는 키가 팔 척이나 되고 특히 언변이 뛰어났다. 초나라 재상 손숙오는 우맹이 현명한 인재라는 것을 알아보고 그를 무척 잘 대해 주었다. 손숙오는 임종 전에 아들에게 이런 유언을 남겼다. "내가 죽은 후에는 분명 집안 형편이 어려워질 것이다. 그러면 우맹을 찾아가서 네 신분을 밝혀라. 그러면 그는 분명히 널 도와줄 것이다."

그로부터 몇 년이 지나고 손숙오의 아들은 집안 형편이 어려워져 장작을 팔며 살아야 했다. 한번은 길에서 우연히 우맹을 만나 그가 우맹에게 말했다. "저는 손숙오의 아들입니다. 아버지께서 임종 전에 형편이 어려워지면 선생님을 찾아가 보라고 하셨습니다." 우맹이 대답했다. "멀리 떠나지 말게나."

우맹은 집에 돌아간 후 즉각 손숙오의 의관을 입고 그의 언행을 흉내 냈다. 그렇게 일 년여가 지나자 신통하게도 우맹의 행동거지는 손숙오와 거의 똑같았다. 마침 초 장왕이 연회를 베풀었는데 우맹이 앞으로 나와 축배를 올렸다. 손숙오가 다시 살아온 것이라 생각한 장왕은 깜짝 놀라고 말았다. 장왕은 그에게 초나라 재상 직을 맡기고자 했다. 그러자 우맹이 말했다. "집에 돌아가 처자식과 이 일을 상의해 보도록 윤허해 주십시오. 삼 일 후에 와서 재상 직을 맡도록 하겠습니다." 장왕은 그렇게 하라고 했다.

삼 일 후, 우맹은 다시 장왕을 찾아갔다. 장왕이 물었다. "뭐라 하던가?" 우맹이 말했다. "처자식이 저에게 초나라 재상은 할 가치가 없다며 절대 재상 직을 맡지 말라고 했습니다. 왕께서는 손숙오처럼 초나라 재상을 맡아 충직하고 청렴하게 왕을 보좌한 신하가 있어 마침내 천하를 얻으셨습니다. 그런데 손숙오가 죽은 뒤 그의 아들은 매우 빈곤하게 생활하며 매일 장작을 팔아 근근이 살아가고 있습니다. 저는 손숙오처럼 초나라 재상을 하느니 차라리 스스로 목숨을 끊겠습니다." 장왕은 우맹에게 유감을 표하고 곧바로 손숙오의 아들을 불러 침구(寢丘) 땅의 400호를 하사했다.

역사적 사례

기원전 205년에 서초패왕 항우의 군대는 형양성(滎陽城) 아래에 근접하여 형양을 지키던 유방의 군대와 일 년여를 대치했다. 이른바 초한 전쟁이 쌍방 대립 구조로 치닫는 때였다. 당시 한나라 군대는 형양성 남쪽에 길을 내고 있었다. 서북쪽으로는 진(秦)나라 때 만들어진 오창(敖倉)과 바로 통해서 한(漢)군은 대군을 파견해 그곳을 수비했다. 그래서 오창에 남은 군량으로 형양의 수비군에 군량을 공급하며 초(楚)나라 군대와 전투를 계속할 수 있었다. 그때 항우가 번쾌의 건의를 받아들여 한군의 보급선을 빼앗기로 했다. 보급선이 끊기면 병사들이 불안을 느낄 것이고 사태가 위태로워질 터였다. 그 낌새를 알아낸 유방은 화의를 요청했다. 형양을 경계로 동쪽은 초나라가, 서쪽은 한나라가 나눠 가지자는 조건을 내걸었지만 항우는 이를 거절했다.

장군 기신(紀信)이 소식을 듣고는 한 왕을 알현하고 건의했다. "사태가 위급하니 제가 초군의 주의를 다른 곳에 돌릴 동안 대왕께서는 이곳을 빠져나가십시오."

유방은 진평(陳平)이 낸 계책으로 초군을 속일 계획을 세웠다. 그날 밤, 밤이 깊어지자 갑옷을 입은 부녀자 2천여 명이 무리를 지어 형양성 동문을 빠져나오는 것이 보였다. 기신은 자신이 한 왕 전용의 황색 천막 마차를 타고 마치 한 왕이 나온 것처럼 꾸며 큰 소리로 성 안의 군량이 떨어져 초나라에 항복을 원한다고 외쳤다. 이에 초군은 일제히 만세를 부르며 성 동쪽으로 몰려가 그 행렬을 지켜보았다. 유방은 이 틈을 타 기마병 10여 명만 데리고 서문으로 성을 빠져나갔다.

항우는 형양에 입성한 후에야 한 왕의 마차에 타고 있던 것이 유방이 아니라 기신이 가장한 것임(優孟衣冠)을 알았다. 화가 잔뜩 난 항우는 기신을 산 채로 불태워 버렸다. 그리고 계속해서 내달아 성고(成皐)까지 점령했다.

018
섶 위에서 잠을 자고 쓸개를 핥는다
臥薪嘗膽(와신상담)

오(吳) 왕(王)이 월(越) 왕(王)을 사면해 주어 구천(句踐)은 마침내 귀국했다. 귀국한 후에 구천은 심사숙고하며 심혈을 기울여 나라를 다스렸다. 쓰디쓴 쓸개를 매달아 놓고 앉아서나 누워서나 고개만 들면 쓸개를 핥아 쓴 맛을 보았다. 또한 음식을 먹을 때도 쓸개를 핥았다.

춘추 시대, 인접한 오나라와 월나라는 자주 전쟁을 벌였다.

기원전 297년 부초(夫椒) 전투에서 오나라가 큰 승리를 거둬 오 왕 부차는 월 왕 구천을 강제로 회계산(會稽山)에 구금해 고립시켰다. 하지만 이때 구천은 대부 문종(文種)의 계략에 따라 오나라 태재(太宰)에게 금은보화와 미인들을 몰래 선물하며 환심을 샀다. 월 왕 구천이 이 태재에게 부탁해 오 왕 부차에게 사정하자 오 왕은 드디어 월 왕 구천의 화의를 받아들여 주었다.

그래서 월 왕 구천은 처자식과 함께 오나라로 가 부차의 선친 무덤 옆 석실에서 지내며 그곳을 지키고 말을 키우며 살았다. 부차가 출타할 때면 구천은 늘 말채찍을 들고 공손하게 그의 뒤를 따랐다. 후에 오 왕 부차가 병이 들자 구천은 충성을 보이려고 친히 부차의 대변 맛을 보고 병세를 판단했다. 그런 모습을 보고 부차는 구천이 자신을 경애하며 충성을 다한다고 생각해 구천 부부를 월나라로 돌려보냈다.

월 왕은 귀국한 후에 자신이 오나라에서 받았던 수치를 말끔히 씻어 버리겠다고 결심했다. 그는 당시의 수치를 잊지 않으려고 매일 딱딱한 땔감 더미 위에서 잠을 잤다. 또 문에 쓰디쓴 쓸개를 걸어 두고 밥을 먹거나 잠이 들기 전에 그것을 핥으며 그때 얻은 교훈을 잊지 않겠다고 다짐했다. 그 밖에도 그는 자주 궐 밖으로 나가 민심을 살피며 그들의 문제에 귀를 기울였고 백성이 편안하게 살 수 있도록 애쓰면서 동시에 군대도 강화했다.

역사적 사례

청나라 때, 호남 순무 낙병장(駱秉章)의 고문으로 있던 좌종당(左宗棠)은 낙병장에게 깊은 신임을 얻고 있던 터라 안하무인이었다. 한번은 그가 총병(總兵) 번섭(樊燮)에게 무릎 꿇고 문안 올리라고 요구했는데 번섭이 이를 거절했다. 그러자 크게 노한 좌종당은 그의 앞으로 가서 발로 차며 큰 소리로 욕을 했다. "이런 몹쓸 놈, 당장 꺼져!"

이 일은 함풍(咸豊) 황제의 귀에까지 들어갔지만 당시 함풍은 마침 인재가 필요한 때여서 그를 벌주지 않았을 뿐 아니라 오히려 직급을 올려 4품관에 봉했다. 게다가 성지를 내려 번섭의 관직을 파하기까지 했다. 그러자 번섭은 가족을 데리고 고향인 호북 은시(恩施)로 가서 집을 짓고 거액을 들여 명사들을 모셔왔다. 그리고 이 층을 서재로 사용하며 선생과 아들을 제외하고는 아무도 올라가지 못하게 했다.

번섭은 좌종당이 자신에게 한 여섯 글자의 욕을 목판에 새겨 조상의 신주를 모셔 놓은 방에 함께 두고 두 아들에게 당부했다. "수재(秀才)에 통과해야 네 겉옷을 벗을 수 있고 향시에 급제해야 네 속옷을 벗을 수 있다. 그러면 좌종당과 관직이 같아질 것이다. 진사가 되고 한림(翰林)에 오르면 이 목판을 태우고 조상께 네가 좌종당을 능가했다고 알리도록 해라."

아버지의 명을 받은 두 아들은 책상에 '좌종당을 죽여라(左宗棠可殺)'라는 다섯 글자를 새겨 넣고 공부에만 열중하며 바깥출입도 하지 않았다.

10여 년에 걸친 '와신상담(臥薪嘗膽)' 끝에 번섭의 두 아들은 모두 진사에 합격했고 그중에 한 아들은 조정의 추천까지 받았다. 작은 아들 번산(樊山)은 진사에 합격했을 뿐 아니라 한림원에도 들어가게 되었다. 또 최종적으로 양강총독(兩江總督) 대리라는 고위직에 올랐으며 한편으론 대시인이기도 했다.

그들의 급제 소식이 전해진 날 두 형제는 아버지 무덤을 찾아가 이 기쁜 소식을 전하고 사람들이 보는 가운데 욕이 적힌 목판을 태워 버렸다.

019
비슷한 두 세력이 공존할 수 없다
勢不兩立(세불양립)

전광(田光)이 자리를 잡고 앉아 보니 주위에 아무도 없었다. 태자가 자리에서 일어나 전광에게 공손히 말했다. "선생께서는 연나라와 진나라가 공존할 수 없다는 점을 유념해주시지요." 전광이 말했다. "기기(騏驥)가 건장했을 때는 하루에 천 리를 달린다지만 노쇠해지면 형편없는 말들도 그를 앞지른다고 들었습니다. 지금 태자께서는 저의 혈기 왕성한 시절만 생각하시고 계신 듯 한데 저는 지금 노쇠하여 여력이 없습니다. 그러니 제가 주제넘게 국사를 논할 수는 없습니다. 저의 벗 형경(荊卿)이라면 이 임무를 맡기셔도 좋을 듯합니다."

전국 시대, 연나라 태자 단은 남몰래 진시황을 암살할 자객을 찾고 있었다. 그는 자신의 스승인 국무(鞠武)에게서 전광이 용감하고 지모에도 능하다는 말을 듣고는 즉각 전광을 데려오게 했다. 전광이 국무와 함께 알현하러 오자 태자 단은 매우 기뻐하며 공손한 태도로 전광을 궁으로 안내했다. 그리고 주변에 있는 사람들을 모두 물러가게 한 후에 최대한 성의를 표하며 전광에게 말했다. "연나라와 진나라는 공존할 수 없다(勢不兩立)는 것을 선생님도 잘 아실 것입니다. 선생께서 용감하고 지모도 뛰어나다는 이야기를 익히 들었습니다. 선생께서 위험에 처한 연나라를 구해주실 수 있겠습니까?" 전광이 연신 손을 가로저으며 말했다. "국무가 저를 소개한 것은 과거 혈기 왕성한 시절의 저를 생각한 것이지요. 지금은 벌써 일흔이 넘어 쓸모가 없습니다." 태자 단은 다소 실망한 듯했지만 그래도 마지막 희망을 버리지 않고 물었다. "그럼 이 일을 맡아줄 적임자가 없을까요?" 전광이 잠시 생각에 잠긴 후에 대답했다. "저에게 형가라는 벗이 있는데 그에게 이 중책을 맡기셔도 좋을 듯싶습니다."

태자 단은 기쁨을 감추지 못하고 전광에게 형가를 소개해달라고 부탁했다. 전광은 두말없이 허락하고 바로 자리를 떴다. 태자 단은 친히 전광을 문까지 배웅하며 당부했다. "오늘 우리가 나눈 이야기는 국가의 대사이니 선생께서는 부디 누설하는 일이 없도록 해주십시오." 전광이 허리를 굽히고 웃으면서 말했다. "태자께서는 염려 마십시오."

전광은 즉각 형가에게 궁에 가서 태자 단을 뵈라고 했다. 형가는 주저하지 않고 바로 승낙했다. 그러자 전광이 말했다. "태자께서 혹 나에 대해 물으시거든 전광은 이미 죽었다고 말씀드리게. 그래야 태자께서 더 이상 기밀이 누설될까 염려하지 않으실 테니 말일세." 전광은 말을 마치고 자결했다.

역사적 사례

서한 말년, 왕망이 패배한 후에 유현(劉玄)이 황제에 올랐다. 그때 부풍(扶

風) 무릉(茂陵) 출신인 경엄(耿弇)은 그의 아버지 경황(耿況)을 따라 유현 휘하로 들어갔다. 그런데 얼마 지나지 않아 한단 출신의 왕랑(王郞)이 한 성제(成帝)의 아들이라고 자처하며 서한 종실의 유휴(劉休)와 대부호 이육(李育) 등의 추대를 받고 황제가 되어 한단을 수도로 삼았다.

그러자 경엄 휘하의 손창(孫倉)·위포(衛包) 등은 경엄에게 왕랑을 섬기라고 권했다. 경엄은 이 말을 듣고 크게 노해 검을 빼들고 말했다. "왕랑 이 반역자! 나와 왕랑은 절대 공존할 수 없다(勢不兩立)! 내가 장안에 도착해 폐하께 파병을 윤허 받으면 반드시 그에게 승리할 것이다. 그런데 어찌 대국을 헤아리지 못하고 역적에게 붙으라 하는 것인가! 역적의 편이 되면 멸문지화를 입을 것이니라!"

그러나 결국 이들은 모두 떠나고 경엄 한 사람만 남았다. 그는 유수(劉秀)가 당시 하북 정현(定縣)에 있다는 소식을 듣고 혈혈단신으로 그를 찾아갔다. 경엄과 유수는 처음부터 서로 마음이 잘 맞았다. 그는 유수에게 부친의 관할 지역인 상곡(上谷)으로 가서 발판을 닦으라고 권했다. 그들이 계현(車縣)에 막 도착했을 때 왕랑의 군대가 추격해 왔다. 유수는 남쪽으로 도주할 준비를 하고 휘하의 장군들과 이를 논의했다. 그때 경엄이 말했다. "적이 남쪽에 있으니 그리로 가서는 안 됩니다. 어양 태수 팽총(彭寵)이 주공과 동향이고 상곡 태수는 저의 부친이십니다. 이 두 곳의 지지를 얻으면 기병 수만을 통제하실 수 있고 한단의 왕랑도 염려할 필요가 없으실 것입니다." 그래서 유수는 경엄의 뒷받침 속에 하북을 평정하고 근거지로 삼았다.

020
충언은 귀에 거슬린다
忠言逆耳(충언역이)

장량이 유방에게 간언했다. "진(秦) 왕이 무도하여 패공께서 그들을 물리치고 궁 안으로 들어갈 수 있었던 것입니다. 폭정을 펼치는 진 왕조를 철저히 전복시키고 싶다면 반드시 옷차림이 검소해야 하고 행동은 믿음이 가야 합니다. 지금 막 진나라 궁에 들어오신 패공께서 궁중 생활의 안락함에 안주하신다면 폭군을 도와 백성을 해치는 것과 다름없습니다. 충언은 듣기 싫지만 행동에는 도움이 되고 좋은 약은 입에 쓰지만 병을 고치는 데는 좋다고 했습니다. 그러니 패공께서도 번쾌의 진언을 받아들여 주시기 바랍니다."

제(齊)나라 도혜왕(悼惠王) 33년(기원전 207년), 유방은 낙양 남쪽의 헌원(軒轅)으로 갔고 장량이 병사를 이끌고 그의 뒤를 따라 한국의 성 10여 곳을 공격해 양웅(楊熊) 군대를 물리쳤다. 유방은 한국 왕 성유(成留)에게 양적(陽翟)을 지키라 명했다. 그리고는 장량과 함께 남하하여 완(宛)을 공격하고 서쪽의 무관(武關)에 입성했다. 유방은 군사 2만여 명을 보내 진나라의 요하군

(嶢下軍)을 공격해서 결국 물리쳤다. 또한 궤멸한 진군이 북쪽의 남전(藍田)까지 도망간 것을 쫓아가 교전을 두 번 벌였고 진군을 철저히 섬멸했다. 그리고 곧 유방이 군대를 이끌고 함양으로 들어가자 진 왕 자영(子嬰)은 유방에게 투항했다.

그때 궁에 들어간 유방은 아름다운 궁녀 수천 명에 현혹되어 한순간 그곳에 눌러 살고 싶은 생각이 들었다. 그래서 번쾌가 간언을 올려도 듣지 않았다. 그러자 장량이 유방에게 한 마디 올렸다. '충언은 귀에 거슬리나 행동에는 도움이 되고 좋은 약은 입에 쓰지만 병에는 좋다' 라는 도리를 설명하며 번쾌의 의견을 수용할 것을 희망했다. 결국 유방은 장량의 권고를 받아들이고 병사를 돌려 파상(灞上)으로 갔다.

역사적 사례

당 현종(玄宗) 때의 대신 한휴(韓休)는 엄격하고 강직한 인물로 명예나 권세를 탐하지 않았다. 재상이 된 후 그가 하는 행동은 모두 민심을 얻었다. 재상 소호(蕭嵩)는 애초에 한휴가 공명에 욕심이 없으니 통제하기 쉬울 것이라 생각하고 현종에게 추천한 것이었다. 그러나 두 사람이 함께 일을 하게 되자 한휴가 정도를 고집하며 추천인인 자신을 잘 따르지도 않자 소호는 점점 반감이 생겼다. 그러나 송경(宋璟)은 감탄하며 이렇게 말했다. "한휴에게 이런 능력이 있는 줄 미처 몰랐구나."

당 현종은 때로 궁 안에서 연회를 열어 마시고 즐겼고 동원에서 사냥 놀이를 하기도 했다. 그러다가 혹시 조금이라도 실수를 하면 이렇게 말했다. "한휴가 이 사실을 알더냐?" 그러면 말이 떨어지기가 무섭게 간언이 올라왔다.

한번은 현종이 아무 말 없이 거울을 보고 있었다. 주변 사람들이 말했다. "한휴가 재상이 된 후에 폐하의 모습이 전과 달리 많이 여위셨습니다. 그런데 어째서 그를 내치지 않으십니까?" 당 현종이 탄식하며 말했다. "비록 내 모습은 여위었지만 천하는 훨씬 풍요로워졌네. 소호는 늘 내 뜻에 따랐으나 그가 물러간 후에 나는 편히 잠이 들 수 없었지. 반면에 한휴는 이치에 따르려 힘쓰나 그가 돌아간 후에 나는 편히 잠들 수 있네. 소위 '충언역이(忠言逆耳)'라고 하지 않나. 한휴를 쓰는 것을 국가를 위한 것이지 나를 위한 것이 아니네."

021
입술이 없으면 이가 시리다
脣亡齒寒(순망치한)

궁지기(宮之奇)가 말했다. "…… 진(晉)나라는 괵(虢)나라를 멸망시키려고 합니다. 진나라가 우(虞)나라를 아무리 아낀다고 해도 두 나라의 관계가 환숙(桓叔)과 장백(莊伯) 가족보다 가까울 수는 없지요. 그러나 진 왕은 환숙과 장백 가족을 모두 죽였습니다. 우나라와 괵나라의 관계는 입술과 이의 관계와도 같습니다. 입술이 없으면 이가 시린 법이죠."

춘추 시대, 진(晉)나라는 이웃의 소국인 우와 괵을 침략하려고 했다. 그런데 이 두 나라는 상당히 가까운 관계여서 우나라가 침략을 당하면 괵이 출병해 도와줄 것이며 마찬가지로 진이 괵을 침략하면 우가 도와줄 것이 뻔했다. 이런 상황에서 순식(筍息)이 진 헌공(獻公)에게 계략을 하나 올렸다. 그는 진 헌공에게 굴산(屈産)의 명마와 수극지벽(垂棘之璧)이라는 보물 두 개를 건네면서 그것을 우공에게 선물하라고 건의했다. 헌공은 그의 계획대로 우국에 진귀한 보물을 주고서 괵나라로 가는 길을 빌렸다. 우공은 명마와 보석을 얻

고 좋아서는 입이 다물어지지 않았다.

우나라 대부 궁지기가 이 이야기를 듣고 황급히 달려가 우공을 말렸다. "절대로 그래서는 안 됩니다. 우와 괵은 입술과 이처럼 가까운 사이로 서로 의존하는 관계입니다. 일이 생기면 서로 도와야 하지요. 혹시라도 괵나라가 멸망하면 우리 우나라도 위험해집니다. 입술이 없으면 이가 시리다는 말이 있지 않습니까? 입술이 없으면 이도 온전할 수 없습니다. 길을 빌려 주는 것은 절대로 안 될 일입니다."

그러나 우공은 그의 권고를 듣지 않고 끝내 진군이 괵나라를 침략할 수 있도록 길을 내주었다. 진군은 단숨에 괵나라를 차지했다. 그리고 진의 반사(班師)가 귀국하는 길에 괵나라에서 빼앗은 재물 가운데 상당량을 우공에게 바쳤다. 우공은 너무 기뻤다. 그때 진군 대장 이극(里克)이 병을 핑계로 당장 귀국하는 것이 불가능하다며 우나라 수도 부근에 군대를 주둔시켰다. 그러나 우공은 진나라를 추호도 의심하지 않았다.

그리고 며칠 후에 진 헌공이 친히 대군을 이끌고 오자 우공은 성 밖까지 나가 그를 맞이했다. 미리 약조한 대로 진 헌공과 우공이 사냥을 나가는데 얼마 지나지 않아 경성에서 거센 불길이 타오르는 모습이 보였다! 우공이 서둘러 성 앞까지 갔을 때는 이미 진군이 경성을 점령한 뒤였다. 이렇게 진나라는 손쉽게 우나라를 차지했다.

역사적 사례

춘추 시대, 진나라 대신 지백(智伯)은 한(韓)·조(趙)·위(魏) 세 나라에 각각 영토를 40킬로미터씩 할양하라고 요구하고 그들이 바친 조세로 군대 물자를 충당했다. 한 강자(康子)와 위 환자(桓子)는 영토를 할양하고 싶지 않았지만 지백이 두려워서 하는 수 없이 할양하겠다고 먼저 밝혔다. 이중에서 조 양자(襄子)만이 공개적으로 이를 거절했다. 그러자 지백은 한, 위 두 나라에 사자를 파견해 서로 연합해서 조나라를 정벌하라고 했다. 또한 조나라를 멸망시킨 후에 그 영토를 삼등분하여 나누어 가지겠다고 했다. 한과 위는 지백이 두렵기도 했고 한편으론 조나라 영토가 탐나기도 해서 지백과 함께 조나라를 정벌하러 나섰다.

소식을 들은 조 양자는 시급히 진양으로 도망갔다. 그러나 삼군 연합군을 이끌고 진양으로 추격해 온 지백은 빽빽하게 성을 포위하고 물을 끌어들여서 진양성이 물에 잠기게 했다. 형세가 매우 위급했다! 그때 조 양자의 책사 장맹담(張孟淡)이 계략을 하나 올렸다. "한, 위 두 나라는 조나라와 아무런 원한이 없고 지백의 강압에 못 이겨 나온 것이므로 그들도 사실은 진나라에 땅을 할양하고 싶지 않을 것입니다. 비록 저들은 삼국이 연합했다고는 하지만 마음은 하나가 아닙니다. 저에게 적을 물리칠 묘책이 있으니 국왕께서는 염려하지 마십시오."

장맹담은 곧 지백의 병사로 가장하고 한과 위 병영에 침입해 이들의 이해관계를 설명했다. "우리는 '순망치한(脣亡齒寒)'의 이치를 잘 알고 있습니다. 지금 지백이 여러분을 이끌고 조나라를 정벌하려고 하지요? 조나라가 멸망한 다음에는 분명히 한과 위 두 나라를 치려 할 것입니다."

장맹담의 말을 들은 한 강자와 위 환자는 조 양자와 협력하여 함께 지백에게 반격하기로 하고 비밀리에 삼군이 협력할 작전 계획과 시간을 상의했다. 그리고 한과 위는 공동으로 제방을 지키던 관리를 죽이고 제방을 무너뜨려서 지백의 군대를 물에 잠기게 하고 지백을 생포했다. 그러고 나서 한·조·위 삼국은 함께 지백의 봉지를 나누어 가졌다. 이를 삼가분진(三家分晉)이라고 한다.

022
복숭아나무와 자두나무는 말을 할 수 없지만 나무 아래에 사람들이 저절로 찾아와 길이 생긴다
桃李不言 下自成蹊(도리불언 하자성혜)

내가 아는 이장군은 정직하고 너그러우며 시골 사람처럼 순박하고 말수가 적은 사람이었다. 그런 그가 죽던 날 그를 알든 모르든 세상 사람이 모두 그의 죽음을 비통해했다. 그 충직함과 성실함이 장수들의 신뢰를 얻었던 것이다. 복숭아나무와 자두나무는 말을 할 수 없지만 나무 아래에 사람들이 저절로 찾아와 길이 생긴다는 속담이 있다. 여기서는 작은 이치를 말하고 있지만 이로써 더 큰 이치를 설명할 수 있다.

서한(西漢) 시대, 용맹하고 전투에도 능한 이광(李廣)이라는 장군이 있었다. 그는 평생 흉노와 70여 차례나 전투를 치렀고 매번 혁혁한 전공을 세워 병사들은 물론 백성에게 크나큰 지지를 얻었다. 이광은 높은 지위에 올랐고 천군만마를 거느리며 수많은 전공을 세운 공신이었지만 결코 교만하지 않았다. 그는 늘 상냥한 태도로 사람을 대하고 병사들과 동고동락했다. 조정에서 상을 내리면 가장 먼저 부하들을 챙겼고 전부 병사들에게 나누어 주었다. 행군과 전투를 할 때 군량이나 물이 부족해지면 자신도 일반 병사들과 마찬가지로 허기와 목마름을 견뎠다. 그리고 전장에 나가서는 솔선수범하며 병사들을 인솔해 용감하게 싸워서 그의 명령이라면 모두 용기를 내어 적과 싸우고 죽음도 불사했다.

후에 이광이 죽었다는 소식이 병영에 전해지자 전군이 비통해하며 눈물을 흘렸다. 그리고 이광을 잘 알 리 없는 일반 백성조차도 그의 죽음에 애도를 표했다. 한(漢)나라의 위대한 사학가 사마천은 이광을 두고 '복숭아나무와 자두나무는 말을 못하지만 사람들이 저절로 찾아와 길이 생긴다'라고 말했다.

이 말의 뜻은 복숭아와 자두는 비록 말을 못하지만 그 꽃의 진한 향기와 과실의 달콤함으로 많은 사람을 끌어당기는 힘이 있으므로 사람들이 꽃과 과실을 찾아 나무 아래로 와 저절로 길이 생긴다는 뜻이다. 이처럼 이광 장군도 그의 진실함과 고상한 인격으로 인심을 얻고 존경받았다.

역사적 사례

곽자의와 이광필(李光弼)은 당나라 때의 유명한 무장이다. 두 사람 모두 낮은 계급에서 시작해 전공을 세워 나중에는 장군까지 되었다. 한 부대에서 같은 중급 장교로 있었을 때 두 사람은 늘 의견이 맞지 않았다. 그래서 같은 식탁에 앉아 밥을 먹어도 절대 서로 눈길 한 번 주지 않았고 말 한마디 나누지 않았다.

그러던 중에 안녹산의 난이 발생하자 황제는 곽자의를 삭방(朔方) 절도사에 봉하고 이광필을 그의 부하로 임명했다. 당시의 절도사는 지금으로 따지면 전시 사령장관 겸 행정 장관에 해당하는 상당한 권력을 지닌 직책이었다. 이광필은 곽자의가 공적인 힘으로 사적인 원한을 갚아 자신을 죽이지는 않을까 불안했다. 그러나 곽자의는 예상과는 정반대로 황제에게 이광필을 적극 추천했다. 그래서 후에 황제는 이광필을 하동(河東) 절도사에 임명했다. 그리고 곽자의는 자신의 부대에서 정예 병사 1만 명을 그에게 주었다. 곽자의의 이런 넓은 아량과 정치적 도량에 이광필은 그저 부끄러울 따름이었다.

곽자의와 이광필은 상당히 대조적인 유형의 장군이었다. 곽자의는 부하들을 너그럽게 잘 대해 주는 편이었고 이광필은 용맹하고 전투에 능하지만 군령에 무척 엄했다. 그래서 부하들은 이광필을 두려워하며 멀리했고 이와 반대로 곽자의에게는 탄복해 마지않았다.

'도리불언 하자성혜(桃李不言 下自成蹊)'라고, 병사들은 모두 곽자의의 아래에 있기를 바랐고 그가 부임한다는 소식이 전해지자 하나같이 기뻐하며 환영했다.

023
서적을 불태우고
유생들을 구덩이에 묻다
焚書坑儒(분서갱유)

승상 이사(李斯)가 말했다. "…… 저는 사관이 진나라의 책을 전부 소각하는 것을 원하지 않습니다. 박사관(博士官)에 소장한 것을 제외하고 전국의 『시(詩)』, 『서(書)』, 제자백가의 저서는 일률적으로 지방관에 보내 소각해야 합니다. 감히 『시(詩)』, 『서(書)』를 논하는 자는 사형에 처해 백성에게 본보기로 삼을 것이며 옛것의 시비곡직을 논한다는 핑계로 현실을 비판하는 자는 전 재산을 몰수하고 참수에 처해야 합니다. 이를 알고도 보고하지 않는 관리가 있다면 같은 죄를 물어야 합니다. 명령이 내려진 후 30일 안에 책을 소각하지 않으면 얼굴에 문신을 하는 경형(巨刑)과 성단(城旦)형 사 년을 내리고 변경으로 귀양 보내 낮에는 적과 대항하고 밤에는 성을 쌓게 해야 합니다. 단 의약·점술·파종에 관련된 책은 여기에서 제외해야 합니다. 혹시 법령을 공부하고자 한다면 관리를 스승으로 삼아야 할 것입니다." 진시황은 이 조서를 보고 좋다고 했다.

진시황 34년(기원전 213년), 함양궁의 1차 연회에서 박사 순우월(淳于越)은 군현을 폐지하고 분봉 제도를 실시하자고 제안했다. 진시황이 신하들에게 이를 논하게 하니 승상 이사가 황제의 전제 통치 지위를 공고히 하고 이견이 나오지 않도록 백성의 입을 막고 여론을 하나로 통일해야 한다고 말했다. 그러자 진시황은 조서를 내려 사관에 『진기(秦記)』를 제외한 모든 사서를 불태우라고 명령했다. 모여서 『시(詩)』, 『서(書)』를 논하는 자가 발각되면 대중이 보는 앞에서 죽이고 옛것의 시비곡직을 논한다는 핑계로 현실을 비판하면 구족을 멸하겠다고 했다. 또한 이런 사실을 알고도 보고하지 않는 관리에게도 같은 죄를 묻겠다고 했다. 뿐만 아니라 만약 이 명령이 내려진 후 30일 안에 책을 태우지 않으면 경형에 처하거나 혹은 변경으로 귀양을 보내 장성 축조 노역을 시키겠다고 했다. 그러나 의약·점술·파종에 관련된 책은 여기에서 제외되었다. 그리고 혹시 법령을 배우려고 한다면 관리를 스승으로 삼으라 했다.

어느 한순간 함양성 밖 여산(驪山) 자락에 있는 구덩이에서 책을 태우는 불길이 하늘을 향해 치솟았고 짙은 연기가 퍼져 나갔다. 이리하여 수백, 수천 톤에 달하는 죽간과 목판이 순식간에 재로 변했고 이 불길은 수십일 동안 꺼지지 않았다.

이어서 진시황은 방사를 파견해 장생불로하는 약을 찾아오게 했다. 이때 제(齊)나라 사람 서복(徐福)과 연(燕)나라 사람 노생(盧生), 한(韓)나라의 후생(侯生) 등은 선학(仙學)을 연구한다는 명목으로 진시황이 찾으라는 선약은 찾지 않고 도망쳐 버렸다. 이 사실을 안 진시황은 크게 노했다. 그 화는 유생들에게 옮겨가 결국 어사를 파견해 방사(方士, 신선의 술법을 닦고 단약 등을 만드는 사람—역주) 유생들을 전면적으로 조사하기에 이르렀다. 그러자 그들끼리 서로 고발하는 사태가 벌어졌고 그중에 법령을 위반한 유생은 460여 명에 달했다. 진 시황은 함양성 밖의 구덩이에 이들을 모조리 생매장해 본보기로 삼았다.

후대 사람들은 이 전대미문의 사건을 '분서갱유(焚書坑儒)'라고 불렀다. 그러나 이러한 진 시황의 폭정은 진 이세의 멸망을 앞당겼을 뿐이다. 당 말기의 시인 장갈(章碣)은 자신의 시에서 이 역사적 사실을 비방했다. "죽간과 비단이 연기되어 날아가니 제업도 헛되이 사라지네. 관문과 황하만이 조룡거(祖龍居, 진시황이 지내던 함양성 궁궐—역주)를 막고 있네. 웅덩이의 재가 미처 다 식기도 전에 산동에 반란이 일어나네. 유방과 항우는 원래 책을 읽지 않았네."

역사적 사례

남북조(南北朝) 시대, 양(梁)나라 황제 가운데 몇 명은 비록 나라를 다스리는 능력이 형편없었지만 문학을 매우 사랑하여 주변에 문사(文士)가 많았다. 양나라 개국 황제인 양 무제(武帝) 소연(蕭衍)의 일곱째 아들인 소역(蕭繹)은 부모 형제와 마찬가지로 문학을 좋아해 당시의 문단은 크게 번성했다.

그러나 소역은 한편으로 의심이 많고 명성에 연연해 자신보다 조금이라도 강한 사람이 있다는 말을 들으면 반드시 상대의 명성을 훼손해야 직성이 풀리는 성격이었다. 양 무제 말년에 후경(侯景)의 반란이 일어나자 소역은 도와줄 생각은 하지도 않고 그저 가만히 앉아 부모 형제가 당하는 것을 구경했다.

그리고 이어서 형제 여럿을 죽이고 552년에 황위를 찬탈했다.

그러나 좋은 시절은 역시 오래가지 않았다. 이 년 동안 황제 노릇을 한 소역은 북조(北朝)의 서위(西魏)가 양의 도성인 강릉을 침략했을 때 포로로 잡혀 목숨을 잃고 말았다. 그러나 잔혹하고 우둔한 군주 소역이 죽어도 백성 중에는 슬퍼하는 사람이 없었다. 그리고 지식인들은 그가 죽기 전에 책을 태운 일(焚書)에 다시 분노했다. 사서에 따르면 강릉성이 침략 당했을 당시에 소역이 궁중의 장성 10만여 권을 모두 불태우고 보검으로 기둥을 치며 이렇게 한탄했다고 한다. "문과 무의 이치가 오늘밤 모두 사라지는구나."

소역을 포로로 붙잡은 서위 사람들이 그에게 책을 불태운 사건에 대해 묻자 소역은 이렇게 대답했다. "책 만 권을 읽었어도 오늘과 같은 일을 당하니 이를 태운 것이다."

024
나라 안에서 가장 뛰어난 인물이다
國士無雙(국사무쌍)

소하(蕭何)가 말했다. "저런 장수들은 쉽게 얻을 수 있지만 한신과 같은 걸출한 인물은 천하에 단 한 명뿐입니다. 대왕께서 한중의 왕 정도로 만족하신다면 한신을 기용할 필요가 없겠지만 천하를 얻으시려면 한신 말고는 다른 인물이 없습니다. 이제 결정은 대왕께 달렸습니다."

유방은 한 무왕이 되어 한중에 입성했다. 그런데 몇 개월이 지나자 동부 지역 출신 병사와 장수들이 하나둘씩 탈영하기 시작했다. 유방이 이 문제로 고민하고 있는데 어느 날 승상 소하가 보이지 않는다는 보고가 들어왔다. 이에 유방이 깜짝 놀라 말했다. "소하마저도 도망갔단 말인가? 아니면 대체 무슨 일인가?"

사정은 이랬다. 한신은 유방이 자신을 신임하지 않아 낮은 관직을 준 것이라 생각하고 간밤에 도망갔다. 그래서 소하는 한신이 도망쳤다는 보고에 미처 유방에게 보고할 틈도 없이 급히 말을 달려 한신을 추격했던 것이다. 쉬지 않고 종일 말을 달린 소하는 겨우 한신을 따라잡았다.

소하가 도주한 이유를 묻자 한신은 이렇게 대답했다. "한 왕이 나를 믿지 못해 중용하지 않으니 여기에 남아 있은들 무슨 소용이 있겠습니까? 차라리 다른 사람에게 의탁하는 것이 낫습니다." 소하가 말했다. "일단 멈추시고 저와 함께 돌아가시죠. 만약 이번에도 한 왕이 장군을 대장으로 봉하지 않는다면 그때 떠나도 늦지 않습니다." 소하가 재차 간청하자 한신은 마지못해 함께 돌아왔다.

한중에 돌아온 후에 소하는 즉각 유방을 알현했다. 그러자 유방은 소하를 보자마자 꾸짖었다. "요 며칠 동안에 어디를 갔던 것이오!" 소하는 누구를 좀 만류하러 갔었다고 말했다. 유방이 누구냐고 추궁하자 소하는 한신이라고 대답했다. 이 말을 들은 유방은 바로 그를 혼냈다. "많은 문신과 무신이 도망을 가도 절대 붙잡으러 가질 않더니 어찌 무명의 장수 한 명을 쫓아간 것이오? 이는 나를 기만하는 행위가 아니고 무엇이란 말이오!"

그러나 소하는 한신이 문무를 겸비한 인재라 칭찬하며 이번 일과 한신이 도주한 이유를 유방에게 말했다. "한신과 같은 인재는 고관에 임명하여 성대한 의례를 해 주어야 하고 길일을 택해 배장대(拜將台)를 짓고 대장에 임명해야 합니다." 유방은 결국 소하의 건의를 수용해 성대한 의례를 치르며 한신을 대장에 임명했다.

역사적 사례

삼국 시대에 도겸(陶謙)은 양주(揚州) 단양군(丹陽郡)의 하급 관리 집안에서 태어났다. 그의 아버지는 평생 현장(縣長) 직위까지밖에 오르지 못했다.

어린 시절 아버지를 여읜 도겸은 줄곧 눈에 띄지 않는 평범한 인물이었다.

그러던 어느 날 도겸은 감공(甘公)이라는 사람을 만났다. 도겸과 반나절을 대화한 후에 감공은 기뻐하며 그에게 자신의 여식을 시집보냈다. 집에 돌아온 후에 감공은 그의 처사에 화를 내는 감부 사람들에게 이렇게 말했다. "지금은 그가 변변치 못하다 생각하겠지만 내가 보기에 그는 '국사무쌍(國士無雙)'의 인재다."

그 후에 도겸은 태도를 고치고 학문에 정진해 효렴(孝廉)으로 천거되었고 중앙 정부에서 낭(郎)으로 일했다. 그리고 지방으로 발령을 받아 서현(舒縣, 지금의 안후이(安徽) 수청(舒城) 현령에 임명되었다. 이 정도면 당시 정규 단계를 밟았다고 할 수 있다. 그리고 이어서 차기장군 장온(張溫)의 사마가 되어 그를 따라 양주(涼州)에서 반란을 일으킨 변장(邊章), 한수(韓遂)를 진압하며 큰 공을 세웠다. 영제(靈帝) 중평(中平) 원년에 황건적이 반란을 일으키자 도겸은 서주(徐州) 자사에 임명되었다.

도겸이 취임하자마자 바로 황건적 진압에 나서서 서주(徐州)에 있던 황건군을 몰아내자 국경 지역은 다시 안정을 되찾았다. 동탁이 피살된 후에 도겸은 당시 양주 자사인 주간(周干)과 연합했다. 그러고는 다섯 개 나라의 국상, 도 태수 두 명, 전임 태수 한 명 등과 공동으로 발의한 서한을 주휴(朱儁)에게 보내 그를 태사에 추대했다. 또 충분한 병사와 반년 치 군량도 제공해줄 것을 약속하고 그에게 장안에 가서 이각(李榷)과 곽사(郭櫃)를 치라고 했다.

후에 도겸은 조정과 서신 왕래를 회복하고 조정이 자신을 서주 태수로 임명한 조서를 받아들였다.

025
허물을 고쳐 스스로 새로워지다
改過自新(개과자신)

　순우공(淳于公)의 어린 딸 제영(緹縈)이 상심해 울음을 터뜨렸다. 아버지를 따라 장안으로 온 그녀는 조정에 글을 올렸다. "저의 아버지는 관리로서 제나라 사람은 모두 아버지를 청렴결백하다고 칭찬합니다. 그런데 지금은 법률을 위반하였으니 마땅히 벌을 받아야 합니다. 다만 제가 슬퍼하는 이유는 사형을 받은 사람을 다시 살릴 수 없고, 육형(肉刑)을 당한 자는 잘려나간 부위를 다시 붙일 수 없으며, 아무리 잘못을 반성하고 고치고 싶어도 기회가 주어지지 않는다는 것입니다. 그래서 제가 관의 노비가 되어 부친의 죄를 갚고 그럼으로써 제 아비가 스스로 잘못을 고칠 수 있게 하도록 허락해주시기 바랍니다."

　한(漢) 무제(武帝) 13년(기원전 167년), 한 세도가가 의술로 사람을 기만하고 생명을 경시했다는 이유로 순우공을 고발했다. 지방 관리는 이를 유죄로 판결하고 순우공에게 육형(당시 육형은 얼굴에 글자를 새기거나 코를 잘라

내거나 왼발 혹은 오른발을 절단하는 것이었다―역주)을 선고했다. 서한 초기의 법령에 따르면 관리가 육형을 선고받으면 도성 장안으로 가서 형을 받아야 했다. 그래서 순우공은 장안으로 압송되었다.

황제의 명령은 이미 하달되어 사람이 와서 순우공을 장안으로 압송했다. 순우공은 아들 없이 딸만 다섯이었다. 순우공은 잡혀갈 당시 딸들에게 한탄하며 말했다. "딸만 낳고 아들을 낳지 못한 채 이런 위기에 몰리니 역시 쓸모 있는 녀석이 하나도 없구나." 아버지의 한탄을 듣고 겨우 15세인 어린 딸 제영이 아버지와 함께 장안을 향해 길을 나섰고 그녀는 가는 내내 아버지의 생활 전반을 돌봤다.

임치(臨淄)는 장안에서 무려 800여 킬로미터나 떨어져 있어서 부녀는 가는 도중에 바람을 맞으며 노숙하는 등 온갖 고생을 다했다. 천신만고 끝에 장안에 도착한 순우공은 곧바로 감옥으로 압송되었다. 그러자 제영은 아버지를 구하고자 용기를 내서 문제에게 글을 올렸다. 아버지에게 과오를 시정할 수 있는 기회를 달라고 황제에게 사정하는 내용이었다. 그러면서 그녀는 아버지의 죄를 속죄하는 의미에서 자신이 노비가 되겠다고 했다. 제영의 효심에 감동한 문제는 그의 부친을 풀어주고 육형을 면해 주었다.

역사적 사례

진(晋)나라 때, 광릉(廣陵)에 대연(戴淵)이라는 사람이 있었다. 그는 젊은 시절에 일은 하지 않고 빈둥거리며 날마다 사고만 치고 돌아다녔다. 심지어 가끔은 사람을 끌어들여 장강(長江)과 회수(淮水)를 왕래하는 상인들을 방해하고 재물을 강탈하기도 했다.

한번은 휴가를 마친 평원내사(平原內史) 육기(陸機)가 배에 짐을 잔뜩 싣고 낙양으로 돌아가고 있었다. 이 정보를 입수한 대연은 곧 사람을 모아서 이를 약탈하러 갔다. 대연은 강가에 의자를 놓고 앉아 전혀 당황하지 않고 태연하게 사람들을 지휘했다. 약탈하고 있는 그의 모습에서는 남다른 기풍이 풍겼다.

이를 본 육기는 약탈을 당하고서도 빼앗긴 물건은 전혀 아깝다 생각하지 않았지만 대연을 데리고 가지 못하는 점은 매우 안타까웠다. 그래서 그는 뱃머리에 올라서서 강가에 있는 대연에게 소리쳤다. "여봐라, 거기 대나무 의자에 앉아 지휘하는 놈아! 그런 재능이 있으면서 왜 나라를 위해 쓸 생각은 하지 않고 이런 곳에서 약탈이나 하고 있느냐?"

이 말을 들은 대연은 갑자기 머리를 한 대 세게 얻어맞기라도 한 듯이 놀라 쥐고 있던 검을 바닥에 떨어뜨렸다. 그러고는 바닥에 무릎을 꿇고 울면서 육기에게 사죄했다.

육기는 계속 그를 타일렀고 대연은 마침내 '개과자신(改過自新)'하기로 결심했다. 육기는 대연과 알고 지내면서 차츰 그가 문무를 겸비한 인물이라는 것을 알아채고 그를 중용했다. 그리고 여러 차례 서신을 보내 그를 추천했다. 나중에 대연은 정서(征西)장군에까지 올랐다.

026
호랑이 두 마리가 싸우면 한쪽은 반드시 다친다
兩虎相鬪 必有一傷(양호상투 필유일상)

인상여가 말했다. "진(秦) 왕(王)의 위세가 아무리 대단하다 해도 나는 진나라 조정에서 그를 큰소리로 꾸짖고 그의 신하들에게 모욕을 주는 것이 전혀 두렵지 않네. 비록 내 재능이 미천하기는 하나 그런 것 때문에 염 장군을 두려워한다고 생각하면 오산이네. 나는 강대한 진나라가 조(趙)나라를 침략하지 않는 이유는 바로 나와 염 장군이 있기 때문이라고 생각하네. 그런데 만약 그 호랑이 두 마리가 다툰다면 분명 둘 다 살아남기는 힘들 것이지. 그래서 내가 이렇게 하는 것이라네. 국가의 안위가 개인의 원한보다 앞서지 않겠는가?"

전국 시대, 조 혜문왕(惠文王)은 지용을 겸비하고 수차례 국가를 위해 재능을 발휘하고 공을 세운 인상여를 상경(上卿)에 봉했다. 이로써 인상여는 대장군 염파(廉頗)보다 관직이 높아졌다. 염파는 이에 화가 나서 말했다. "만약

밖에서 그를 만나면 반드시 모욕하겠어."

이 이야기는 인상여의 귀에도 들어갔다. 그러나 인상여는 화를 내지 않을 뿐만 아니라 여러 방면에서 양보하며 되도록 염파와 만나는 것을 피했다. 하루는 인상여가 마차를 타고 외출했는데 멀리서 염파의 마차가 빠른 속도로 달려오는 것이 보였다. 그는 즉각 마차를 멈추게 하고 마부에게 근처의 골목에 잠깐 피했다가 염파가 지나가면 그때 가자고 했다. 인상여 수하의 하인과 수행원은 이러한 인상여의 행동에 불만이 가득했다. 자신들의 주인이 염파를 두려워해서 피하는 거라고 생각한 것이다.

그들이 인상여에게 이유를 묻자 인상여는 크게 웃었다. 그는 '두 마리 호랑이가 다투면 반드시 한쪽은 다친다(兩虎相鬪 必有一傷)'라는 이치를 설명하며 나라의 이익을 생각해서 개인적 원한은 따지지 않겠다고 말했다. 하인들은 그런 인상여의 말을 듣고 감동해 마지않았다. 그러나 염파는 더욱 더 교만해져만 갔다.

이때 우경(虞卿)이라는 사람이 이 사실을 알고는 몰래 조 왕의 동의를 얻고 염파를 만나러 가서 인상여가 그를 피한 사실과 이유를 말해 주었다. 염파는 이 말을 듣고 몹시 부끄러워하며 윗옷을 벗고 형장을 등에 인 채 인상여의 집 앞으로 찾아가 용서를 빌었다. 두 사람은 마음이 잘 맞아 그 후에 문경지교(刎頸之交)가 되었다.

역사적 사례

삼국 시대, 하북(河北)을 통치하던 원소(袁紹)가 세상을 떠나자 그의 부인 유씨와 책사 심비(審配), 봉기(逢紀)는 원소의 셋째 아들 원상(袁尙)을 대사마에 봉해 익(翼)·청(靑)·유(幽)·병(幷)의 네 개 주를 통치하게 했다. 그러자 원소의 장남 원담(袁譚)이 이에 불만을 품고 원상과 한 번 결판을 내고자 했다.

바로 그때 조조가 승세를 몰아 여양(黎陽)을 공격했다. 전투에서 대패한 원담은 하는 수 없이 원상에게 구원을 요청했다. 원상은 고작 병사 5천 명을 보냈을 뿐이며 그나마 가는 도중에 조조의 군대를 만나 전멸하고 말았다. 그후 원상은 더는 증병하지 않았다. 내심 조조의 손을 빌려 형을 제거하고 싶었던 것이다. 한편 원담은 홧김에 조조에게 항복할 생각이었다.

그 소식이 익주(翼州)에 전해지자 원상은 형이 조조에게 항복한 후에 다시 자신을 공격해올까 두려워 친히 군대를 이끌고 여양으로 원담을 구원하러 갔다. 원담은 이에 크게 기뻐하며 조조에게 투항하지 않기로 마음을 고쳐먹었다.

얼마 후 원희(袁熙)·고간(高干)도 병사를 이끌고 여양성 아래에 도착했다. 이렇게 네 개 부대가 모두 모였지만 여전히 조조의 상대가 되지 않았다. 여양성은 결국 조조의 손에 들어갔다. 원씨 형제와 고간은 성을 버리고 익주로 가서 성을 수호했고, 원희와 고간은 성 밖에 하채(下寨)하고 협공 대형을 이루었다.

그러자 조조의 군대는 연일 공격을 해도 별다른 효과를 보지 못했다. 이때 책사 곽가(郭嘉)가 조조에게 잠시 사태를 지켜보자고 제의했다. "원소는 장남을 버리고 어린 아들을 추대했고 원담과 원상은 비슷한 세력을 가지고 저마다의 도당이 있으니 성급하게 공격했다가는 함께 단결해 우릴 막을 것입니다. 그러나 잠시 공격을 늦추고 사태를 관망한다면 그들 간에 분명히 쟁탈이 벌어질 것입니다. '호랑이 두 마리가 싸우면 한 쪽은 반드시 다친다(兩虎

相鬪 必有一)'고 하지 않습니까? 그들이 서로 싸우고 있을 때 공격한다면 하북을 단숨에 손에 넣을 수 있습니다."

조조는 이 말에 일리가 있다고 생각해서 가신(賈信)에게 여양을 지키게 하고 자신은 관도(官渡)를 지켰다. 그리고 대군을 이끌고 형주(荊州)로 진격해 마치 유표(劉表)를 공격하는 것처럼 가장했다. 사태는 곽가가 예측했던 것과 똑같이 흘러갔다. 조조가 철수한 지 얼마 지나지 않았는데 원담과 원상은 크게 다퉜다. 결국 원담이 원상을 이기지 못하고 조조에게 구원을 요청했다. 조조는 이 기회를 놓치지 않고 북상해 먼저 원상과 원희를 치고 다음으로는 원담과 고간을 쳐서 단숨에 하북 지역을 평정했다.

027
지나간 일을 잊지 말고
훗날의 스승으로 삼자
前事不忘 後事之師(전사불망 후사지사)

옛말에 지나간 일은 잊지 말고 훗날의 스승으로 삼으라 했다. 그래서 군자는 더더욱 나라를 다스리는 데 상고의 역사를 고찰하고 당대의 상황을 검증하고 세상의 일을 통해 이를 한층 더 깊이 검토함으로써 흥망성쇠의 법칙을 터득해야 한다. 또한 형세에 적합한 책략을 사용하고 있는지 여부를 상세히 따져 보고 취사선택과 변화에 신중해야 한다. 그래야 국가가 안정될 수 있다.

진시황은 6국을 통일한 후에도 계속해서 강압 정치를 시행했다. 남벌이 성공을 거두자 점령한 지역을 모두 중국 영토에 편입시켰고 북벌과 서벌도 가는 곳마다 손쉽게 승리를 거두었다. 그러나 그는 영원히 현지 민족을 정복할 수는 없었다. 그래서 진시황은 이들 민족이 중국을 습격하는 일을 방지하고자 당시 중국 북방에 산개해 있던 각 지역의 성벽을 연결해서 거대한 장성을 축조했다.

물론 이 거대한 건축 사업과 끊이지 않는 대외 정벌 비용은 모두 가혹한 세금으로 충당하고 있던 터라 진시황은 자국에서도 민심을 얻지 못했다. 반란으로도 진시황의 폭정을 잡을 수 없자 사람들은 어떻게든 암살을 시도했다. 그러나 이 노력들도 모두 실패로 돌아갔다.

기원전 210년, 진시황이 갑작스런 병으로 세상을 떠나고 그의 작은 아들 호해(胡亥)가 황위를 물려받아 진 이세에 등극했다. 하지만 진 이세는 진시황과 달리 능력이 부족해서 즉위 후 각지에서 반란이 일어났고 결국 황제가 된 지 사 년만에 목이 잘리고 말았다. 궁궐은 소각되었고 진 왕조는 완전히 망해 버렸다.

사마천은 진 이세의 망국에서 교훈을 얻어 "지나간 일을 잊지 말고 훗날의 스승으로 삼자(前事不忘, 後事之師)"며 역사적 교훈의 중요성을 강조했다.

역사적 사례

춘추 시대 말기, 책사 장맹담(張孟談)은 이미 조(趙) 양자(襄子)의 정치적 지위를 공고히 하고 국토를 개척했으며 전답 제도를 개혁하는 성과를 이룩했다. 그는 선왕 조 간자(簡子)가 세운 치국의 이치를 높이 찬양하며 관직에서 물러나겠다고 했다. 조 양자는 이 말을 듣고 몹시 불쾌해하며 말했다. "국왕을 보좌하는 사람은 반드시 빛나는 이름이 있어야 하고 나라를 위해 큰 공을 세운 사람은 존귀한 지위가 있어야 하네." 이에 장맹담이 말했다. "대왕께서 말씀하신 것은 성공을 칭송하신 것이고 제가 말씀드린 것은 치국의 이치입니다. 현재와 과거의 사실에 근거해 볼 때 천하에 가장 아름다운 것들은 변함이 없는 것 같습니다. 만약 신과 국왕의 권력이 평등하다면 가장 아름답겠지만 이런 일은 한 번도 없었습니다. 지나간 일을 잊지 말고 훗날의 스승으로 삼아야 합니다(前事不忘, 後事之師). 대왕께서 이 점을 새기지 않으신다면 저도 더는 도와드릴 방도가 없습니다."

이야기를 마친 장맹담은 쓸쓸한 마음으로 사직 의사를 밝혔다. 조 양자는 이에 동의한 후 삼 일 동안이나 앓아누웠다. 누군가가 장맹담을 거들며 조 양자에게 말했다. "좌사마는 나라의 이익과 안정을 위해 개인의 목숨이나 안전 따위는 돌보지 않고 충심을 다했으니 이젠 그냥 보내주십시오." 그러자 조양자가 말했다. "그럼 자네가 장맹담의 직책을 대신하도록 하게."

028
항장이 칼춤을 추는데 뜻은 패공에게 있다
項莊舞劍 意在沛公(항장무검 의재패공)

항장이 검을 뽑아 들고 춤을 추기 시작했다. 항백(項伯, 항량)도 검을 뽑아 춤을 추며 때때로 패공을 엄호해 항장은 패공을 죽일 수가 없었다.

함양에 입성한 후에 유방은 항우와 직접 충돌을 피하고자 홍문연에 참석해 선물을 바쳤다. 항우는 유방과 장량의 공을 치하하려고 연회를 연 것이었으므로 유방의 장수 번쾌(樊噲)는 군장 밖에 머물게 했다. 술을 마실 때 유방은 겸허한 태도로 항우에게 말했다. "제가 함양을 점령한 후에 대왕이 오시기만을 기다렸습니다. 왕이 되려는 욕심 따위는 없습니다. 그러니 이 점만은 안심하십시오."

항우는 유방의 겸허한 태도와 진심 어린 말투에 당장 유방을 죽이겠다는 생각을 버렸다. 곁에 있던 모사 범증은 항우가 계속 행동에 나서지 않자 몇 번이나 암시를 했다. 그러나 항우는 못 본 척 무시해 버렸다. 그래서 범증은 천막 밖으로 나가 항우의 동생인 항장에게 말했다. "어서 들어가 검무로 흥을 돋우시다가 유방을 죽이세요."

항장은 허리에 차고 있던 보검을 빼들고 장막 안으로 들어가 말했다. "대왕과 제후들의 흥을 돋우고자 제가 검무를 한 번 추겠습니다." 말을 마치고 검무를 추기 시작한 항장은 계속해서 유방을 죽일 기회를 엿보았다. 이에 장량과 교분이 있어 유방을 죽게 놔두고 싶지 않았던 항우의 당숙 항량이 몸을 일으켜 항장과 어울려 검무를 추며 유방을 보호했다.

장량은 유방이 위험하다는 것을 감지하고 황급히 천막 밖으로 나가 맹장 번쾌를 불러들여서 유방을 보호하게 했다. 검과 방패를 든 번쾌는 자신을 막아서는 호위병을 재빠르게 몇 명 눕히고 연회 장소로 들어가 유방을 보호했다. 오래 머물 곳이 못 된다고 판단한 유방은 조용히 빠져나와 번쾌와 함께 자신의 군영으로 돌아왔다.

역사적 사례

24년 봄, 유수는 용병 10만 명을 거느린 진정왕(眞定王) 유양(劉揚)을 복종시키고자 하북으로 갔다. 그러자 유양은 유수에게 조건을 하나 내걸었다. 유수가 그의 외손녀 곽성통(郭聖通)과 혼인하면 출병해서 도와주겠다는 것이었다. 그래서 유수는 곽성통을 아내로 맞이했고 곽성통은 곧 아들을 낳았다. 아들을 낳은 데다 당시 유양의 세력이 막강해, 곽성통은 유수가 왕이 된 후 건무(建武) 원년(25년) 6월에 정식으로 황후에 봉해졌고 아들 유강(劉彊)은 태자에 책봉되었다. 그리고 본처인 음려화(陰麗華)는 귀인이 되었다. 그 후 음려화도 아들을 낳았고 이름은 유양(劉陽)이었다.

얼마 후 진정왕 유양이 반란을 계획하다 주살당했는데 유수는 곽성통을 즉각 처벌하지 않았다. 하지만 커다란 위협을 느낀 곽성통은 종일 근심에 싸여 있었다. 유수는 때를 놓치지 않고 자주 불만을 터뜨렸고 마침내는 덕이 부족하다는 이유로 곽성통을 폐출하고 음려화를 황후에 책봉했다.

유수의 의도는 다른 곳에 있었던 것이다(項莊舞劍 意在沛公)! 질운(郅惲)은 그런 유수의 의도를 잘 알고 있었다. 질운은 먼저 곽성통의 둘째 아들 유보(劉輔)를 중산왕(中山王)에 책봉하고 중산왕의 봉지를 늘려 주었다. 그리고 유강(劉疆)에게 자진해서 태자 자리를 양보해 줄 것을 진심으로 간언했다. 이에 유강은 재차 부왕에게 태자 자리를 양보하겠다는 의사를 전했고 다른 사람을 통해서도 황제를 설득했다. 유수는 일단 한 번 거절한 후에 그의 청을 받아주기로 하고 건무 19년(43년)에 유강을 동해왕(東海王)에 봉하고 유양을 황태자에 책봉했다.

029
천하를 내 집으로 삼는다
四海爲家(사해위가)

    소하가 대답했다. "천하가 아직 안정을 찾지 못했습니다. 그러므로 현 상황을 고려해 궁전을 축조하셔야 합니다. 다시 말해서 대왕께서는 천하가 모두 나의 집이라고 생각하셔야 합니다. 웅장하고 화려한 궁궐이라야 대왕의 위세를 표현할 수 있습니다. 그래야 후대에서 감히 이를 능가하지 못할 것 아니겠습니까?"

    진나라가 멸망한 후에 한 고조 유방은 초패왕 항우와의 대결에서 승리해 황제가 되었고 수도를 장안(長安)으로 옮겼다. 그러나 유씨(劉氏) 정권 초기에는 천하가 태평하지 못했다. 다른 성씨의 제왕들이 각지에 병사를 거느리고 있어서 시시각각 반란을 도모한 것이다. 서한 왕조 건립에 큰 공을 세운 일부 장군들까지도 틈만 나면 반란을 일으키려고 했다. 뿐만 아니라 6국의 잔여 세력도 재기를 꿈꿨다. 흉노족의 침략에 대한 걱정, 동성의 제왕에게서 비롯한 재난 등 모든 것이 잠재적인 위험 요소였다. 유방은 동서를 종횡무진하며 반란을 진압하면서 나라를 세우는 것의 어려움을 실감했다.

　기원전 199년에 한 고조 유방은 반란을 평정하고 장안으로 돌아왔다. 이때 재상 소하가 명령을 내려 미앙궁(未央宮)을 지었다. 축조된 궁전은 상당히 웅장하고 화려했다. 동쪽에는 창룡각(蒼龍闕), 북쪽에는 현무궐(玄武闕), 그리고 전전(前殿)과 무고(武庫)와 태창(太倉) 등이 있어야 할 것은 모두 완비되었다.

　막 돌아온 한 고조 유방은 장중하고 화려한 궁전을 보고는 갑자기 벌컥 화를 내며 소하를 질책했다. "천하가 혼란하고 수년간 힘든 전쟁이 지속되었소. 게다가 누가 마지막 승자가 될지 아직 알 수 없는 상황이오. 그런데 이렇게 화려한 궁전을 짓다니 너무 심한 것 아니오?"

　소하가 대답했다. "바로 천하가 아직 혼란하기 때문에 이런 궁전을 지은 것입니다. 게다가 천자께서 온 천하를 소유하게 될 것이니, 장엄하고 화려하지 않은 궁전으로 어찌 천자의 위풍을 나타낼 수 있겠습니까? 좀 더 화려하게 함으로써 후대에도 이를 절대 능가할 수 없게 해야지요." 한 고조 유방은 이 말을 듣고서야 화를 풀었다.

역사적 사례

　정관(貞觀) 초년, 당 태종은 고사렴(高士廉) 등에게 사족(士族, 문벌이 높은 가문—역주)의 족보를 집필하라고 명했다. 고사렴 등은 태종이 족보를 편집하라고 시킨 의도를 알아차리지 못하고, 관중의 신흥 사족의 지위를 높이려고 『씨족지(氏族志)』에서 남북조 이래의 전통에 따라 산동 사족 최(崔)·노(盧)·이(李)·정(鄭) 등의 성씨를 1등으로 올렸다. 이를 본 당 태종은 크게 화를 내며 관직의 고하에 따라 다시 순서를 정하게 했다. 그래서 이 씨가 제일 앞이고, 황후 가족인 장손 씨가 두 번째, 세 번째는 최 씨였다.

한번은 당 태종이 연회석상에서 산동 사람과 관중 사람을 비교했는데 여전히 마음속에 족보 사건의 앙금이 남아 있는 것 같았다. 그의 말투에서는 관중 사람이 산동 사람을 무시해도 된다는 뜻이 드러났다. 대신 장행성(張行成)이 당장 무릎을 꿇고 아뢰었다. "천자께서는 '사해위가(四海爲家)'이신데, 사람을 대할 때 동서의 지역 차이가 있어서야 되겠습니까? 이렇게 하시면 속이 좁다는 인상을 남기실 것입니다."

이 말을 들은 태종은 무언가 깨달은 바가 있었다. 자신은 공정함을 지키는 데 최선을 다한다고 생각했지만 그래도 여전히 편파적이었던 것이다. 태종은 장행성의 말에 동의하며 그 후로는 중대한 정사를 처리할 때마다 그의 의견을 물었다.

030
이익을 함께 나누다
分一杯羹(분일배갱)

한 왕 유방이 말했다. "나와 항우는 신하로서 함께 초 회왕의 명령을 받고 의형제를 맺었네. 그러니 나의 아버지는 그대의 아버지이기도 하네. 그런데도 그대가 나의 아버지를 삶겠다면 나에게도 그 국물을 한 그릇 나누어주기 바라네."

기원전 203년에 항우가 부하 장군 조구(曹咎)에게 성고(成皐)의 방어를 맡기고 자신은 팽월(彭越)을 치러 갔다. 동쪽에서 한참 승전보를 올리던 항우는 성고가 함락되었다는 소식을 듣고 서쪽의 한 왕을 막기 위해 급히 성고로 달려갔다. 초나라와 한나라 양군은 광무(廣武)에서 대치하게 되었다.

군사력으로 따지면 초군이 한 수 위였지만 전체적인 형세로 말하자면 정반대였다. 한군은 병사와 군량이 황하를 따라 관중에서 끊임없이 공급되었지만 초군은 후방의 보급선이 팽월에서 단절되었던 것이다. 그래서 항우는 속전속결로 이 전투를 하루빨리 끝내고 싶었지만 유방은 성과 보루를 굳게 지키고 움직이지 않았다. 항우는 팽월 전투에서 생포한 유방의 아버지 태공(太公)을 높은 대에 올리고 사람을 시켜 유방에게 전했다. "즉각 항복하지 않으면 태공을 삶아 죽이겠다."

그러나 유방은 전혀 동요하지 않고 오히려 침착하게 말했다. "과거에 나와 그대는 초 회왕의 신하로서 의형제를 맺은 바 있소. 그러니 나의 아버지는 그대의 아버지이기도 하오. 그런데도 나의 아버지를 삶겠다면 나중에 나에게도 그 국물을 한 그릇 주길 바라오."

항우는 화가 났지만 항량의 말을 들어보니 태공을 죽이는 것이 전세에 아무런 도움도 되지 않겠다는 생각이 들어 그냥 포기해 버렸다. 광무에서 대치 상태가 수개월에 달하자 초군은 어느새 군량이 바닥났다. 이때 한신이 제나라에서부터 초군을 공격해 나갔다. 항우는 두려운 마음에 그 해 12월에 유방과 화의를 맺고 홍구(鴻口)를 경계로 서쪽은 한나라가, 동쪽은 초나라가 갖기로 하고서 유방의 부모와 처자식을 돌려보냈다.

역사적 사례

명나라 때 장거정(張居正)이 재상에 오르자 그와 같은 해에 과거에 급제한 동료들이 문턱이 닳도록 그의 집을 찾았다. 그가 권력의 중심에 있으니 '분일배갱(分一杯羹)' 할 수 있을 거라는 계산이었다.

장거정은 가정(嘉靖) 26년(1547년)에 진사가 되었다. 보통, 같은 해에 과거에 급제한 사람을 동과(同科) 혹은 동년(同年)이라고 하는데 이 관계는 매우 중요한 인맥을 형성한다. 장거정의 친구 가운데는 시인 강도곤(江道昆)도 있었다. 그는 당시 호북(湖北)에서 순무를 지내고 있었다. 장거정은 그의 부탁을 받고 그를 병부 좌시랑(左侍郞)으로 발령을 냈다. 정 3품에서 종 2품으로 승진을 한 것이다!

상경한 후에 장거정은 강도곤에게 변경 시찰 임무를 맡겼다. 시를 즐겨 쓰던 강도곤은 도착하는 곳마다 우선 현지의 문인들을 불러 모아 문학을 토론하고 연구했다. 삼 개월간의 시찰을 마치고 북경으로 돌아온 강도곤은 세심하게 다듬은 문장으로 상주서를 작성해 시찰 상황을 보고했다. 게다가 자신의 재능을 과시하려고 특별히 문학적인 용어를 더하기도 했다.

그러나 장거정은 그런 강도곤이 현실적이지 못하다고 판단해 그를 파면했다.

031
주색에 빠져 할 일을 팽개치다
醇酒婦人(순주부인)

신릉군은 이번에도 비방으로 파면되리란 것을 알고 병을 핑계로 조정에 나가지 않았다. 그는 집에서 빈객들과 밤을 새워 술을 마시고 여자들과 어울려 놀았다. 이렇게 밤낮없이 놀면서 사 년이라는 시간을 허비하다가 결국은 과음으로 세상을 떠났다.

신릉군은 전국 시대 위(魏) 소왕(昭王)의 막내아들이며 위 안희왕(安釐王)의 이복동생이고 이름은 무기이다.

기원전 247년에 진(秦)나라가 위나라를 공격할 때 위 왕은 신릉군을 상장군에 봉하고 각 제후국에 사신을 보내 이 소식을 전했다. 제후들은 신릉군이 상장군에 임명되었다는 소식을 듣고는 모두 각자의 병력을 이동하여 위나라를 구하러 왔다. 이렇게 해서 신릉군은 다섯 개 제후국 군대를 인솔해 진군과 전투를 벌였고 마침내는 진군을 대파했다. 패배한 진의 장수 몽오(蒙驁)는 달아나 버렸고 위군은 승리의 기세를 몰아 진의 영토인 함곡관까지 추격하여 진군을 함곡관 안에 포위했다. 그러자 진군은 두려운 마음에 다시는 밖으로 나오지 못했다.

　진 왕은 신릉군이 진나라를 위협할 것을 우려하여 황금 만 근을 위나라에 뇌물로 주고 진비(晉鄙)의 문객을 찾아가 그들로 하여금 위 왕 앞에 가서 참언을 올리게 했다. "신릉군은 국외에서 10년을 떠돌았고 지금은 위국의 상장군입니다. 제후국 장수들이 모두 그의 지휘 아래 있으며 제후들은 위나라에 신릉군이 있는 것만 알고 위 왕은 안중에도 없습니다. 신릉군은 이 기회를 이용해 왕이 되려고 합니다. 그리고 제후들은 신릉군의 권세가 두려워 그를 왕에 추대하려고 하고 있습니다."

　진나라는 이런 식으로 여러 차례 위 왕과 신릉군 사이를 이간질했다. 그러고는 위나라에 첩자를 보내 아무것도 모르는 척하면서 신릉군을 축하하고는 이미 위 왕으로 추대된 것이 아니냐고 물었다.

　이런 소문을 날마다 듣다보니 위 왕도 이 말을 믿지 않을 수가 없었다. 그래서 진이 예상한 대로 그는 다른 사람을 보내 신릉군의 상장군 직위를 대체하게 했다. 신릉군은 다시 한 번 더 비방을 당하면 파면이 될 참이었다. 그래서 병을 핑계 대고 조정에 나가지 않았다.

　그는 집에서 빈객들과 밤을 새워 술을 마시며 여인들과 즐겼다. 이렇게 사 년의 세월을 허비하다가 결국은 과음으로 몸이 상해 죽고 말았다. 그리고 위나라의 안희왕도 같은 해 세상을 떠났다.

　진 왕은 신릉군이 이미 죽었다는 소식을 듣고는 몽오를 보내 위나라를 공격했고 성 20개를 빼앗아 동도(東都)를 세웠다.

역사적 사례

신해(辛亥)혁명 때 곤명에서 신군(新軍, 청일전쟁 후에 각 성의 총독, 순무가 농촌 자제를 징모하여 조직한 근대적 장비를 갖춘 군대—역주)을 일으켜 무창(武昌) 기의에 부응한 채악(蔡鍔)은 운남(雲南)군 정부 도독에 천거되었다. 이에 원세개(袁世凱)는 정권을 탈취한 후에도 채악에게 시종 경계심을 늦추지 못했다.

1913년 10월, 원세개는 병가 삼 개월을 주면서 북경에 와 몸조리를 하라는 핑계로 채악을 불러들였다. 하지만 사실은 그의 병권을 빼앗으려는 속셈이었다. 또한 그에 대한 감시를 한층 더 강화했다. 얼마 지나지 않아 채악과 양계초(梁啓超) 등은 제국 부활을 꿈꾸는 원세개의 음모를 알아채고 몰래 그를 타도할 계획을 세워다.

원세개의 의심을 피하고자 채악은 공개 장소에서 제국주의를 반대하는 양계초에게 반박하고 적극적으로 제국주의를 찬성했다. 그러는 동시에 아무런 욕심이 없는 것처럼 가장하여 날마다 기생집이 즐비한 팔대호동(八大胡同)을 누비며 순주부인(醇酒婦人)하고, 명기 소봉선(小鳳仙)과 염문을 뿌렸다. 마침내 원세개는 채악이 주색에 빠졌다고 여기고 그에 대한 경계를 늦췄다.

1915년 가을, 채악은 소봉선의 도움을 받아 마침내 북경을 탈출해 운남으로 돌아갔다. 기차를 타고 가는 도중에 벽색채(碧色寨)에서 저격을 당하기도 했으나 다행히 목숨은 건졌다. 며칠 후 채악은 독자 노선을 선포하고 호국군을 조직했다.

032
싸움에 진 장수는 용맹을 운운할 자격이 없다
敗軍之將 不語兵(패군지장 불어병)

　광무군(廣武君)이 이렇게 변명했다. "전쟁에서 패한 장군은 용맹을 논할 수 없고 나라를 망하게 한 재상은 국가의 생존을 논할 자격이 없다고 하는데, 나는 패한 군대와 망한 나라의 포로이니 무슨 자격으로 대사를 논할 수 있겠소?"

　한신이 조(趙)나라를 공격했을 때 조나라 수장 진여는 이좌거의 말을 듣지 않아 정형관을 잃었다. 그래서 결국 진여는 한(漢)군에 피살당하고 이좌거는 포로로 잡혀 한신의 앞까지 끌려왔다.
　이좌거의 명성을 익히 들어 알고 있던 한신은 친히 포박을 풀어주고 극진히 예우하며 그에게 물었다. "나는 북방의 연(燕)나라와 제(齊)나라를 공격할 생각이오. 어떻게 하면 성공할 수 있겠소?"
　이좌거가 "패군의 장수는 용맹을 논할 자격이 없다(敗軍之將 不語兵)." 이라는 말로 거절하자 한신이 다시 말했다. "백리해(百里奚)는 우(虞)나라가 멸망하자 진(秦)나라에 가서 패업을 보좌했소. 그것은 그가 우나라에 있을 때는 어리석었다가 진나라로 가서 갑자기 총명해졌기 때문이 아니라 진 왕이 그를 신임하고 그의 의견을 수용해 준 덕분이오. 조 왕과 진여가 당신의 건의를 들었더라면 아마 패장은 당신이 아니라 나였을 것이오." 그런 후에 한신은 단호한 태도로 그에게 말했다. "나는 당신의 계책을 진심으로 들을 것이니 아무쪼록 거절하지 말아 주길 바라오."

그러자 이좌거는 한신에게 우선 병사들이 휴식을 취하게 하고 백성들을 안정시키라고 건의했다. 그러고는 제나라와 연나라에 사자를 보내 항복을 설득하라고 했다.

한신은 그러겠다고 대답하고는 이좌거의 계책대로 연나라에 사자를 보냈다. 연나라는 이 소식을 듣자마자 바로 항복했다. 연에 파견된 사신은 이를 한 왕에게 보고하면서 장이(張耳)를 조 왕으로 추대하여 나라를 안정시키자고 건의했다. 그리하여 한 왕은 그의 요청에 따라 장이를 조 왕에 책봉했다.

역사적 사례

주 경왕(敬王) 26년(기원전 494년), 오(吳)나라는 원수를 갚고자 정예부대를 출병해 월(越)나라를 공격해 대승을 거두었다. 이처럼 월나라가 생사존망을 다투는 상황에서 범려는 잠시 굴욕을 참아 위기를 타파할 방법을 내놓았다. 우선 몸을 낮추고 후한 선물을 들고 오나라에 가서 화친을 청한 다음에 오 왕이 거절하면 월 왕 구천을 인질로 오나라에 보낸다는 것이었다.

화친 제의를 들은 오 왕 부차는 오자서의 권고를 듣지 않고 월나라와 휴전하고 철병했다. 그리고 월 왕을 인질로 오나라에 데려갔다. 이때 범려는 월 왕을 따라 오나라로 가서 삼 년 동안 신하 노릇을 하며 온갖 모욕을 다 당했다.

하루는 부차가 구천을 불렀다. 그래서 범려는 구천을 따라가 조용히 뒤에 서 있었다. 그러자 부차가 범려에게 말했다. "현명한 여인은 몰락한 집으로 시집가지 않고 명사는 멸망한 나라에 가지 않는다는 말을 들은 적이 있소. 지금 구천은 도가 부족하고 국가는 멸망의 위기에 처했으며 군신들은 노복으로 전락해 방에 갇혀 사는 신세가 되었으니 치욕스럽지 않소? 선생이 지금이라도 지난 과오를 고치고 월나라를 버리고 오나라로 귀순한다면 과인은 반드시 선생의 죄를 사면하고 중임을 맡길 것이오." 구천은 이 말에 범려가 변절할까 두려워 바닥에 엎드려서는 남몰래 눈물을 흘렸다.

그러나 범려는 완곡한 표현으로 거절하며 말했다. "신이 묻겠사온데, 망국의 군주는 정치를 논할 수 없고 패전한 장수는 용맹을 논할 자격이 없다고 했습니다(敗軍之將 不語兵). 미천한 신은 월나라에서 월 왕 구천을 제대로 모시지 못해 선정을 베푸시지 못하게 한 대역죄를 지었습니다. 그러나 다행히 아직까지는 목숨을 부지해서 지금 이렇게 오나라에 와 말을 먹이고 청소를 하며 살고 있습니다. 저는 지금의 생활에 만족합니다. 제가 어찌 부귀영화를 탐하겠습니까?" 오 왕은 범려의 뜻이 이렇게 굳은 것을 보고 포기할 수밖에 없었다.

하루는 오 왕 부차가 고소대(姑蘇臺)에서 즐기고 있는데 멀리서 구천 부부가 마분 옆에서 쉬고 있는 모습이 보였다. 그리고 범려가 공손한 태도로 그 옆을 지키고 있었다. 부차가 말했다. "구천은 소국의 군주에 불과하고 범려는 일개지사인데 이런 위험에 처해도 군신의 예를 잊지 않으니 존경스럽기도 하고 한편으로는 가련하구나." 그때 백비(伯嚭)가 옆에서 이 말을 듣고 있다가 말했다. "대왕께서는 성인의 도량으로 곤궁한 선비를 불쌍히 여기시기 바랍니다." 부차는 그 후로 구천을 돌려보내겠다는 생각을 하게 되었다.

삼 년 후에 구천과 범려는 마침내 월나라로 돌아갈 수 있었다.

패자의 꿈을 꾸다
삼국지

쌍방의 세력이 비슷하여
싸움이나 시합이 매우 치열하다
龍爭虎鬪 용쟁호투

001
세상에서 보기 드문 인재
曠世逸材(광세일재)

　태부 마일제(馬日磾) 또한 남몰래 왕윤에게 아뢰었다. "백개(伯喈)는 세상에서 보기 드문 인재입니다. 그러니 그가 한사(漢史)를 계속 쓸 수 있도록 해주신다면 실로 뜻깊은 일이라 할 수 있습니다. 게다가 백개는 본래 효행이 남달라 이렇게 성급히 그를 죽여 버린다면 많은 사람을 실망시킬까 두렵습니다."

　왕윤은 연환계를 사용해 동탁을 토벌하는 데 성공했다. 그러나 동탁이 생전에 자신을 후대했던 일을 잊지 않은 채옹(蔡邕)은 그의 시체를 찾아 끌어안고 통곡했다. 비록 동탁이 백성들에게 포악하기 그지없게 굴긴 했지만 문인과 선비들에겐 온갖 회유책을 들이대며 구슬렸던 터라 과거 채옹은 하루에 3급이나 승진하여 좌중랑장(左中郎將)으로 봉해진 일이 있었다. 그러나 왕윤은 채옹이 동탁의 시체를 안고 통곡했다는 이야기를 전해 듣고 크게 노했다. "동탁은 이 나라의 역적이고 그놈 때문에 한 왕실이 무너질 뻔했소. 채옹은 한나라의 녹을 먹는 신하로서 동탁을 원수처럼 미워해야 마땅하지 않소! 그런데 사사로운 은혜를 내세워 대의를 잊어버리다니! 채옹이 동탁이 죽은 것을 이렇게 슬퍼하는 걸 보면 그도 분명 동탁과 한 패거리일 거요."

채옹은 감옥에 갇힌 후 자신의 죄를 인정했다. 그러면서 그는 이렇게 간청했다. "비록 지금은 제 몸이 이런 불충한 자리에 있지만 고금의 군신지간의 도리를 항상 듣고 이야기해 오던 저입니다. 그런데 제가 어찌 나라를 배반한 채 동탁을 비호할 수 있겠습니까! 저는 얼굴에 글자를 새기고 두 다리를 자르는 형벌이라 해도 달게 받겠습니다. 제가 쓰던 한사(漢史)만 완성하게 해주십시오!"

많은 사대부들이 채옹을 동정해 백방으로 그를 구하려 애썼다. 태위(太尉, 진한(秦韓) 시기 무관 중 최고의 직위—역주) 마일제도 채옹을 살리고자 특별히 왕윤을 찾아가 통사정을 했다. "채옹은 세상에서 보기 드문 인재인데다 한나라 왕조의 역사에 아주 정통합니다. 그가 사서를 계속 쓸 수 있다면 실로 한 시대의 위대한 경전이 될 것입니다. 지금 채옹의 죄가 중하지도 않은데 그를 죽여 버린다면 천하 선비들을 실망시키지 않겠습니까!"

그러나 왕윤의 대답은 그가 동탁에 버금가는 잔인하고 포악한 사람이라는 것을 여실히 증명해 주었다. 그는 차가운 목소리로 대답했다. "예전에 한 무제가 사마천을 죽이지 않고 살려두었기 때문에 역사를 비판한 『사기(史記)』가 후대에 전해지게 되었소. 국운은 쇠하고 병마는 모두 도성 밖에 있는 처지인 지금 간신을 살려두어 어린 군주 곁에서 사서를 편찬하게 한다면 이것은 군왕의 성덕에도 전혀 도움이 되지 않을 뿐더러 훗날 우리도 비웃음을 당하고 말게요."

왕윤을 만나고 돌아온 마일제는 다른 이들에게 이렇게 말했다. "왕윤의 후손은 멸절당할 게야! 옛말에 선한 사람은 나라의 모범이요, 사서는 만대의 경전이라 했지. 허나 왕윤은 그 모범을 없애버리고 경전을 폐하겠다고 하니 그런 사람이 어떻게 오래갈 수 있겠나?"

결국 채옹은 옥사하고 말았다. 그리고 왕윤 역시 동탁의 옛 세력들을 사면하지 않겠다는 방침을 고수하다가 동탁의 부장 이각(李榷)과 곽사(郭汜)가 도성을 함락했을 때 온 가족이 몰살당했다.

명언의 역사적 사례

당대의 유명한 군사가 이정(李靖)은 조상의 고향이 옹주(雍州) 삼원(三原)이고, 조부 이숭의(李崇義)는 서위(西魏) 시절에 은주(殷州) 자사를 지냈으며 부친 이전(李詮)은 수 왕조 시절에 조군(趙郡) 군수를 지냈다.

이정은 어린 시절부터 양질의 교육을 받으면서 문무를 모두 연마했다. 그의 외삼촌은 건강에 입성해 진(陳) 후주(後主)를 붙잡은 한금호(韓擒虎)였다. 이 수나라 명장의 입에서는 외조카에 대한 칭찬이 끊이지 않았다. "나와 같이 손자병법을 토론할 수 있는 사람은 이정뿐이야." 한금호는 외조카가 무한한 잠재력을 갖춘 전대미문의 광세일재(曠世逸材)라는 것을 알아보고 아주 엄하게 훈련시켰다. 심지어 고육계를 쓰면서까지 궁술과 마술을 부지런히 익히게 했다. 그는 이정에게 이런 분부를 내렸다. "삼 개월의 시간을 줄 터이니 그동안 열심히 무술을 익히도록 해라. 삼 개월 후에 내가 양쪽 귀에 작은 쇠귀걸이를 걸고 머리 위에 동전 한 닢을 얹고 훈련장에 서 있겠다. 너는 말을 달려오면서 창으로 귀걸이를 잡아채고 다시 달려오면서 내 머리 위의 동전을 창으로 쳐서 떨어뜨리도록 해라. 창이 정확하게 명중하지 못하면 내가 죽을 수도 있다."

외삼촌에게서 이런 말을 들은 이정은 당연히 연습을 게을리 할 수 없었다. 성실한 자세로 삼 개월 동안 밤낮없이 연습한 이정은 마침내 외삼촌이 요구한 수준에 완벽히 도달했다. 그는 정말로 말을 타고 달려가면서 외삼촌의 좌우 귀에 걸린 쇠귀걸이를 각각 창으로 잡아채고 또 돌아오면서 머리 위의 동전을 창으로 쳐서 떨어뜨렸다. 그렇게 여러 번 반복해도 한 번의 실수가 없자 외삼촌 한금호는 매우 기뻐했다.

이정은 이렇게 문무를 겸비한 우수한 청년 인재로 빚어졌고 수나라 대신들 사이에서도 이정에 대한 칭찬이 자자했다. 이부상서(吏部尙書, 관리들을 총괄하는 부문의 장관—역주) 우홍(牛弘)은 이정을 두고 '왕을 보좌할 인재'라고 일컬었고, 재상 양소(楊素)는 자신의 자리를 가리키며 이정에게 "공은 틀림없이 앞으로 이 자리에 앉게 되실 겁니다."라고 말했다.

훗날 이정은 양소의 말대로 정말 재상의 자리에 앉았다. 그러나 대 수나라 제국의 재상 자리가 아닌 대 당나라 제국의 상서좌부사(尙書左僕射) 자리였다.

002
언제라도 위험이 닥칠 수 있다
危在旦夕(위재단석)

    태사자(太史慈)가 말했다. "저 태사자는 그저 동해에 사는 촌사람일 뿐입니다. 저와 공융(孔融)은 친 골육도 아니고 동향도 아니지만, 특별히 의기가 투합해 어려움을 나누고 환난을 함께할 뜻을 품었습니다. 관해(管亥)가 폭도의 난을 일으켜서 지금 북해(北海)는 포위된 상태입니다. 외롭고 곤궁한 처지이나 사정을 고할 수 있는 곳이 없어 조석간 언제라도 위험이 닥칠 수 있습니다. 군께서 인의가 뛰어나고 위급한 사람을 구해주실 만한 분이라는 이야기를 들었기에 공융이 특별히 저에게 명해 포위를 뚫고 이곳까지 와 도움을 요청하도록 했습니다."

    태사자는 삼국 시대 동래(東萊) 황현(黃縣) 사람이다. 북해 태수 공융은 그의 인물됨이 훌륭한 것을 존경해 여러 번 그의 집에 사람을 보내 문안을 하기도 했다. 후에 황건군 장군 관해가 무리를 이끌고 북해를 포위하고 공격한 적이 있다. 그때 태사자는 외지에서 집으로 돌아오던 중이었는데 북해에 가서 공융을 도우라는 말을 어머니께 전해 들었다. 효심 깊은 태사자는 즉각 어머니의 말을 따르기로 하고 북해로 향했다.

그 다음날 단지 창 하나만 손에 든 태사자는 말에 올라 북해를 둘러싼 황건군 진영에 뛰어들었다. 차례차례 포위망을 뚫고 마침내 성 아래에 이르렀는데 황건군 역시 그를 쫓아 성의 해자에까지 이르렀다. 그러나 성루에 있던 공융은 그를 알아보지 못하고 문을 열어 주지 않았다. 그러자 태사자는 다시 말머리를 돌려 적병 수십 명을 베어 말 아래로 떨어뜨렸다. 그 기세에 적병들이 물러나자 공융은 그제야 부하에게 명해 성문을 열고 그를 성안으로 들였다. 공융은 태사자를 실제로 만나본 적은 없었지만 그가 영웅이라는 것만은 잘 알고 있었다.

태사자는 당장 성 밖으로 뛰쳐나가 적을 몰아내고 싶어 했다. 그러나 공융이 말리며 이렇게 말했다. "비록 공께서는 용감하시지만 적의 기세가 매우 흉흉하니 섣불리 나가지 않으시는 게 좋겠습니다. 저는 유비야말로 당세의 영웅이라는 이야기를 들은 적이 있습니다. 혹시 유비를 찾아가 도움을 청할 수 있다면 금방 적들을 몰아낼 수 있을 겁니다. 다만 지금 성 밖으로 나갈 만한 사람이 없다는 것이 문제입니다." 태사자는 그의 말을 듣자마자 호기롭게 대답했다. "현덕에게 편지를 써 주시면 제가 나가서 도움을 요청하도록 하겠습니다."

편지를 받아든 태사자는 바로 말에 훌쩍 올라타고 성 밖으로 쏜살같이 달려 나갔다. 방금 전의 소동을 보고받은 관해는 기병 수백 기를 이끌고서 사방에서 그를 포위했다. 그러나 태사자가 활을 꺼내 들어 쏘아 대니 활을 맞고 나가떨어지지 않는 사람이 없었다. 겁을 먹은 적병들은 감히 태사자를 뒤쫓지 못했다. 태사자는 다만 창 하나를 들고 말을 달리며 겹겹이 둘러싸인 포위를 뚫어 결국은 평원에 있는 유비를 찾아갔다.

태사자는 유비에게 말했다. "저 태사자는 동해에 사는 촌사람일 뿐입니다. 저와 공융은 친 골육도 아니고 동향도 아닙니다. 그저 서로 명성과 기개를 존경해 환난을 함께할 뜻이 있는 사이일 뿐입니다. 지금 관해가 폭도의 난을 일으켜 북해가 포위되었습니다. 외롭고 곤궁한 처지여도 사정을 고할 수 있는 곳이 없어 조석간 언제라도 위험이 닥칠 수 있습니다. 공께서 어짊과 의로움으로 명성이 있으시고 위급한 사람을 구해 주실 만한 분이시기에 우리 북해의 상하 관민은 모두 공께서 와주시기만을 학수고대하고 있습니다. 그래서 제가 생명을 무릅쓰고 공을 뵈러 온 것입니다. 북해의 존망은 지금 이 순간 공의 선택에 달려 있습니다!"

유비는 즉각 정예 병사 3천여 명을 선발해 태사자와 함께 공융을 구하도록 했다. 황건군은 북해에 구원병이 오고 있다는 소식을 듣고는 바로 포위를 풀고 도망쳤다. 이렇게 해서 곤경을 벗어난 공융은 태사자의 인물됨을 더욱 높이 사며 말했다. "자네는 정말 내 망년지교(忘年之交, 세대와 나이를 뛰어넘은 우정―역주)일세!"

명언의 역사적 사례

618년 수나라 왕조가 멸망한 뒤 중국 대륙은 거대한 내전에 휩싸였다. 그러면서 각 파벌들이 동돌궐의 수장 힐리가한(頡利可汗)을 서로 자기편으로 끌어들이려고 동분서주하자 동돌궐의 세력은 이 틈을 타 급속도로 성장했다. 이세민의 재위 초기에 힐리가한은 당나라 내부의 모순이 완전히 해결되지 않은데다 나라가 아직 안정되지 않았다는 판단 하에 돌리가한(突利可汗)과 연합해 군사 20만을 이끌고 대대적으로 당의 변경 지역을 침공했다. 그들은 순식간에 경주(涇州, 지금의 간쑤(甘肅)성 징허(涇河)의 북쪽 강변)와 무공(武功, 지금의 산시(陝西)성 시엔양(咸陽)시 서편) 일대까지 돌격하며 전쟁에서 우위를 선점했다. 얼마 후 힐리가한은 돌궐의 정예 기마 부대를 직접 이끌고 위수 변교(便橋)의 북쪽까지 치고 들어왔다. 당시 장안의 병력은 돌궐에 비해 미미하기 짝이 없었고, 또 각지에 주둔해 있는 지원군이 달려오기에는 시간이 부족한 상황이었다. 수도 장안은 언제라도 위험이 닥칠 수 있었다. 그러나 당 태종 이세민은 뭇 신하들의 상소에도 불구하고 끝까지 돌궐의 대군과 대치했다. 이세민은 당나라군에게 신속히 전열을 가다듬게 하고서, 자신은 고사렴(高士廉)과 방현령(房玄齡) 등 기병 여섯 명만 이끌고 위수 강변을 질주하며 힐리가한이 맹약을 어긴 사실을 사납게 질타했다. 이세민의 맹렬한 기세에 눌린 힐리가한과 각 부의 수령들은 상의에 들어갔다. 그 결과 당나라군이 벌써 일찌감치 전투 준비를 해놨을 것이라 지레짐작한 그들은 이번 침략은 없던 일로 하기로 결정하고 철수했다. 힐리가한의 군대가 막 철수하고 있을 때 마치 하늘이 당나라군을 돕기라도 하듯 억수 같은 장대비가 주룩주룩 쏟아져 내렸다. 이세민은 때를 놓치지 않고 군사들의 선두에 나서서 선제공격을 감행했다. 상대방이 수전에 약하다는 약점을 이용한 기습이었다. 이세민의 기지와 용맹에 돌궐군은 결국 대패했고 힐리가한은 철수해 군대를 북쪽으로 옮겨야 했다.

003
관계가 먼 사람은 관계가 가까운 사람 사이에 끼어들지 못한다
疏不間親(소불간친)

기령이 말했다. "제가 듣자하니 여포의 처 엄씨 부인에게 딸이 하나 있는데 나이가 이미 15살이 되었다고 합니다. 마침 주공께도 아드님이 계시니 사람을 보내 여포에게 청혼하시는 것은 어떠신지요. 만일 여포가 주공께 딸을 시집보낸다면 그는 반드시 유비를 죽이게 될 것입니다. 이것이 바로 관계가 먼 사람은 관계가 가까운 사람 사이에 끼어들지 못한다는 계책입니다."

여포가 군영의 문 앞에 화극을 꽂아두고 150보 떨어진 거리에서 화극의 구멍 사이로 화살을 쏘아 맞힌 일은 원술군의 대장 기령을 혼비백산하게 했고, 유비는 자칫 목숨을 잃을 뻔한 화를 모면하게 되었다.

기령이 회남으로 돌아가 이 사실을 보고하자 원술은 대노하여 유비와 여포를 동시에 토벌할 대군을 준비하라고 명을 내렸다. 그러자 기령이 말했다. "제가 듣자하니 여포의 처 엄씨 부인에게 딸이 하나 있는데 벌써 결혼할 나이가 되었다고 합니다. 마침 주공께도 아드님이 계시니 사람을 보내 여포에게 청혼을 하는 것이 어떠신지요. 만일 여포가 주공께 딸을 시집보낸다면 그는 반드시 주공의 청을 들어 유비를 죽이게 될 것입니다. 이것이 바로 관계가 먼 사람은 관계가 가까운 사람 사이에 끼어들지 못한다는 계책입니다."

원술은 이 계책을 받아들여 한윤(韓胤)을 중매자로 서주에 보냈다. 한윤은 여포를 만나 말했다. "저희 주공께서 장군을 존경하시기에 장군의 따님을 며느리로 얻고 장군과 주공 간에 영구적인 우호 관계를 맺기 바라십니다." 여포는 아내 둘과 첩을 하나 두었는데 엄씨 부인만 자녀가 있었고 후에 첩으로 들인 초선에게도 아이가 없었다. 그래서 여포는 엄씨 부인 소생인 이 딸을 매우 아꼈다.

여포는 엄씨와 이 혼담을 의논해 보았다. 엄씨가 볼 때 회남에 있는 원술은 병사도 많고 곡식도 풍부해 천자가 될 재목이었다. 게다가 원술에게는 외아들밖에 없는 터라 딸을 시집보내면 후에 왕비가 될 가능성도 있었다. 그래서 그들은 이 혼담을 승낙하기로 했다. 이에 한윤이 원술에게 돌아가 이 사실을 보고한 후 많은 예물을 가지고 다시 서주로 돌아왔다. 그리고 이 혼사는 우선 성사된 것으로 약조하기로 했다.

여포는 진궁의 조언을 듣고 밤새도록 혼수를 준비해 날이 밝자마자 딸을 성 밖으로 떠나보냈다. 그때 진등(陳登)의 부친 진규(陳珪)가 이 소식을 듣고는 한달음에 달려와 여포에게 원술의 꾀를 소상히 설명해주었다. 이를 들은 여포는 곧바로 혼담을 철회하고 장료(張遼)에게 명해 병사를 이끌고 30리 길을 쫓아가 딸을 데려오도록 했다. 뿐만 아니라 함께 회남으로 가던 한윤까지 잡아들여 감옥에 가둬 버렸다.

명언의 역사적 사례

　명나라 초기의 장군 남옥(藍玉)은 중산왕(中山王) 서달(徐達)·개평왕(開平王) 상우춘(常遇春)의 계보를 잇는 중요한 장군이다. 그는 중산왕 서달을 따라 북원(北元)의 잔당을 토벌했으며 서평후(西平侯) 목영(沐英)을 따라 서번(西番, 티베트―역주)을 정벌했고 영천후(潁川侯) 부우덕(傅友德)을 따라 운남(雲南)을 정복하는 등 수차례 전공을 세웠다. 후에 자신은 영창후(永昌侯)에 봉해졌고 그의 딸은 촉의 왕녀로 책봉되었다. 1388년 대장군에 오른 남옥은 북원의 계승자 탈고사첩목아(脫古思帖木兒)를 정벌한 여세를 몰아 국경으로 진군해 포어아해(捕魚兒海, 지금의 얼후(尒湖))까지 공격했고 이번에도 큰 승리를 거두어 개선했다. 그는 이때의 군공으로 양국공(涼國公)에 봉해졌다.

　남옥은 상우춘의 처남이었고 상우춘의 또 다른 딸은 주원장의 태자 주표(朱標)의 비였으므로 따지자면 남옥은 태자의 처숙이 되는 셈이었다. 그런 관계로 그는 태자와도 아주 친했다. 한번은 남옥이 태자에게 이런 말을 했다. "연왕(燕王)은 보통 사람이 아닙니다. 언젠가는 모반을 일으킬 사람입니다. 제가 사람을 시켜 연왕의 기를 한번 살피게 한 적이 있는데, 연왕은 천자가 될 기상을 가지고 있다고 합니다. 태자는 반드시 그를 조심하셔야 합니다."

　주원장의 넷째 아들인 연왕 주태(朱棣)는 행동 방식과 사용하는 수단이 주원장과 매우 흡사해 많은 사람에게서 주원장과 가장 닮은 아들이라고 평가받았다. 남옥이 태자에게 이런 말을 한 것은 순전히 주태를 경계하라는 선한 의도였다. 하지만 남옥은 '관계가 먼 사람은 관계가 가까운 사람 사이에 끼어들지 못 한다'라는 이치를 망각했다. 태자의 편에서 보면 일개 외가 친척을 어떻게 친형제와 비교할 수 있겠는가?

태자는 후에 연왕 주태와 한담하다가 남옥의 말을 꺼내고 말았다. 이에 속으로 앙심을 품은 주태는 주원장에게 남옥의 일을 크게 고자질했다. 그리고 결국 예상했던 일이 일어나고 말았다. 그로부터 얼마 후 남옥이 모반을 꾀한다는 익명의 제보가 들어왔다. 주원장은 이를 핑계로 남옥의 일족을 주살하도록 명했다. 뿐만 아니라 그와 관계있는 공작·후작·백작 등 귀족부터 문무백관에 이르기까지 약 2만 명을 학살하는 참혹한 만행을 저질렀다.

004
늑대 새끼 같은 야심
狼子野心(랑자야심)

조조가 말했다. "내 본래부터 여포는 늑대의 새끼같이 야심이 있는 자라 오랫동안 기를 수 없다는 걸 잘 알고 있었네. 공의 부자가 여포를 가장 잘 알고 있으니 공은 마땅히 나와 함께 여포를 없애는 일을 도모해야 할 것이네."

여포는 천자의 조서를 받고 평동(平東)장군에 봉해진 후 너무나 기뻐서 원술과 관계를 끊고 진등을 허도(許都)에 보내는 등 적극적으로 감사를 표했다. 또한 조조에게 답신을 써서 자신에게 서주 목(牧)의 직위를 수여해 달라고 요구했다. 그 일로 진등을 만난 조조는 여포가 이미 원술의 혼담을 거절했다는 것을 알고 매우 기뻐했다. 진등은 조조에게 말했다. "여포는 늑대 같은 성격에 용감하기는 하지만 지모는 없는 자이니 일찌감치 제거해 버리는 게 낫습니다." 그러자 조조가 말했다. "내 본래부터 여포는 늑대의 새끼같이 야심이 있는 자라 오랫동안 기를 수 없다는 걸 잘 알고 있었네. 공의 부자가 여포를 가장 잘 알고 있으니 공은 마땅히 나와 함께 여포를 없애는 일을 도모해

패자의 꿈을 꾸다, 삼국지 135

야 할 것이네." 이에 진등이 대답했다. "승상께서 여포를 없애시겠다면 저도 꼭 내응하겠습니다."

그리하여 조조는 진등에게 광릉(廣陵) 태수 직을 주고 진등의 부친 진규에게는 봉록 2천 석을 하사했다. 진등은 서주로 돌아와 여포를 만난 뒤, 조조가 자신들 부자에게 관직과 봉록을 하사한 일을 이야기했다. 그러자 여포는 대노하며 말했다. "서주 목을 부탁하라고 내 대신 허도에 보냈더니 하라는 일은 안 하고 너희 둘의 관직과 봉록만 얻어 와? 너희 두 부자가 지금 날 배신했어?" 여포는 말을 마치자마자 검을 뽑아들고 진등의 목을 베려 했다. 하지만 진등은 조금도 두려워하지 않고 오히려 하늘이 떠나가라 웃었다. "장군께서는 어찌 이해하지 못하십니까? 저는 조조를 만나 이렇게 말했습니다. '여포 장군을 기르는 것은 호랑이를 기르는 것과 진배없으니 고기를 배불리 먹여야 합니다. 배가 부르지 않으면 사람을 해칠 수 있습니다'라고요. 그랬더니 조조가 웃으며 이렇게 말하는 겁니다. '여포를 기르는 것은 호랑이를 기르는 게 아니라 독수리를 기르는 일이라 할 수 있지. 여우와 토끼가 아직 죽지 않았는데 함부로 배불리 먹일 순 없는 일 아닌가? 배를 곯게 하면 쓸 데가 있지만 배가 부르면 날아가 버릴 테니 말이야.' 그래서 제가 조조에게 물었습니다. '그러면 누가 여우고 누가 토끼입니까?' 라고요. 그랬더니 조조는 이렇게 대답했습니다. '회남의 원술·강동의 손책·기주의 원소·형주의 유표·익주의 유장·한중의 장로(張魯) 이들이 전부 여우고 토끼지'라고 말입니다." 여포는 그의 이야기를 듣더니 검을 땅에 던져 버리고 크게 웃으며 말했다. "역시 조공이 날 제대로 알아봤군!"

명언의 역사적 사례

당 고종(高宗) 이치(李治)가 재위하던 시절 남방에 야만스런 오랑캐들이 모여들어 노략질을 일삼았다. 관군이 오랑캐들을 토벌하려고 했으나 번번이 보기 좋게 참패를 당했다. 이에 조정은 서경업(徐敬業)을 자사로 임명해 오랑캐들을 내쫓으라고 명했다. 서경업이 부임한다는 소식이 전해지자 현지 관아에서는 군대를 보내 그를 맞이했다. 하지만 서경업은 환영 인파를 전부 성으로 돌려보낸 후 혼자서 말을 타고 관아로 향했다. 한편 오랑캐들은 새로운 자사가 부임했다는 이야기를 듣고 전부 경계를 강화하며 당나라군의 토벌에 대비했다. 서경업은 업무를 시작한 후 토벌에 관련된 일은 한 마디도 묻지 않고 다른 일을 전부 처리한 후에야 질문을 던졌다. "오랑캐는 전부 어디에 있나?" 관아의 관리가 대답했다. "모두 남쪽 강가에 모여 있습니다."

서경덕은 자신을 보필하는 관리 한두 명만 대동하고서 강을 건너 그들을 만나러 갔다. 그의 이런 행동에 사람들은 모두 크게 걱정하면서도 한편으론 그저 놀란 토끼 눈으로 그의 뒷모습을 바라만봤다. 오랑캐들은 처음에는 잔뜩 긴장한 채 무기를 들고 경계하는 눈빛으로 멀리서 다가오는 그를 주시했지만 서경업이 탄 배에 그와 수행원 말고는 아무도 없다는 것을 확인하자 발걸음을 돌려 진영의 문을 꼭 닫고 그 안에 꼭꼭 숨어 버렸다. 서경업은 맞은편 강가에 도착하자 곧바로 오랑캐의 진영에 들어가 경고했다. "너희는 탐관오리에게 시달림을 당했기에 이런 행동을 할 뿐 다른 나쁜 마음은 없다는 것을 나라에서도 잘 알고 있다. 얼른 자기 고향으로 돌아가 농사나 열심히 짓도록 해라. 돌아가지 않고 남아 있는 사람은 진짜 도적으로 처리할 테다!"

그러고는 오랑캐들의 수령을 불러서 그동안 왜 일찌감치 관군에 투항하지 않았느냐며 엄히 책망하고 곤장 몇십 대를 때린 후 풀어주었다. 그 이후로 남쪽 변경 지역은 매우 질서정연하게 관리되었다. 서경업의 조부 영국공(英國公) 서세적(徐世勣)은 이 이야기를 전해 듣고 서경업의 담이 아주 크다며 이렇게 덧붙였다. "내가 갔더라도 그렇게는 못 했을 텐데 말이야. 하지만 내가 보니 그 아이는 늑대 새끼 같은 야심이 있어. 앞으로 우리 집안을 말아먹을 사람은 분명히 경업이야!"

　684년 서경업은 강도(江都, 지금의 장쑤성 양저우(揚州)시 동쪽)에서 군사를 일으켜 측천무후에게 반기를 들었다. 측천무후는 30만에 이르는 대군을 보내 그를 토벌케 했고 결국 서경업은 크게 패해 죽임을 당했다. 그리고 서경업의 죄가 대역죄인 반란죄였던 만큼 서씨 집안은 그 조상들까지도 줄줄이 죄를 덮어쓰게 되었다. 이미 세상을 떠난 그의 조부 서세적과 그의 부친 이운(李雲) 역시 모든 명예를 빼앗기고 무덤이 파헤쳐지는 가혹한 운명을 맞아야만 했다.

005
쥐 잡으려다 그릇 깬다
投鼠忌器(투서기기)

현덕이 말했다. "쥐 잡으려다 그릇이 깨질까 걱정일세. 조조는 천자와 말머리 하나 차이 나는 거리에 있고 그의 심복들은 사방에서 조조를 둘러싸고 호위하고 있었네. 아우님께서 한때의 노기 때문에 경거망동했다가 혹시라도 일이 실패한다면 천자만 다치고 죄는 오히려 우리에게 떨어질 뿐일세."

조조가 천자를 끼고 제후들을 호령하며 조야(朝野)의 권력을 장악하자 한의 헌제는 꼭두각시 황제가 되어버렸다. 조조는 조정 신하 가운데 자신에게 마음이 돌아선 자가 있는지 알아볼 겸 해서 헌제를 청해 사냥을 나가자고 했다. 헌제는 가고 싶은 마음이 없었지만 그렇다고 조조의 말을 듣지 않을 수도 없는 처지였다. 유비·관우·장비 세 사람 역시 황제를 따라 허창을 나섰다.

조조는 한의 헌제와 말머리를 나란히 하고 걸으며 사냥터에 도착했다. 사냥터에서 한 헌제가 유비에게 말을 건넸다. "짐은 황숙(皇叔)의 사냥 솜씨를 좀 보고 싶구려."

현덕은 황제의 명을 받들고 얼른 말에 올라 풀숲에 있던 토끼를 겨냥해서 활을 쏘았다. 그는 화살 한 발로 사냥감을 명중시켰다. 그런 후에 언덕을 하나 넘자 큰 사슴 한 마리가 보였다. 이에 헌제가 잇달아 세 발을 쏘았는데 모두 맞추지 못했다. 헌제는 조조를 둘러보며 말했다. "경이 한번 쏴 보시구려." 그러자 조조는 헌제에게서 보석으로 조각된 황제의 활과 기다란 금 화살을 빌려 한 발에 사슴의 등을 명중시켰다. 금 화살을 확인한 주위의 문무백관은 사슴을 명중시킨 사람이 헌제인 줄만 알고 모두 헌제 앞으로 달려와 큰 소리로 환호했다. "만세! 만세!" 이때 조조가 얼른 헌제 앞으로 말을 달려 나가서는 뭇 신하들의 환호성을 가로챘다. 그리고 황제의 활도 헌제에게 돌려주지 않고 슬그머니 자기 등 뒤에 꽂아버렸다. 이렇듯 황제를 함부로 농락하는 조조의 대담함에 신하들은 놀라움을 금치 못했다. 관우도 불끈 화가 치밀어 올라 단박에 조조에게 달려가 그를 한 칼에 베어버리려 했다. 그러나 유비가 얼른 그에게 눈짓을 하며 경거망동하지 말라는 뜻을 알렸다.

허창에 돌아온 후 관우가 유비에게 물었다. "조조는 감히 황제를 능욕했습니다. 그 놈을 죽여 나라의 해악을 없애버리려 했는데 큰 형님께서는 왜 저를 막으셨습니까?" 그러자 유비가 말했다. "조조는 천자와 겨우 말 머리 하나 차이 나는 거리에 있었네. 게다가 심복도 주위에 쫙 깔려 있었어. 만일 경거망동 했다가 일을 성공시키지 못하면 오히려 천자만 다치게 될 테니, 이게 바로 쥐를 잡으려 해도 그릇이 깨질까 걱정스럽다는 이야기겠지."

명언의 역사적 사례

춘추 시대에 노(魯)나라 사람 조말(曹沫)은 힘이 세고 용맹한 것으로 아주 유명했다. 노 장공(莊公)은 그런 점을 높이 사 조말을 장군으로 임명하고 군대를 이끌고 제(齊)나라를 치도록 했다. 그런데 기대와 달리 그가 삼전 전패하는 바람에 노나라는 제나라에 거대한 영토를 빼앗기게 되었다. 그러나 노 장공은 조말을 전혀 나무라지 않고 여전히 그를 장군 자리에 두었다. 그러고는 제나라에 수읍(遂邑)을 바치며 평화 조약을 맺자고 요청했다. 이에 제 환공(桓公)도 그 요청을 받아들이고 노 장공과 함께 가(柯) 땅에서 조약을 체결하기로 했다. 노 장공과 제 환공이 막 조약을 체결하려는 순간 갑자기 누군가가 단상 위로 뛰어올라 순식간에 제 환공에게 비수를 들이대고 위협했다. 바로 조말이었다. 제나라의 장군과 모사들은 모두 그를 막고 싶어도 쥐 잡으려다 그릇만 깨뜨릴까 두려운 마음에 감히 나서서 환공을 구하지 못했다. 조용한 가운데, 환공이 조말에게 물었다. "원하는 것이 무엇이냐?"

조말이 대답했다. "제나라는 강국이고 노나라는 약소국인데 제나라는 노나라의 성벽 아래까지 자기 나라 국경을 뻗쳤습니다. 하지만 노나라의 성벽이 무너지면 제나라 영토도 파묻히게 되는 것은 당연한 이치입니다. 힘이 있다고 약자를 너무 무시하는 처사가 아닙니까! 대왕께서 앞으로 어떻게 하셔야 되겠습니까?" 환공은 그 순간 자칫 말 한마디 잘못했다간 목숨이 위태롭겠다는 것을 깨닫고 얼른 그동안 침략해서 얻은 노나라 영토 전부를 돌려주겠노라고 대답했다. 이렇게 환공의 승낙을 얻어낸 조말은 비수를 내던지고 느긋한 발걸음으로 단 아래로 내려갔다. 노나라 신하들의 대열로 돌아간 그는 얼굴색 하나 변하지 않고 마치 아무 일도 없었다는 듯 태연자약했다.

제 환공은 비록 위험에서 벗어나기는 했지만 크나큰 모욕감에 화가 나 조말과 한 약속을 지키지 않으려고 생각하고 있었다. 그러나 관중이 환공에게 권고하며 말했다. "그렇게 하시면 안 됩니다. 작은 이익을 탐하고 감정 대로 일을 처리했다가는 제후들의 신뢰를 잃게 될 것입니다. 제후들의 신뢰를 잃으면 천하 사람의 지지도 잃게 됩니다." 환공은 그의 말이 맞다고 여겨져 약속대로 침략해서 얻은 땅을 전부 노나라에 돌려주었다. 후에 제 환공이 약속을 지켜 땅을 되돌려주었다는 소문을 들은 각 제후들은 모두 제나라가 신뢰할 만한 나라라고 생각하고 너도나도 제나라에 복속하려 했다. 그 이후로 제 환공은 제후들이 공인하는 패주가 되었고 천하를 호령하며 '아홉 제후를 합해 천하를 바로잡은' 빛나는 업적을 일궜다.

006
겉으로는 강하지만 속은 약하다
色厲膽薄(색려담박)

조조가 웃으며 말했다. "원소는 겉으로는 강해보이지만 속은 아주 약한 사람입니다. 계략을 꾸미는 건 좋아하지만 결단력이 없고 큰일을 해야 할 때는 몸을 도사리며 작은 이익에 눈이 어두워 목숨도 버릴 사람이지요. 그러니 영웅이라고 할 수 없습니다."

위의 해석은 조조가 유비와 천하의 영웅을 논할 때 한 말로, 원소에 대한 한마디 평이다.

원소의 자는 본초(本初)이며 그의 선조는 4대 동안 삼공(三公)을 배출했기에 당시 제후 가운데 가장 크게 영향력을 행사하고 있었다. 그리하여 조조가 격문을 써서 동탁을 토벌할 사십 제후들을 초청했을 때 원소가 맹주로 추대되었다. 동탁은 제후들이 흩어진 후 여포와 왕윤에게 살해되었다. 그러자 원소의 모사는 계략을 일러주며 그 누구도 아닌 원소가 헌제를 업성(鄴城)으로 모시고 와야 한다고 했다. 그러나 원소는 앞으로 때마다 황제에게 상주문을 올려야 할 것이 너무 번거롭게 여겨져 그 계략을 채택하지 않았다. 그러고는 훗날에 조조가 헌제를 허창으로 모셔갔다는 이야기를 듣고 그제야 땅을 치며 후회했다.

198년, 조조가 서주의 여포를 공격할 때 원소의 모사 전풍(田豊)은 그에게 계략을 내, 주인 없이 비어 있는 허창을 공격하라고 간언했다. 그러나 원소는 작은 아들이 아프다는 이유로 출전을 거절해 절호의 기회를 놓쳤다. 원소는 후에 백마(白馬)에서 군사를 일으켜 조조를 토벌하려 했지만, 당시 선봉장 안량(顔良)이 잠시 조조 휘하에 머물렀던 관우에게 목이 베여 죽었다. 원소는 또 연진(延津)에서 군사를 일으켰지만 선봉장 문축(文丑)이 조조의 꾀에 넘어가 역시 죽임을 당했다. 그리하여 원소는 마침내 직접 대군을 이끌고 관도(官渡) 전투에 출전했다. 그러나 무려 군사 7만을 이끌고 가서 병력이 2만 명에 지나지 않는 조조를 공격했는데도 단번에 승리를 거두지 못했다. 한편 그 이듬해에 조조는 원소의 식량 창고 오소(烏巢)를 습격하는 데 성공하고 수장(守將) 순우경(淳于瓊)을 사로잡는 등 원소를 대패시켰다. 결국 원소는 기병 몇백 기만을 데리고 간신히 업성으로 도망쳐 왔지만 다시 조조에게 수차례 공격당한 후 피를 토하며 죽고 말았다.

원소의 일생을 종합해 보면 호랑이의 가죽을 뒤집어 쓴 양 같은 귀족이었다는 것을 알 수 있다. 그는 한때 제후 가운데 실력이 가장 세고 천하 통일을 이룰 가능성도 가장 컸던 사람이었다. 그러나 이렇게 겉으로 보기에는 강해 보여도 속은 겁 많고 유약해 매번 절호의 찬스를 놓쳤고 결국은 조조에게 패망하는 필연적인 결말을 맞게 되었다.

명언의 역사적 사례

 당(唐)대에 안서절도사(安西節度使)를 지내던 가서한(哥舒翰)은 도병마사(都兵馬使) 장탁(張擢)을 수도 장안에 보내 상소를 올리게 한 일이 있었다. 그런데 장탁은 임무를 완수한 후에도 장안에 오랫동안 머물며 임지로 돌아가지 않았다. 게다가 당시 조정에서 권세를 휘두르던 재상 양국충(楊國忠)에게 많은 뇌물을 바쳐 그와 아주 끈끈한 관계를 맺어 놓았다.

 그런데 얼마 후 가서한이 장안으로 올라와 천자를 뵐 일이 생겼다. 이에 장탁은 가서한이 자신에게 죄를 물을 것이 두려워 계략을 짜냈다. 장탁은 서둘러 양국충을 찾아가 자신을 어사대부(御史大夫, 부승상의 지위―역주) 겸 검남서천(劍南西川) 절도사로 임명해달라고 부탁했다. 마침내 임명 조서가 내려지자 믿는 구석이 생긴 장탁은 전혀 두려울 게 없었다. 그는 당당하게 가서한이 묵고 있는 숙소를 찾아가 그를 만났다. 하지만 가서한은 그를 보자마자 부하에게 그를 당장 정원으로 끌어내라고 명하고 죄상을 조목조목 나열해가며 죗값에 따라 몽둥이로 사정없이 때리기 시작했다. 장탁은 본래 겉으로 보기에는 무서워 보이는 사람이지만 속은 겁 많고 유약한 자였다. 가서한이 정말 화가 난 것을 보자 그는 두려움에 떨며 얼른 땅에 엎드려 손이 발이 되도록 싹싹 빌었다. 하지만 가서한은 그를 본 체도 하지 않고 부하들에게 계속 때리라고 명했다. 얼마쯤 지나자 장탁은 매를 너무 많이 맞아 곧 숨이 끊어질 듯했다. 부하가 이 사실을 고하자 가서한은 얼굴색 하나 변하지 않고 목숨이 끊어질 때까지 계속 때리라는 추상같은 명령을 내렸다. 결국 장탁이 죽자 가서한은 황제에게 이 사건을 상세히 설명한 보고서를 작성해 올렸다. 당 현종은 가서한의 세력이 두려운 데다 이미 죽은 장탁이 다시 살아나 자백할 수 있는 것도 아닌지라 원칙을 지킨 가서한에게 포상하라는 조서를 내렸다. 그리고 가서한을 두둔하는 김에 좀 더 확실하게 그의 환심을 사둬야겠다고 생각하고서 가서한에게 장탁의 시체를 100번 채찍질하게 하고 일벌백계로 삼도록 했다.

007
매실을 생각하며 갈증을 없앤다
望梅止渴(망매지갈)

조조가 말했다. "마침 나뭇가지에 매실이 파랗게 열린 것을 보니 작년에 장수(張綉)를 토벌하던 때가 생각나는군요. 도중에 물이 모자라 장수와 병사들이 모두 목 말라 했었습니다. 그때 제 마음속에 꾀가 한 가지 생각났지요. 그래서 저는 채찍을 들고 허공을 가리키며 말했습니다. '앞쪽에 매실나무 숲이 있다!'라고 말입니다. 군사들은 제 말을 듣고 모두 입에 침이 가득 고여서 그때부터는 목이 마르지 않게 되었습니다."

어느 해 여름, 조조는 부대를 이끌고 장수를 토벌하러 갔다. 날씨는 찌는 듯이 무덥고 태양은 불덩이 같은 데다 하늘에는 구름 한 점 없었다. 구불구불 이어지는 산길을 행군하고 있는데 정오가 되자 행군 속도는 눈에 띄게 느려졌다. 몸이 허약한 군사 몇 명은 졸도하기까지 했다. 속도가 점점 느려지자 조조는 적을 공격할 기회를 놓칠까 봐 무척 초조해졌다. 그러나 눈앞에 몇 만이나 되는 군사와 말들이 모두 물 한 모금 먹지 못해 허덕이고 있는데 무슨 수로 행군 속도를 빠르게 할 수 있단 말인가? 그는 얼른 길 안내자를 불러서 부근에 물이 나는 곳이 있는지 은밀히 물었다. 그러나 길 안내자는 고개를 저으며 말했다. "샘물은 산골짜기 저편에 있어서 길을 돌아가야 하고 또 정말 가려고 해도 한참 걸어야 합니다."

조조는 잠시 생각에 잠겼다. 만일 길을 돌아간다면 분명히 제 시간에 목적지에 도착하지 못할 것이다. 하지만 그렇다고 군사들에게 무작정 빨리 행군하라고 명령하는 것은 전혀 소용없는 일일 터였다. 순간 그에게 묘안이 떠올랐다. 그는 말의 배를 세게 걷어차며 얼른 군사들 앞으로 나섰다. 그리고 말채찍을 높이 들어 전방을 가리키며 말했다. "병사들이여! 앞쪽에 아주 탐스럽고 맛 좋은 매실이 우릴 기다리고 있으니 어서 길을 재촉하자! 이 산골짜기만 넘어가면 바로 매실 숲이다!" 그 말을 들은 군사들은 마치 그 순간 달콤하고 새콤한 매실을 맛보기라도 한 듯 침이 고였고, 그것을 꿀꺽꿀꺽 삼키며 정신을 번쩍 차렸다. 그 후 군사들의 발걸음이 훨씬 빨라진 것은 두말할 나위가 없다.

명언의 역사적 사례

남북조 시기, 남조 유송(劉宋, 420년~479년 남북조 시대에 강남에 건국된 남조의 첫 번째 왕조. 조광윤(趙匡胤)이 세운 송나라와 구별하기 위해 창시자의 성씨를 따라 유송(劉宋)이라 하기도 함—역주) 시대에 살던 장융(張融)은 자는 사광(思光)이고 오군(吳郡) 사람이었다. 그의 조부 장위(張褘)는 진(晉)나라 시대 낭사(琅邪) 왕국의 낭중령(郎中令)이었고, 부친 장창(張暢)은 유송의 회계(會稽) 태수였다. 장융은 총명하고 외모가 출중한데다 순발력과 재치도 있어서 사람들이 어떤 질문을 해도 청산유수로 대답했다. 마침내 효무제

(孝武帝)가 장융의 그러한 높은 명성을 듣고 그를 신안왕(新安王) 북중랑참군(北中郎參軍)으로 임명했다. 그리고 제(齊)의 태조 소도성(蕭道成) 역시 유송을 멸망시키고 제나라를 건립했을 때 장융을 매우 아꼈다. 자기가 입던 옷을 장융에게 하사하기까지 할 정도였다. 옛날에는 황제가 자신의 옷을 신하에게 하사하는 것이 아주 특별한 상으로 여겨졌으니, 당시 장융이 황제에게서 얼마나 큰 신임과 총애를 받았는지 짐작하고도 남는다.

한번은 소도성이 장융을 사도장사(司徒長史)로 임명하겠다며 즉석에서 관직을 허락한 적이 있다. 그런데 장융이 아무리 기다려도 조정의 임명장은 내려올 기미가 보이지 않았다. 그러자 장융은 꾀를 하나 냈다. 그는 조회를 마친 후 일부러 비쩍 말라서 금방이라도 쓰러질 듯한 말을 타고 집으로 돌아갔다. 그러자 소도성이 그의 모습을 보고 놀라 물었다. "말이 왜 이렇게 말랐느냐? 여물은 날마다 얼마나 주는고?" 장융은 대답했다. "날마다 여물을 한 석씩 먹이고 있습니다." 태조 소도성이 다시 물었다. "날마다 여물을 한 석씩 먹는데 왜 이렇게 말랐느냐?" 장융이 대답했다. "저는 말로만 한 석씩 먹이고 실제로는 아무 것도 먹이지 않았습니다."

이를 통해 소도성은 장융이 관직을 내리겠다고 한 자신의 약속을 '매실을 생각하면서 갈증을 없애는 것' 같이 비현실적이라고 비꼰 것임을 깨닫고 크게 웃었다. 그리고 급히 명을 내려 장융을 사도장사에 임명했다.

008
몸은 조조의 진영에 있지만 마음은 한나라에 있다
身在曹營 心在漢(신재조영 심재한)

관우가 말했다. "첫째, 나는 황숙과 맹세하며 함께 한나라 왕실을 돕겠노라 했소. 나는 한나라 황제께만 항복할 뿐이지 조조에게 항복하는 것이 아니오. 둘째, 두 형수님께는 황숙의 봉록에 해당하는 돈을 내려 부양해 주시고 조조의 상하 어떤 부하라도 함부로 그 댁에 방문해서는 안 되오. 셋째, 유 황숙이 계신 곳을 알게 되면 천 리 길이건 만 리 길이건 간에 바로 이곳의 일을 사직하고 황숙께 가겠소. 이 세 가지 가운데 한 가지라도 보장되지 않으면 절대 항복할 수 없소. 문원(文遠, 조조의 대장 장료의 자—역주)께서는 속히 돌아가 이 사실을 보고해 주시길 바라오."

건안(建安) 5년(200년) 조조가 서주를 공격했고 패배한 유비는 원소에게 몸을 의탁한 상황에서 관우는 유비의 처와 자녀들을 보호하며 하비(下邳)를 사수하고 있었다. 조조는 예전부터 관우의 무공을 매우 아껴 그에게 투항을 권하려 했다. 그래서 조조군은 정욱의 계책에 따라 관우를 하비에서 유인해 낸 뒤 한 언덕에서 그를 포위했다. 장료는 관우를 설득해 투항시키라는 임무를 띠고 있었다. 관우는 장료를 보자 말했다. "내가 비록 지금은 목숨이 위태한 상황이지만 나는 죽음을 귀향이나 마찬가지로 생각하는 사람이오. 그러니 장군은 얼른 군영으로 돌아가시오." 장료는 호탕하게 웃으며 말했다. "형님께서 이렇게 말씀하시다니, 세상 사람들의 비웃음이 두렵지도 않으십니까?" 이에 관우가 말했다. "나는 충의를 위해서 죽는 것이니 천하 사람들이 어찌 나를 비웃겠소?"

장료가 말했다. "형님께서 지금 죽으시면 그 죄는 세 가지나 됩니다. 애당초 형님께서 유현덕 공과 도원결의를 맺으실 때 한 날 한 시에 함께 죽기로 맹세하지 않으셨습니까? 지금 현덕 공이 전쟁에 패했으니 형님께서 전사하겠다고 하시면 훗날 현덕 공이 다시 일어나 형님의 도움을 받고 싶을 때 형님을 찾을 수 없을 터이니 이것이 바로 옛 맹세를 저버린 일 아닙니까? 이것이 첫 번째 죄입니다. 그리고 유현덕 공께서는 형님께 가족들을 전부 맡기셨는데 형님께서 전사하고 나면 두 부인은 의지할 곳이 없어집니다. 그러면 현덕 공을 돕겠다고 했던 중책을 저버린 것 아닙니까? 이것이 두 번째 죄입니다. 또한 형님은 무공이 월등하시고 경전과 역사에도 정통하신 분이신데 현덕 공과 함께 한나라 왕실을 떠받칠 생각은 하지 않으시고 그저 물속으로 불속으로 뛰어들어 죽을 생각만 하고 계시니 이것은 자기만 과시하려는 필부의 용맹일 뿐입니다. 이것을 어찌 의라고 할 수 있겠습니까? 이것이 세 번째 죄입니다. 이 동생이 형님께 이러한 죄 세 가지를 알려 드려야겠습니다."

장료의 말을 듣고 보니 일리가 있었다. 관우가 그에게 어떻게 해야 좋을지

방도를 묻자 장료는 이렇게 대답했다. "그러면 우선 조공께 투항하시고 후에 유현덕 공의 행방을 찾아보시는 것이 어떻습니까? 행방을 알게 되었을 때 현덕 공께 가는 것이 낫지 않겠습니까? 이렇게 하면 첫째, 두 부인의 생명을 보존할 수 있고 둘째로 도원결의도 저버리지 않을 것이며 셋째로 쓸모 있는 몸도 남겨 놓을 수 있습니다." 이에 관우는 장료에게 자신이 제시한 세 가지 조건을 조조에게 전달해 달라고 부탁한다.

한편 조조는 장료의 보고를 듣고 바로 그 자리에서 관우의 세 가지 조건을 전부 승낙했다. 이렇게 해서 관우가 조조에게 투항하게 되었다. 조조는 모든 예우를 갖춰 관우에게 아주 깍듯이 대우하고 그를 제후로 봉했으며 관직도 하사하고 봉록도 주었다. 그리고 자주 연회를 열어 관우에게 가까이 다가가려고 노력했다. 하지만 관우는 비록 몸은 조조의 휘하에 있어도 마음만은 여전히 한나라 왕실에 가 있었다. 마침내 유비의 행방을 찾아낸 관우는 그동안 한 푼도 쓰지 않은 봉록을 고스란히 봉투 속에 넣어 봉하고 관직의 직인에 해당하는 도장도 대청에 걸어둔 채 조조를 떠났다. 그리고 도중에 오 관을 지나면서 비록 뜻하진 않았지만 조조의 장수 여섯 명을 죽이고 유비에게로 돌아갔다.

명언의 역사적 사례

동진(東晋) 효무제 태원(太元) 8년(38년) 8월 전진(前秦)의 국왕 부견(苻堅)은 각 주의 군사와 말들을 모집하면서 100만 군대를 일으켜 일거에 동진을 멸망시키겠노라고 선포했다. 그는 비수(淝水)의 서쪽 강가에 있는 군사 요충지 수양(壽陽)에 군대를 주둔시키고 전진의 공격 한 번이면 동진군은 금세 무너질 것이라며 자신만만해 했다. 심지어 동진의 대군영에 사자를 보내 투항을 권유하기까지 했다. 그런데 부견이 보낸 사자는 다른 사람도 아닌 바로 몇 년 전 양양에서 전진의 군대를 결사적으로 막다가 포로로 붙잡힌 주서(朱序)였다. 당시 부견은 주서의 기개를 높이 사 그를 상서(尙書)에 봉했다. 그러나 주서는 몸은 조조의 군영에 있지만 마음은 한나라 왕실에 가 있던 관우처럼 속마음은 아직도 동진을 향하고 있었다. 주서는 진군의 주장 사석(謝石)과 사현(謝玄)을 만난 자리에서 부견의 분부대로 그들에게 투항을 권하지 않고, 오히려 전진 군에 관한 정보를 알려주며 속히 공격을 감행하라고 진나라 군을 격려했다.

한편 주서가 떠난 후 사석이 곰곰이 생각해보니 수양에 주둔한 전진 군은 병력이 어마어마해 도저히 싸워서 이길 자신이 없었고 차라리 굳게 지키는 작전을 펼치는 것이 더 나을 것 같아 보였다. 그러나 사안(謝安)의 아들 사염(謝琰)은 사석에게 주서의 말대로 얼른 출병하라고 권했다. 장고의 회의를 거친 끝에 동진의 장군들은 북부(北府)군의 명장 유뢰(劉牢)가 정병 5천 명을 이끌고 낙간(洛澗)에 있는 전진의 군대를 급습하기로 결정을 내렸다. 동진 군은 신속히 낙간을 지키고 있는 전진 군을 향해 기습했다. 전진 군은 갑작스럽게 세찬 공격을 퍼붓는 동진 군을 간신히 막아 내다가 결국에는 패하고 말았다.

전진 군은 비록 낙간에서 패하기는 했지만 여전히 동진 군보다 몇 곱절이나 많은 병력을 자랑했다. 그리하여 사현은 전진의 주장 부융(符融)에게 사신을 보내 요청을 하나 했다. 전진의 진영을 비수 뒤쪽으로 조금만 옮겨서 동진 군이 옮겨갈 만한 땅을 만들어 주면 동진 군이 즉시 비수를 건너가 그곳에서 다시 결전을 벌이겠노라는 것이었다. 부견은 동진의 요청에 동의했다. 약속한 날짜가 되자 전진 군은 부견의 명령으로 전군이 나서서 군영을 뒤로 옮기기 시작했다. 그러자 사안 등은 이때를 놓치지 않고 기병 8천을 이끌고 비수를 건너왔다. 이를 군영 뒤쪽에서 본 주서는 전진 병사들에게 큰 소리로 외쳤다. "우리가 졌다! 우리가 졌다!"

전진 군의 후방 부대는 그의 외친 말이 참인지 거짓인지 진위를 가릴 수 없어 일순간 혼란에 빠졌고 서로 앞다투어 도망치느라 전장은 아수라장이 되었다. 부견 역시 혼비백산해서 혼란한 군인들 틈에 섞여 도망쳤다. 그가 낙양까지 패퇴했을 무렵 전진의 몇십만 대군은 겨우 10만여 명의 패잔병으로 줄어 있었다.

009
다섯 관문을 지나며
여섯 장수를 베다
過五關 斬六將(과오관 참육장)

 미염공(美髥公, 관우는 수염이 멋있어서 '아름다운 수염을 가진 공'으로 불렸다—역주)은 말 한 필을 타고 천리를 달렸으며 한수후(漢壽侯, 관우의 봉호—역주)는 다섯 관문을 지나며 여섯 장수를 베었다.

 관우는 조조에게 투항한 후 유비가 여남(汝南)에 있다는 소식을 듣고 유비의 부인들을 데리고 허도를 떠났다. 관우 일행이 동령관(東嶺關)에 도착했을 때, 그곳을 지키던 장수 공수(孔秀)는 군사 500여 명을 데리고 나와 관우의 앞길을 가로막았다. 관우가 수차례나 보내 달라고 부탁하는데도 공수는 "이 관문을 넘어가려면 늙은이와 아이들은 인질로 남겨 놓으시오."라며 끝까지 관우를 막아섰다. 이에 크게 노한 관우는 청룡언월도(青龍偃月刀)를 휘둘러 공수를 죽여 버렸다. 이렇게 제1관을 통과한 후 그들은 낙양에 도착했다. 한편 동령관의 소식을 들은 낙양 태수 한복(韓福)과 아장(牙將, 고대 군관의 지위중 하나. 군사 5천 명을 거느린 장군—역주) 맹탄(孟坦)은 계략을 써서 관우를 사로잡으려 했다. 맹탄은 관우 일행이 낙양에 도착하자마자 곧장 달려 나가 관우에게 도전했다. 그리고 삼 합도 채 싸우지 않고 말머리를 돌려 꽁무니를 뺐다. 본래 관우를 유인하려던 꾀였는데 예상 밖으로 관우의 말이 너무 빨라 맹탄은 금방 관우의 칼에 두 동강이 나고 말았다. 이때 한복이 몰래 관우에게 화살을 쏴서 관우의 왼팔에 명중시켰다. 그러나 관우는 아무렇지도 않다는 듯 입으로 화살을 뽑아내고는 곧장 한복에게 달려들어 그의 목을 베었다. 그런 후 옷자락 한 귀퉁이를 잘라 대강 상처를 싸매고 두 형수를 호위하며 밤새 말을 달려 사수관(汜水關)에 도착했다. 사수관을 지키던 장수 변희(卞喜)는 심지어 관 앞쪽의 진국사(鎭國寺)에 군사 이백여 명을 매복시켜놓고, 관우를 절 안으로 유인한 후 죽이려고 함정까지 준비해 놓았다. 그러나 관우와 동향인 진국사의 보정(普淨) 스님이 관우에게 몰래 변희의 음모를 알려주었고, 관우는 변희가 계략을 실행하기도 전에 그를 한 칼에 죽여 버렸다. 관우는 다시 영양을 향해 출발했다. 영양 태수 왕식(王植)은 관우를 아주 반갑게 맞이했다. 그러나 그의 친절함은 위장 전술이었을 뿐 사실은 관우 일행을 불태워 죽이려는 속셈이었다. 그런데 그의 부하 가운데 호반(胡班)이라는 자가 관우에게 이 사실을 밀고했다. 결국 왕식은 관우의 칼에 허리를 베여 몸이 두 동강 나고 말았다. 이어서 관우는 두 형수를 모시고 황하(黃河)의 나루터에 도착했다. 그곳을 지키던 장수 진기(秦琪) 역시 관우에게 도전했다가 단 일 합 만에 목이 베어지고 말았다. 관우는 두 형수를 호위하고 유비에게 가는 길에 동령관 · 낙양 · 사수관 · 영양 · 화주를 거쳐 황하 나루터를 지나며 공수 · 한복 · 맹탄 · 변희 · 왕식 · 진기 등 위나라 장수를 모두 여섯 명 베었고, 수많은 난

관을 뚫은 끝에 드디어 유비와 재회했다.

명언의 역사적 사례

중국 역사상 전형적인 대기만성형 인물을 꼽으라면 단연 양호(梁顥)를 꼽을 수 있다. 양호는 오대십국 시대에 태어난 사람으로 아주 어린 나이에 공부를 시작해 총 다섯 수레에 실을 만큼 책을 많이 읽은 군자라 칭할 만했다. 당시 선비들의 소망은 대개 과거에서 장원 급제하는 것이었기에 동시(童試)부터 시작해서 향시(鄕試)·회시(會試)·전시(殿試)에 이르기까지 각종 시험을 준비했다. 또 매번 과거에 응시하는 거인(擧人, 향시에 합격한 사람. 거인이 되어야 과거에 응시할 수 있음—역주)의 수가 보통 천 명 이상이어서 시험에 합격하려면 다섯 관문을 지나며 여섯 장수를 베는 발군의 실력이 필요했다. 양호는 몇십 년 동안 계속해서 과거에 응시했지만 진사 자리 하나 얻지 못했다. 매번 과거 시험을 치른 후 방문을 살펴보면 그의 이름은 눈 씻고 찾아봐도 보이지 않았다. 그래서 남 말하기 좋아하는 사람들은 아예 노래까지 만들어 그를 놀렸다. "삼 년에 과거 두 번, 과거마다 양호가 있네. 양호가 없으면 과거 시험장에 잡초가 자랄 걸." 하지만 양호는 전혀 기죽지 않았다. 낙방하면 다시 과거를 보고 또 낙방해도 또다시 과거를 보았다. 그렇게 해서 오대 후진(後晉) 천복(天福) 3년(938년)부터 나라가 단명한 후한과 후주를 거쳐 송나라 태종(太宗) 옹희(雍熙) 2년(985년)까지 수도에서 열리는 과거 시험에 끊임없이 참가했다. 그런 중에 마침내 그는 82세의 고령에 진사가 되었고 그에 더해 장원으로 급제하는 영광까지 누렸다.

양호는 47년간 40회나 과거 시험에 응시했다. 그리고 드디어 장원 급제했을 때는 이미 머리가 하얗게 세고 걸음걸이마저 휘청거리는 할아버지 수험생이었다. 송 태종은 그를 장원으로 호명한 후 나이가 어떻게 되는지 물었다. 이에 그는 「사은계(謝恩啓)」라는 시를 한 수 지어 태종에게 대답했다.

백수궁경(白首窮經)
소복생팔세(少伏生八歲)
청운득로(靑雲得路)
다태공이년(多太公二年)
백발이 되도록 온갖 일을 겪었으며
복생(伏生, 한나라 대의 유학자로 90세의 나이에 조정의 부름을 받음—역주)보다 여덟 살이 적습니다.
청운의 꿈은 길을 얻었으니,
강태공(姜太公, 상말(商末) 주초(周初) 사람으로, 80세에 주 문왕(文王)을 만나 재상에 오름—역주)보다 두 살이 많습니다.

비록 백발이 성성한 나이였지만 이 시는 그의 뛰어난 재능을 엿보기에 충분했다. 실로 천하제일의 이름이 부끄럽지 않은 시였다.

010
겉은 도량이 넓어 보이지만
속은 쌀쌀맞다
外寬而內忌 (외관이내기)

　전풍(田豊)이 말했다. "원소 장군은 겉으로 볼 때는 도량이 큰 것 같지만 속이 좁아서 샘을 잘 내고 인정이 없으며 쌀쌀맞고 과거에 충성한 것에 대해서는 기억하지 않습니다. 승리하면 기뻐하며 저를 사면하겠지만 지금은 전쟁에서 졌으니 크게 수치를 느낄 겁니다. 저는 이제 살기를 바랄 수 없게 되었습니다."

　전풍은 기주(冀州) 거록 사람으로 박학다식하고 전술 전략을 아주 신출귀몰하게 구사했다. 과거 조정에서 시어사(侍御史, 어사대부 아래의 관직—역주)를 지낸 적이 있지만 환관의 전횡이 못마땅해 스스로 관직을 버리고 고향으로 돌아온 인사였다. 원소는 의병을 일으켜 동탁을 토벌하려 할 때 전풍을 청해 별가(別駕, 자사의 보좌관—역주)직을 맡겼다. 그 후 원소는 전풍의 계책을 얻어 공손찬을 제거하고 하북을 평정해 사주(四州, 기주・청주・병주

(幷州)·유주—역주)를 호령할 수 있게 되었다.

건안 4년(199년) 원소와 조조가 관도에서 대치했다. 전풍은 원소에게 이렇게 조언했다. "조조는 용병을 잘하고 임시변통에 통달한 자입니다. 조조의 군사가 비록 적기는 하지만 절대 무시해서는 안 됩니다. 차라리 지구전을 펼치는 것이 나을 듯합니다. 실제로 우리 군대가 주둔한 곳은 지형이 험준하고 병마도 많으니 외적으로는 다른 곳의 영웅들과 연합하기도 쉽고 내적으로는 농사를 지으며 내실을 다질 수 있습니다. 그러면서 정병들이 기습 공격하는 방법으로 조조를 계속 괴롭히는 겁니다. 조조가 우를 구하면 우리는 좌를 공격하고, 조조가 좌를 구하면 우리는 우를 공격하는 거죠. 그렇게 조조가 정신없이 우리 공격을 따라다니다 보면 조조의 백성은 안심하고 생업에 종사할 수 없겠지요. 그러면 이 년이 채 못 되어 우리가 조조를 이길 수 있습니다. 지금 장군께서 장기적으로 승리하는 방법을 택하지 않으시고 단 한 번의 결전으로 조조와 승부를 가리려 하시다가 만일 패하기라도 하는 날에는 후회가 막급일 겁니다." 그러나 원소는 그의 말을 듣지 않았을 뿐만 아니라 전풍이 군심을 어지럽힌다는 이유로 구금시켜 버렸다.

과연 전풍의 예측은 정확하게 맞아떨어졌다. 원소는 관도 전투에서 조조에게 대패하고 도망치는 신세가 되었다. 그러자 어떤 이가 전풍에게 축하의 말을 건넸다. "선생, 정말 대단한 탁견이십니다. 원소 장군께서는 분명 선생을 중용하실 겁니다."

그러나 전풍은 고개를 흔들며 말했다. "원소는 겉으로 볼 때는 도량이 큰 것 같지만 속이 좁아서 샘을 잘 내고 인정이 없는데다 쌀쌀맞습니다. 승리하면 살아날 가능성이 있겠지만 지금은 전쟁에서 졌으니 제가 한 말은 오히려 원소의 잘못을 확실하게 지적한 셈이 되었습니다. 저는 분명히 살아남기 어려울 겁니다." 과연 원소는 돌아오는 길에 좌우의 부하들에게 이렇게 말했다. "내가 전풍의 말을 듣지 않다가 졌으니 이제 돌아가면 그에게 비웃음만 당하겠군." 말을 마친 그는 자신이 도착하기도 전에 자신의 보검과 함께 부하를 보내 전풍에게 자결하도록 명했다.

명언의 역사적 사례

기원전 225년 진 시황(秦始皇) 영정(嬴政, 진시황의 이름—역주)은 대장군 왕전(王翦)을 원수로 삼고 그에게 60만 대군을 주어 초나라를 토벌하도록 명했다. 그리고 친히 왕전을 파상(灞上)까지 배웅해주었다. 길을 떠나기 전에 황제가 베풀어준 술자리에서 왕전은 진 시황에게 많은 전답과 호화로운 집을 요청했다. 그러자 진 시황이 말했다. "장군, 걱정 마시게. 설마 장군을 가난하게 살도록 내버려둘까 봐 걱정인거요?" 이에 왕전이 말했다. "저는 대왕님의 장군으로서 전공을 세우기는 했으나 결국 귀족으로 봉해지지 않았습니다. 지금 대왕께서 저를 이렇게 중용해 주시니 이 기회를 이용해 전답을 하사해 주십사 하는 것입니다. 저도 제 자손에게 물려줄 유산은 있어야 하지 않겠습니까?" 진 시황은 그의 말을 듣더니 너털웃음을 그치지 못했다. 왕전은 군대를 이끌고 무관(武關)에 도착했다. 그런데 그는 그곳에서도 다섯 번이나 자녀들을 장안으로 보내 진 시황에게 전지(田地)를 구했다. 그의 부장 몽무(蒙武)는 그런 왕전의 모습이 이해되지 않아 그 이유를 물었다. "왕 장군, 전답과 집을 구하는 데 너무 집착하시는 것 아닙니까?" 그러자 왕전이 대답했다. "사실은 그런 것이 아닐세. 대왕은 겉으로 볼 때는 도량이 큰 것 같지만 속으로는 샘을 잘 내고 인정이 없고 쌀쌀맞으신 분일세. 대왕께서는 지금 전군을 나 한 사람에게 위임해 지휘하게 명령하셨네. 그러니 내가 자손에게 물려줄 유산을 꼬투리로 잡아 전답과 집을 내려주십사 간청하면서 대왕을 위해 힘껏 노력하고 있다는 걸 보여 줘야만 대왕께서는 아무 이유 없이 나를 의심하지 않으실 것이네." 몽무는 그제야 이해했다는 듯 대답했다. "노장군의 고견은 정말 저로서는 생각해낼 수 없는 생각입니다."

『천자문(千字文)』에 "기전파목(起剪頗牧) 용군최정(用軍最精)"이라는 말이 있다. 다시 말해 전국 시대에 전략과 군사를 가장 잘 사용한 장군 네 명은 백기(白起)·왕전(王剪)·염파(廉頗)·이목(李牧)이라는 뜻이다. 하지만 그들의 최후를 보면 이목과 백기는 공이 큰 것으로 말미암아 오히려 군주의 시샘과 질투를 받아 결국 자기 군주의 손에 죽었고 염파는 뜻을 이해받지 못해 타향에서 객사했다. 이 네 명 가운데 오직 왕전만이 결말이 좋아 자신의 고향집에서 노년을 편안히 보냈을 뿐이다. 이는 전부 그가 자기 보호 전략을 적절히 구사한 덕분이라고 할 수 있겠다.

011
마음이 어지러워지다
方寸已亂(방촌이란)

서서(徐庶, 자는 원직(元直))가 말했다. "제가 사군(使君)과 함께 천하 쟁패를 도모했던 것은 저의 이 마음을 믿었기 때문이었습니다. 그러나 지금은 노모의 일로 제 마음이 이미 어지러워졌습니다. 비록 이곳에 남아 있다 할지라도 사군께 도움이 되지 않을 것입니다. 그러하니 사군께서는 다른 고명한 인재를 구하셔서 공을 보좌케 하시고 대업을 이루어 나가시는 것이 좋겠습니다. 어찌 이리 속상해 하십니까?"

영천 사람 서서는 유비의 군사가 된 후 모략이 많고 상황 판단이 빠르며 일 처리가 귀신같아 유비에게 크게 신임을 받았다. 그는 한번은 팔문금쇄진(八門金鎖陣)을 깨뜨리고 조조의 관병을 대파하기도 했다. 이 승부에 굴복할 수 없던 조조의 장수 조인(曹仁)은 한밤중에 몰래 군사를 일으켜 신야(新野)의 군영을 기습했다. 그러나 서서는 이 계략마저도 예상하고 조인이 번성(樊城)을 떠나길 기다렸다가 곧장 주인 없는 성으로 쳐들어갔다. 그 결과 조인은 다시 승부를 내기는커녕 번성마저 잃어버리고 허창으로 퇴각해야만 했다.

조조는 필시 유능한 인재가 유비를 돕고 있는 것이라 추측하고 정탐꾼을 보냈다. 그랬더니 역시나 서서란 사람이 유비 곁에서 돕고 있었다. 유비에게서 서서를 떼어내고 자신에게 오게 하려는 조조에게 모사 정욱이 계략을 하나 냈다. 바로 그날 밤 조조의 부하 한 명이 밤새 말을 달려 영천에 있는 서서의 모친을 허창으로 모셔왔다. 그리고 정욱의 꾀로 모친의 필적을 얻어내 그 글씨체를 감쪽같이 모방해서는 서서 모친의 명의로 된 편지 한 통을 위조해 냈다. 그 후 그는 심복 한 명을 신야에 보내 서서에게 그 편지를 전하도록 했다. 과연 어머니에 대한 효심이 아주 지극했던 서서는 편지를 보자 폭포수 같은 눈물을 흘렸다. 그는 바로 유비를 찾아가 간청했다. "제가 본래 장군과 함께 천하 쟁패를 도모했던 것은 저의 이 마음을 믿었기 때문이었습니다. 그런데 지금 노모가 조조의 군영에서 위험에 처해 계시다 하니 제 마음이 이미 어지러워졌습니다. 비록 이곳에 남아 있다 할지라도 장군께 도움이 되지 못할 것입니다. 제가 떠나도록 허락해 주십시오."

유비는 물론 그를 잃고 싶은 생각은 추호도 없었지만 그렇다고 그를 억지로 남아 있게 할 수도 없었다. 며칠 후 두 사람은 서로 눈물을 흘리며 이별했다. 그러나 서서가 조조의 군영에 도착하자 음모의 진상은 백일하에 드러났다. 서서의 노모는 자신이 발단이 되어 아들의 앞길을 그르쳤다는 것이 너무 분해 목을 매어 죽었고 서서는 자신이 속았다는 것을 알고 조조를 증오하게 되었다. 그러나 다시 유비에게 돌아갈 수가 없었기에 앞으로 조조를 위해서라면 어떤 계책도 내지 않겠다고 스스로 맹세했다. 조조는 비록 계책을 써서 서서를 얻을 수 있었지만 서서는 그를 위해 아무런 힘도 써주지 않았다.

명언의 역사적 사례

조착(晁錯)은 서한 문경 시대(文景時代, 문제(文帝)와 경제(景帝)가 다스리던 중국 3대 태평성세의 하나—역주)의 저명한 정치가로 어린 시절에는 법가 학설을 배웠고 후에는 금문(金文, 은·주·진·한 대에 동으로 그릇을 주조해 새겨 넣은 문자—역주)으로 된 『상서(尙書)』를 배웠으며, 태자사인(太子舍人, 태자가 머무는 동궁의 시위 겸 비서—역주)과 문대부(門大夫, 동궁의 궁문 관리직—역주)를 지냈다. 하지만 나중에는 관직이 박사(博士)에까지 올라 당시 태자였던 유계(劉啓), 즉 경제의 신임과 사랑을 한 몸에 받았다. 유계는 그를 '지혜 주머니'라고 불렀다.

경제가 즉위한 후 내사(內史)로 지위가 오른 조착은 얼마 후 곧 어사대부를 맡으며 나라에 꼭 필요한 중신으로 자리매김했다. 그는 중앙집권제를 공고히 하려면 같은 성씨의 제후가 소유하고 있는 봉지를 몰수해야 한다고 주장했다. 결국 그의 건의를 받아들인 경제는 오왕(吳王) 비(濞)의 봉지를 몰수하려고 했다. 그러자 경제 3년(기원전 154년)에 오·초 등 일곱 나라가 "조착을 죽이고 임금의 측근을 깨끗이 하겠다."라는 명분을 내세워 한꺼번에 대규모 반란을 일으켰다. 이렇게 칠국의 난이 발생하자 조정과 민간은 크게 놀랐고 여론은 떠들썩했다. 경제와 신하들은 군대를 곳곳으로 이동시키는 한편 대책을 상의했다.

이때 원앙(袁盎)이라는 사람이 나서서 경제에게 건의했다. "오·초 두 나라는 사실 모반할 만한 능력이 없습니다. 그들은 재력이 넉넉한 것도 아니고 세력이 강한 것도 아니며, 게다가 사람도 많지 않습니다. 그들은 이번 일을 위해 큰돈을 주고 군사를 사들였습니다. 사실 도의라고는 눈곱만큼도 생각지 않고 오로지 돈만 바라는 이런 무뢰배들이 모여서 무슨 성공을 할 수 있겠습니까? 그들이 모반을 일으킨 진짜 이유는 조착이 폐하를 부추겨 봉지를 몰수하게 했기 때문입니다. 그러니 조착을 죽이고 몰수했던 봉지를 돌려주기만 하면 칼에 피 한 방울 묻히지 않고 반란군을 평정할 수 있습니다."

이때는 아마도 경제의 마음이 많이 어지러웠던 때인 듯하다. 그는 원앙의 건의를 듣자마자 바로 조착을 끌어다가 장안 동쪽 시장에서 공개적으로 요참(腰斬)에 처했다. 그리고 조착의 부모·처·친척까지 남녀노소를 불문하고 모두 사형에 처했다. 그러나 조착이 희생된 후에도 칠국의 난은 전혀 가라앉지 않았다. 결국 명장 주아부(周亞夫)를 파견한 후에야 겨우 반란군을 평정할 수 있었다.

012
하늘을 다스리고 땅을 다스리다
經天緯地(경천위지)

서서가 말했다. "저와 그 사람을 비교하는 것은 둔한 말과 기린을 비교하는 것 혹은 갈까마귀와 봉황을 비교하는 것이나 마찬가지입니다. 그 사람은 항상 자신을 관중이나 악의에 비교하지만 제가 볼 때는 오히려 관중, 악의가 이 사람에게 못 미쳐도 한참 못 미칩니다. 이 사람은 하늘과 땅을 다스릴 수 있는 재능을 갖추고 있습니다. 이런 사람은 천하에 그 사람 하나뿐일 겁니다!"

서서가 작별을 고하자 유비가 서서의 손을 붙잡고 말했다. "선생께서 이렇게 가시면 선생과 저는 하늘의 이쪽과 저쪽에 떨어져 언제 다시 만날지 모르겠군요." 말을 끝맺자마자 유비는 또 한바탕 통곡을 하며 눈물을 흘렸다. 무거운 마음으로 그와 헤어진 서서는 몇 리쯤 갔다가 다시 돌아와 유비에게 말했다. "제가 한 가지 아주 중요한 일을 잊었습니다. 장군, 양양성에서 20리 떨어진 융중(隆中)에 제갈량(諸葛亮)이라고 하는 천하의 기재(奇才)가 살고 있습니다. 장군께서 그 분을 한번 만나보십시오." 그러자 유비가 말했다. "당연히

패자의 꿈을 꾸다, 삼국지 **167**

만나 뵙고 싶지만 그 분께서 선생보다 나은 분인지 모르겠군요." 이에 서서가 말했다. "그 분은 고개를 들면 하늘의 천문을 알고 고개를 숙이면 땅의 지리를 관찰할 수 있으며 사람의 얼굴을 보면 마음을 알 수 있는 천하에 제일가는 인재입니다. 만일 그 분께서 융중을 나와 장군을 도와주신다면 장군이 천하를 얻는 것은 따 놓은 당상입니다."

서서가 이렇게 제갈량을 잘 알고 있는 것을 보자 유비는 수고스럽겠지만 서서가 자신대신 제갈량에게 가서 말을 전해주었으면 했다. 그러나 서서는 고개를 흔들며 말했다. "이런 인재는 장군께서 직접 가서서 청해 오는 수밖에 없습니다. 그 분이 융중을 나설지 아닐지는 오직 장군의 성의에 달려 있습니다." 서서는 여기까지 말을 마치자 바로 말을 달려 자기 길을 떠났다. 이 대화는 유비의 삼고초려 고사를 탄생케 한 삼국지 속 유명한 대화이다.

명언의 역사적 사례

범려(范蠡)는 춘추전국 시대 말기 사람이다. 그는 비록 비천한 가문 출신이었지만 젊은 시절에 다섯 수레나 되는 책을 읽어 머릿속이 경전과 이론들로 가득했다. 494년 월 왕 구천(句踐)은 오 왕 부차(夫差)와 벌인 전쟁에서 크게 패해 겨우 병사 5천 명만을 이끌고 근처 회계산(會稽山)으로 도망쳤다. 그때 월나라에 몸을 의탁해 구천의 신하로 있던 범려는 비참한 말로를 맞은 구천에게 잠시의 수치를 참고 자신의 책임을 감당하며 재기의 그 날을 만들어 가라고 충고했다. 그리고 이때에 자신의 신분을 낮추고 자발적으로 오 왕을 섬기며 복수할 수 있는 좋은 기회를 잡으라고 간언했다. 구천은 그의 건의를 받아들여 신분을 낮추고 오나라에서 삼 년간 노비 생활을 했다. 심지어 오 왕의 경계심을 풀고 신임을 얻기 위해 그의 분뇨를 맛보는 것도 주저하지 않았다. 범려 역시 그동안 구천 옆에서 함께 생활하며 여러 방법으로 오 왕의 환심을 사두었다. 마침내 오왕은 마침내 구천에게 의심의 눈길을 거두고 그를 월나라로 돌려보냈다.

귀국한 구천은 곧바로 범려와 대부 문종(文種)과 함께 월을 중흥시키고 오를 멸망시킬 계책을 세웠다. 다시 말해서 전란으로 파괴된 월나라의 경제를 회복시키고 출산을 장려하며 군사력을 기르는 한편으로, 월나라의 아름다운 미녀 서시(西施)를 오 왕에게 바쳐 오 왕을 미혹시킨다는 계책이었다. 그리하여 차근차근 복수의 준비를 해오던 월 왕은 마침내 오나라를 단번에 멸망시키고 그동안의 모든 치욕을 씻을 수 있었다. 이때 범려가 월나라에 세운 공헌은 제갈량이 촉한을 위해 세운 공헌에 결코 뒤지지 않는다고 할 수 있겠다.

한편 범려는 구천과 오랫동안 함께하며 그가 '어려움은 함께 할 수 있지만 부귀는 함께 할 수 없는' 사람이라는 것을 알게 되었다. 그래서 그는 월나라가 거국적인 축하 잔치를 벌일 때 몰래 문종을 불러 말했다. "문종 어르신, 옛 말에 자고로 나는 새가 사라지면 좋은 활이 창고에 버려지고 교활한 토끼를 죽인 후에는 사냥개를 삶아 먹는다라고 했습니다. 이제 오나라를 물리친 지금 우리는 구천한테 좋은 활과 사냥개와 같으니 이제 관직을 용퇴하고 강호로 물러나 함께 은거하십시다." 그러나 곧 다가올 부귀영화에 눈이 먼 문종은 그의 제안을 달가워하지 않았다. 결국 범려는 혼자 일엽편주를 타고 바람처럼 그곳을 떠나 오호(五湖)를 유람했다. 훗날 문종은 과연 범려의 예상대로 월 왕에게 죽임을 당하고 말았다.

제나라로 간 범려는 이름과 성을 바꾸고 장사를 시작했다. 수완이 뛰어난 그는 얼마 지나지 않아 1천만에 이르는 가산을 모았다. 이 이야기를 들은 제왕이 그를 상국으로 임명해 범려는 삼 년을 제나라에서 일했다. 그러나 다시 관직을 버리고 떠나 정도(定陶)에 이르렀다. 그곳에서 다시 장사를 시작한 그는 이번에도 몇 년이 채 안 되어 거부가 되었다. 그러자 세상 사람들은 그를 '도주공(陶朱公)'이라 부르며 재물신으로 모셨다.

범려의 일생을 볼 때 그는 모사로서 몰락한 한 나라를 부흥시키는 신출귀몰한 지략을 갖추고 있었다. 또한 신하로서 군주의 탐욕스럽고 사나운 본성을 일치감치 꿰뚫어보는 혜안이 있었다. 그는 관직으로는 재상에 이르렀으며 뛰어난 사업 수완으로는 천금을 얻는 거부가 되었다. 만일 범려에게 하늘과 땅을 다스릴 만한 재주가 없었다면 전국 시대라는 혼란기에 이처럼 자유자재한 삶을 산다는 것은 불가능했을 것이다.

013
초가집을 세 번 방문한다
三顧草廬(삼고초려)

사마휘는(司馬徽) 명사를 재차 추천했고 유현덕은 초가집을 세 번 방문했다.

제갈량은 젊은 시절 부친을 여의고 숙부 제갈현(諸葛玄)에게 의지해 자랐다. 그러나 16세가 되던 해에 숙부마저도 세상을 떠나자 양양성 서쪽의 융중에 전답을 마련하고 그곳에 몇 칸짜리 집을 지어 손수 농사짓고 책을 읽으며 살고 있었다. 융중에서 10년을 사는 동안 방대한 양의 경서와 역사 서적, 제자백가의 저작을 읽은 제갈량은 어느덧 정치·군사·역사 방면에 있어 풍부한 지식을 갖추게 되었다. 특히 그는 당시의 정치 형세를 매우 주의 깊게 관찰하고 연구하며 점점 자신만의 독특한 정치적 견해를 형성했다.

관도 대전에서 원소를 물리친 조조는 그 후 유비도 크게 물리쳤다. 유비는 친척인 유표에게 몸을 의탁하며 관우·장비와 같이 신야(新野)라는 작은 현에 주둔할 수밖에 없었다. 한편 유비는 서서를 떠나보낼 때 그에게서 남양(南陽)에 은거하는 제갈량이 뛰어난 인재라는 이야기를 들었다. 그는 곧 선물을 들고 관우 형제들과 융중에 있는 제갈량을 찾았다. 그런데 가는 날이 장날이라더니 하필이면 유비 일행이 제갈량의 집에 도착하기 바로 전에 제갈량이 여행을 떠날 줄 누가 알았으랴? 유비를 맞은 서동은 제갈량이 언제 돌아올지 정확히 알 수 없다고 말했다. 유비는 아쉬운 발걸음을 돌려야 했다.

유비와 관우, 장비는 며칠 후 함박눈을 맞으며 다시 제갈량의 집을 찾았다. 마침 한 청년이 책을 읽는 모습을 보고 그가 바로 제갈량이라 생각한 유비는 얼른 달려가 인사를 올렸다. 그러나 그 청년은 제갈량이 아니라 그의 동생이었다. 유비는 이번에도 제갈량이 친구의 초청으로 외출했다는 말을 들었다. 그는 매우 실망했지만 제갈량의 보좌를 받기를 간절히 바란다는 편지 한 통만 남겨둔 채 돌아올 수밖에 없었다.

시간은 쏜살같이 지나가 어느덧 새해가 되었다. 유비는 좋은 날을 골라 다시 융중을 찾았다. 이번에는 마침 다행히도 제갈량이 집에서 잠을 자고 있었다. 유비는 관우와 장비를 문 밖에서 기다리게 하고 자신은 돌계단 아래에 조용히 서서 제갈량이 깨어나기만을 기다렸다. 한참이 지나 드디어 제갈량이 잠에서 깨어났다. 유비의 정성을 본 제갈량은 마침내 유비에게 천하의 형세를 분석해 주었다. 유비는 그의 견해에 매우 탄복하며 융중을 나와 자신을 도와줄 것을 부탁했다. 제갈량은 삼고초려 만에 드디어 유비의 요청을 응낙했다.

명언의 역사적 사례

서한을 건립한 유방(劉邦)은 태자 유영(劉盈)이 늘 불만스러웠다. 이 문제를 놓고 고민하던 차에 유방이 한번은 궁 안에서 연회를 열어 유영도 술자리에 참석하게 했다. 이때 유영은 상산사호(商山四皓)를 손님으로 초청해 함께 입궁했다. 유방은 연회장에서 나이 지긋한 선비 네 명이 태자 곁에서 수종을 드는 것을 보았다. 그들은 모두 눈썹과 수염, 머리가 하얗고 옷차림도 속되지 않으며 아주 기품 있는 모습이었다. 유방은 유영에게 그들이 누구인지 물었다.

알고 보니 그 네 사람은 당시 유명하던 은사(隱士) 상산사호 동원공(東圓公)·기리계(綺里季)·하황공(夏黃公)·록리(甪里) 선생이었다. 그들은 그동안 속된 세상을 등지고 난을 피해 오래도록 산중에 기거하고 있었다. 유방도 오래 전부터 그들을 존경해 왔던 터라 산속을 나와 관직을 맡아 달라고 여러 차례 그들을 초청했지만 매번 거절만 당했었다. 그런데 그러했던 상산사호 네 명이 전부 궁중까지 와서 예를 행하며 자기 이름을 고하는 것이 아닌가! 그들의 소개를 듣던 유방은 매우 놀랍기도 하고 또 이해가 잘 되지 않기도 해 물었다. "그동안 여러분을 수차례 초청했으나 나를 피하시더니 오늘은 어찌 손님으로 오셨소?" 상산사호가 대답했다. "폐하께서는 선비를 무시하시기에 소신들은 수치를 당하지 말자고 약조했습니다. 그래서 부름을 받으면 두려워 숨기에 바빴습니다. 하지만 태자는 인자하고 선비들을 사랑하고 공경하는 분입니다. 저희에게도 여러 차례 사람을 보내 산을 나와 달라고 삼고초려하시기에 이번에 태자를 따라나섰습니다."

유방은 그들이 산을 나선 이유를 듣고 깜짝 놀랐다. 그리고 태자가 훌륭한 인품의 선비들에게서 가르침을 받을 수 있는 인물임을 깨닫고 더는 태자를 바꾸려 하지 않았다.

014
엎어진 둥지 아래
성한 알이 있겠는가
覆巢之下 安有完卵(복소지하 안유완란)

좌우의 수종들이 급히 소식을 알렸다. "존군(尊君, 자신이나 상대의 부모를 지칭하는 말—역주)께서 조정의 군사들에게 잡혀가셨으니 곧 참수당해 돌아가실 겁니다! 두 공자께서는 어찌하여 빨리 피하지 않으십니까?" 두 아들이 말했다. "엎어진 둥지 아래 성한 알이 남아 있겠습니까?"

동한 말년, 북해 태수 공융은 훗날 조조를 도와 태중대부(太中大夫) 직을 맡았다. 건안 13년(208년) 조조가 대군을 이끌고 남쪽의 유표와 손권을 정벌하려 하자 공융은 출병하지 말라고 간언했다. 그는 조조에게 이렇게 말했다. "유비와 유표는 한나라 황실의 자손이니 함부로 토벌해서는 안 됩니다. 또, 손권은 강남의 6군에 호랑이 같은 기세로 자리 잡고 있고, 장강을 건너려면 많은 위험 요소가 도사리고 있어 공격하기가 쉽지 않습니다. 게다가 승상께서 불의한 명분으로 군사를 일으키신다면 세상 사람들이 실망할까 두렵습니다." 그 말에 크게 노한 조조가 대답했다. "유비·유표·손권은 모두 조정의 역적이요! 어찌 토벌하지 않겠소!" 승상 관저를 나온 공융은 하늘을 우러러 장탄식했다. "인의와 도의가 전혀 없는 자가 인의와 도의로 충만한 자를 토벌하겠다니 어찌 그 싸움에서 패하지 않을까!"

그런데 생각지도 못하게 하필이면 평소 그와 사이가 좋지 않은 어사대부 극려(郄慮)의 귀에 이 말이 들어갔다. 그는 곧장 조조에게 달려가 공융의 말을 한껏 부풀려 보고했다. 이에 대노한 조조는 공융의 전 가족을 잡아 몰살시키라고 명을 내렸다. 조조의 군사들이 몰려와 공융을 잡아가자 집 안팎에 있던 사람들은 전부 공포에 떨었다. 하지만 겨우 여덟아홉 살 먹은 그의 두 아들만은 자기 놀던 곳에서 천진난만하게 바둑을 두었다.

그 모습을 본 한 사람이 아이들이 아직 철이 없어 큰 재난이 닥쳤는데 아무 것도 모르고 있다 여기고 그들에게 얼른 도망치라고 몰래 일러 주었다. 그런데 이게 웬일인가? 아이들은 전혀 놀라지도 또 두려워하지도 않아 하면서 말했다. "조조의 군사가 우리라고 봐주진 않을 겁니다. 엎어진 둥지 아래 깨지지 않은 알이 있겠습니까?" 결국 두 아들을 포함한 공융의 전 가족은 모두 처참한 죽음을 당했다.

명언의 역사적 사례

남북조 말기에 중국의 북쪽을 통일한 수 문제 양견은 강남의 진(晉)을 무너뜨리려 다시 군대를 이끌고 남으로 내려갔다. 그런데 진의 후주(後主) 진숙보(陳叔寶)는 험준한 장강의 천연적 이점만 믿고 양견이 공격해 온다는 소식에도 코웃음을 치며 연일 연회를 열어 비빈들과 향락을 즐겼다. 한편 진 후주의 여동생 악창(樂昌) 공주를 아내로 둔 태자사인(太子舍人) 서덕언(徐德言)은 나라가 망하고 백성이 죽임을 당할 위기가 눈앞에 닥친 것을 알고 아내에게 말했다. "수나라 군대는 분명히 우리 도성을 깨뜨릴 거요. 옛말에 '엎어진 둥지 아래 성한 알이 없다'고 했으니 당신이나 나나 자기 몸 하나 간수하기 힘들 것이오. 어쩌면 우리는 영원히 만나지 못할 지도 모르오. 만일 우리 인연이 다하지 않는다면 편지라도 나눌 수 있었으면 좋겠소. 서로 정표를 나눠 가지고 증거를 삼는 것이 좋겠소." 말을 마친 서덕언은 청동 거울을 하나 꺼내 반으로 깨뜨리고 아내와 하나씩 나눠 가졌다. 그러고서 서덕언은 악창 공주에게 해마다 정월 보름이 되면 낙양에 서는 시장에 나와서 그 반쪽짜리 거울을 팔라고 했다.

그로부터 얼마 지나지 않아 양견이 군대를 이끌고 도착해 진나라 도성 건강을 공격했다. 서덕언은 홀로 건강을 빠져나와 도망쳤고 악창 공주는 수나라 군대에 잡혀 수나라의 도성 낙양으로 보내졌다. 그 후 악창 공주는 수나라 대신 양소(楊素)의 첩이 되었다. 악창 공주와 헤어진 서덕언은 그 후 천신만고 끝에 낙양에 도착했다. 새해 정월 보름 그날 서덕언이 낙양의 시장에 가 보니, 과연 반쪽짜리 청동 거울을 들고 손님을 부르는 사람이 있었다. 하지만 그 사람은 악창 공주가 아닌 어느 대갓집 하인인 듯한 사람이었다. 크게 실망한 서덕언은 그에게 다가가 그 거울 뒷면에 시 한 수를 적었다.

경여인구거(鏡與人俱去)
경귀이불귀(鏡歸人不歸)
무복상아영(無復嫦娥影)

공류명월휘(空留明月輝)

거울하고 사람은 같이 떠났는데
거울만 돌아오고 사람은 돌아오지 않았구나.
달에 산다는 상아의 모습은 다시 보이지 않고
허황한 달빛만이 비치네!

한편 거울 뒷면에 적힌 시를 보고 깜짝 놀란 악창 공주는 양소에게 자신과 남편이 헤어지기 전에 거울을 깨뜨려 정표를 삼은 이야기를 털어놓았다. 이에 크게 감동한 양소는 사람을 풀어 서덕언을 찾아 데려왔고 많은 예물을 주어 그들 부부를 정중히 돌려보냈다. 이렇게 강남으로 돌아온 두 사람은 서로 사랑하며 백년해로했다.

015
간과 뇌를 땅에 쏟다
肝腦塗地(간뇌도지)

조운은 얼른 땅에 엎드려 아두(阿斗)를 안아 들었다. 그는 흐느끼며 말했다. "조운은 비록 간과 뇌를 땅에 쏟아 생명을 버린다 할지라도 주공의 은혜를 갚을 수 없습니다!"

신야의 일전에서 유비는 적은 군사를 이끌고 조조의 대군을 물리쳤다. 그러자 조조는 패배를 설욕하려고 다시 50만 대군을 이끌고 유비를 공격해 왔다. 유비는 힘겨운 공방전을 벌인 끝에야 간신히 조나라 군사를 피해 도망칠 수 있었다. 한편 유비의 집안 식구들을 호위하던 조운은 그 다음날 새벽, 날이 밝을 때까지 조나라 군과 사투를 벌이느라 감(甘)씨 · 미(糜)씨 부인과 아두와 떨어지게 되었다. 게다가 유비의 행방마저 묘연했다. 조운은 속으로 생각했다. '주군께서 감 부인과 미 부인, 작은 주인님을 내게 맡기시면서 가족들을 잘 보호하라고 하셨지. 그런데 오늘 전쟁 통에 주군의 가족을 지키지 못하고 잃어버렸으니 무슨 면목으로 주군을 뵌단 말인가? 지금부터 죽기 살기로

찾아보자. 무슨 일이 있더라도 두 부인과 아두가 어떻게 되었는지 알아내야 해!'

그리하여 조운은 기병 3, 40여 명을 데리고 어지러운 전쟁터의 사방을 헤매며 유비의 가족들을 찾았다. 그러던 중에 마침내 무너진 벽 뒤편의 한 말라 붙은 우물가에서 미부인 모자를 찾을 수 있었다. 미부인은 조운을 만나자 아두를 맡기고는 순식간에 우물에 몸을 던져 스스로 목숨을 끊었다. 조운은 눈물을 머금고 담을 무너뜨려 부인을 묻고 아두를 품에 안아 들었다. 바로 그때 조조군 장수 하나가 조운에게 달려들었다. 그러나 그는 단 삼 합을 겨루고는 조운의 손에 죽었다. 조운은 얼마 가지 못해서 또 다시 조조군 장수 장합(張郃)과 맞닥뜨렸다. 장합과 어울려 10여 합을 싸우던 조운은 얼른 다른 길을 찾아 도망쳤다. 그런데 예상치 못하게도 말과 함께 함정에 빠지고 말았다. 번쩍 치켜든 장합의 창은 당장이라도 조운을 향해 내리꽂힐 기세였다. 그 찰나 조운의 말이 갑자기 허공을 디디며 함정을 훌쩍 뛰어넘었다. 장합은 깜짝 놀라 뒤로 물러설 수밖에 없었다.

조운은 유비의 다른 장수들과 힘을 합해 조조군에 대항하며 용맹스러운 기세를 한껏 떨쳤다. 산 위에서 전쟁 상황을 지켜보던 조조는 이러한 조운의 모습에 주목했다. 그의 무공에 감탄한 조조는 모든 장수에게 반드시 조운을 생포하라는 명령을 내렸다. 조운은 다행히 이 기회를 이용해 포위망을 뚫고 도망쳐 마침내 유비를 찾아냈다. 조운은 말에서 내리자마자 얼른 갑옷을 풀었다. 그의 품속에서는 아두가 세상모르고 곤히 자고 있었다. 조운은 그 모습을 보더니 "공자께서 무사하시니 다행입니다."라고 말하며 기뻐했다.

조운은 아두를 두 손으로 조심스레 안아 유비에게 바쳤다. 그런데 유비는 받아든 아두를 땅에 내동댕이치는 것이 아닌가! "이 아이 하나 때문에 내 귀중한 장수를 잃을 뻔했다니!" 조운은 얼른 땅에 엎드려 아두를 안아들었다. 그는 크게 감동해 흐느끼며 말했다. "조운은 비록 간과 뇌를 땅에 쏟아 생명을 버린다 할지라도 주공께서 저를 알아주신 그 은혜를 갚을 수 없습니다!"

이후로 조운은 더욱 충성스럽게 유비를 섬겼다.

명언의 역사적 사례

남송 말년, 원나라가 대군을 이끌고 송을 공격해 왔다. 항원(抗元) 대장 문천상은 군사를 거느리고 해풍(海豊)으로 퇴각하다가 원나라 장수 장홍범(張弘范)에게 공격을 받아 패해 포로로 잡혀 애산(崖山)으로 압송되었다. 축하연을 준비한 장홍범은 휘하의 장수들을 불러 모으고 그 자리에 문천상을 손님으로 청했다. 연회 자리에서 장홍범이 문천상에게 말했다. "지금 송나라 왕조는 멸망하고 있으니 승상께서도 마지막 충성을 다 한 셈이십니다. 승상께서 마음을 돌리고 우리 대 원제국의 황제께 투항만 하신다면 우리 황제께서도 승상의 자리는 계속 보존해 주실 것입니다." 그러자 문천상은 눈물을 흘리며 대답했다. "나라가 망하고 백성들이 죽게 되었으니 송나라의 대신인 저는 간과 뇌를 땅에 쏟으며 조정에 보답해야 하는 것이 마땅합니다. 어찌 자기 목숨 하나만 살 길을 찾겠습니까?" 그러나 장홍범은 그의 말을 들은 체도 하지 않고 오히려 바다에서 계속 원나라에 항전하고 있는 장세걸(張世傑) 장군에게 원에 투항하라고 권고하는 편지를 쓰도록 강요했다. 그러자 문천상은 과거에 자신이 썼던 〈과령정양(過零丁洋)〉이라는 시를 적어 장홍범에게 주었다. 장홍범은 그의 글을 읽다가 "인생이라면 예부터 누군들 죽지 않았겠는가? 오직 일편단심만을 남겨 역사를 빛내리(人生自古誰無死 留取丹心照汗青)."라는 두 구절에 감동해 더는 문천상에게 투항을 강요하지 않았다. 남송이 멸망한 후 장홍범은 원나라 세조(世祖)에게 문천상을 어떻게 처리할 것인지 물었다. 원 세조는 "어느 집안엔들 충신이 없겠나?"라고 말하며 문천상에게 예의를 갖춰 대하고 대도(大都, 지금의 베이징北京)로 보내 회동관(會同館)에 연금한 뒤 계속 투항을 권유하도록 했다.

사실 처음에 원 세조는 원에 이미 투항한 과거 남송의 좌승상(左丞相) 유몽염(留夢炎)을 보내어 문천상에게 투항을 권유할 생각이었다. 그러나 문천상이 자기를 보자마자 불같이 화를 내는 바람에 유몽염은 화가 머리끝까지 나서 씩씩거리며 돌아왔다. 원 세조는 이번에는 원에 투항한 송의 공제(恭帝) 조현(趙顯)을 보내 투항을 권유하려 했다. 그러자 문천상은 북쪽을 향해 무릎을 꿇고 통곡하며 조현에게 말했다. "대왕께서는 제발 돌아가 주십시오!" 이에 조현도 더는 할 말이 없어 불쾌한 마음을 안고 발걸음을 돌렸다.

1282년, 원 세조는 결국 문천상을 처형하라고 명령했다. 문천상은 아주 담담한 모습으로 순국했으며 당시 그의 나이는 겨우 47세였다.

016
짚을 실은 배로 화살을 빌다
草船借箭(초선차전)

공명은 기이한 계략으로 화살을 빌렸으며 황개는 비밀스런 계책을 올려 형을 받았다.

손권과 유비는 서로 연합해서 조조에게 대항하기로 하고, 제갈량이 강동에 남아 전쟁 준비를 도왔다. 하지만 강동의 주장(主將)인 주유는 제갈량을 몹시도 질투하고 미워했다. 그리고 항상 기회만 있으면 제갈량을 없애려고 했다.

한번은 주유가 제갈량에게 열흘 안에 화살 10만 개를 만들도록 명했다. 그런데 제갈량은 그의 무리한 요구에 선뜻 응했을 뿐만 아니라 기한도 열흘이 아닌 사흘로 앞당겼다. 제갈량은 이를 위해 노숙에게서 빠른 배 20여 척과 군사 600명을 빌렸다. 그리고 배를 천으로 두른 채 배의 양편에 볏짚 묶음을 가득 쌓아 놓도록 했다.

드디어 기한으로 정한 사흘째 되는 날 아침, 아직 날이 밝지 않았는데 제갈량은 사람을 보내 노숙을 불러서는 함께 배에 올랐다. 그리고 병사들에게 배 20척을 긴 밧줄로 묶어 연결하고 조조의 군영이 있는 강북까지 계속 배를 저어 가도록 명했다. 그때 장강은 안개가 자욱하게 끼어 강 건너편에 있는 사람도 보이지 않는 지경이었다. 조조 군영 가까이에 다가간 제갈량은 병사들에게 선수(船首)는 동쪽, 선미(船尾)는 서쪽을 향하도록 일자로 늘어서게 한 후 북을 치며 함성을 지르라고 명했다.

자욱한 안개로 무슨 일이 일어났는지 짐작조차 할 수 없었던 조조는 감히 병사를 내지도 못하고 그저 궁수 6천 명을 불러 강 중앙을 향해 쉬지 말고 화살을 쏘라고 명했다. 한 시간 내내 화살이 빗발치듯 제갈량의 배 20척 위로 쏟아졌고 각 짚단에는 화살이 빽빽이 꽂혔다. 얼마 후 제갈량은 뱃머리를 반대로 돌리라고 명령했다. 그러자 배의 또 다른 면에 놓아둔 짚단이 또 화살로 가득 채워졌다.

태양이 막 떠오르려고 하자 안개도 사라질 기미를 보였다. 그때서야 제갈량은 군사들에게 배를 저어 동오의 군영으로 향하라는 명령을 내리고, 모두 한 목소리로 조조를 향해 외치게 했다. "조 승상, 화살 감사합니다!" 배는 곧 남쪽 강변에 닿았다. 그곳에는 이미 주유가 보낸 군사 500명이 화살을 실어 나르려고 기다리고 있었다. 화살을 다 뽑아보니 전부 12만 개가 넘었다. 주유는 이 보고를 듣고 탄식하며 말했다. "제갈량은 정말 신묘한 수를 가지고 있구나. 나는 제갈량보다 훨씬 못한 사람이다!"

명언의 역사적 사례

항주의 한 고적지에 한 부자(父子)의 묘와 악비 묘가 서로 어울려 빛을 발하고 있다. 아버지는 악비 군영의 용맹스런 장수였고 그 아들은 아버지의 뜻을 이어 그 이름만 들어도 금나라 군이 벌벌 떠는 유명한 장군이 되었다. 그들은 바로 필진(畢進)과 필재우(畢再遇)이다. 이 부자 두 사람 가운데 필재우의 지략과 대범함은 세상 사람들에게 더욱 많은 찬사를 들었다.

1206년 겨울 금나라 군대의 철기는 회하를 건너 장강에서 말에게 물을 먹이고 있었다. 당시 58세의 노장이었던 필재우는 육합(六合)성을 지키며 군대를 이끌고 여러 번 금나라 군대를 격파해 적군의 공격력을 약화시켰다. 이 때문에 금나라 군의 대장인 완안포자(完顔蒲刺)는 화가 머리끝까지 난 상태였다. 그는 곧 10만 대군을 이동시켜 육합성을 겹겹이 에워쌌다. 이에 필재우는 견고한 성벽의 방호물에 의지해 성내 군사와 백성과 함께 용감하게 저항했다. 특히 금나라 군사들이 성을 기어오르려고 하면 궁수들이 그들을 쏘아 죽여 금군에 막대한 피해를 끼쳤다. 결국 금나라 군대는 모든 것을 걸고 최후의 일전을 벌여야만 했다. 비록 그 전투에서 엄청난 손실을 입기는 했지만 여전히 병력상으로는 우세했기에 완안포자는 계속해서 맹공을 펴부었다.

며칠이 지나도록 전투가 계속되자 성내에는 이제 물자가 절반 밖에 남지 않게 되었다. 특히 적을 끈질기게 괴롭힌 화살은 몇 개밖에 남지 않은 지경이었다. 이리하여 육합성은 금나라 군대에 함락당할 중대 위기에 봉착했다. 그날 필재우는 부하들에게 호화로운 해 가리개를 만들게 하고 밤에 이 가리개를 들고서 성벽 안쪽을 한 바퀴 돌라고 명을 내렸다.

한편 성 아래의 완안포자도 그때 마침 '어떻게 하면 성을 함락시킬 수 있을까?'를 놓고 한참동안 고민을 하고 있었다. 그때 갑자기 정탐꾼이 들어와 필재우가 성벽을 따라 돌면서 순시하고 있다고 보고했다. 완안포자는 이 기뻔 소식에 바로 최정예 궁사 부대를 파견해 그 가리개에 집중적으로 화살을 쏘라고 명을 내렸다.

날이 밝을 무렵 가리개가 자취를 감추자 금나라 군대도 그제야 활쏘기를 그쳤다. 완안포자는 밤새도록 집중 공격했으니 틀림없이 필재우가 죽었거나 적어도 부상 정도는 입었을 것이라 생각했다. 그는 이제 육합성 함락은 시간 문제라며 느긋하게 앉아 결과를 기다리기로 했다. 그러나 이런 완안포자의 바람과 달리 육합성 병사들과 백성들은 그때 성 안에 떨어진 화살을 줍고 있었다. 화살을 다 줍고 나서 세어보니 총 20만 개에 달했다.

송나라 군대는 이렇게 생긴 화살로 금나라 군대와 더 치열하게 싸움을 벌일 수 있었고 완안포자도 마침내는 어쩔 수 없이 물러가야 했다.

017
자기 몸을 상해 가면서까지
꾸며 내는 계책
苦肉計(고육계)

주유는 그에게 절을 하며 감사를 표했다. "장군께서 만일 이 고육계를 행하려 하신다면 이는 강동에 천만다행한 일입니다."

적벽대전이 벌어지기 전, 주유는 조조를 깨뜨릴 방법을 고민했다.
 어느 깊은 밤, 노장 황개(黃蓋)가 그의 장막을 찾아와 화공으로 조조를 깨뜨릴 방법을 의논했다. 그러자 주유가 대답했다. "저도 그 방법이 좋다고 생각합니다. 그래서 우리 군에 거짓으로 투항한 채씨 형제를 군말 없이 남겨둔 것이지요. 하지만 우리 편에서 거짓으로 조조 군영에 투항할 사람이 없다는 게 문제입니다." 그러자 황개가 자원해서 그 중책을 맡겠다고 했다. 그날 밤 두 사람이 정한 계책은 바로 '고육계'였다.
 다음날 주유는 회의를 소집하고 각 장군들을 자신의 막사로 불렀다. 그는 장군들에게 삼 개월 치 군량을 나누어 주며 전쟁을 준비하도록 했다. 그러자 황개가 이에 반대하며 말했다. "삼 개월까지 끌 필요도 없습니다. 이달이면 바로 조조를 깨뜨릴 수 있습니다. 그렇게 조조를 깨뜨릴 자신이 없을 바에야 차라리 일찌감치 적군에 투항해 버리는 것이 낫겠습니다!" 주유는 그의 말을 듣고 크게 노해 말했다. "주군의 명을 받들어 전군을 감독하며 적을 깨뜨리려 하는데 감히 군심을 어지럽혀? 어서 황개를 끌어내 목을 쳐라!" 그러나 황개는 두려워하기는커녕 오히려 더욱 반발하며 말했다. "나는 동오에서 삼 대째 중신을 맡은 가문 출신이다. 오나라가 남정 북벌할 때 네놈은 어디서 젖을 먹고 있었느냐?"

상황이 여기까지 치닫자 심각성을 깨달은 장수들은 얼른 무릎을 꿇으며 황개 대신 용서를 구했다. 하지만 주유는 표독스럽게 대답했다. "장군들의 얼굴을 봐서 내 황개 장군의 목숨만은 살려드리지요. 여봐라 황개에게 군장 100대를 때리도록 해라!" 무사들이 곧 황개를 끌어다가 땅에 엎드리게 하고 사정없이 때렸다. 하지만 채 50대도 맞지 않아 황개의 피부는 벌써 찢어지고 살이 터져 선혈이 줄줄 흘러내렸다. 형이 집행되는 동안 황개는 수차례나 기절했다.

그런 후 황개의 오랜 친구 궐택(闕澤)은 미리 짜 놓은 계책대로 황개가 사전에 작성해 놓은 투항서를 들고 조조에게 찾아가 거짓으로 투항을 약속했다. 그로부터 얼마 지나지 않아 조조는 파란 기를 꽂은 배가 바로 황개가 투항하는 배라고 적힌 채씨 형제의 밀서를 받았다. 그러나 황개는 약속 당일 파란 기를 꽂은 배가 아니라 불이 활활 타오르는 배를 끌고 가 조조의 군영에 정면충돌시켰다. 장강은 온통 붉은 불바다로 변했고 쇠사슬로 서로 연결해 놓은 조조의 배 수천 척은 순식간에 잿더미로 변해 버렸다.

명언의 역사적 사례

송나라 말엽 철기를 대거 이끌고 송나라를 침략해 온 금나라의 제4태자 올술(兀術)은 주선진(朱仙鎭)에서 악비와 전쟁을 벌였다. 올술의 양아들인 육문용(陸文龍)은 뛰어난 무공을 자랑하는 자로 스스로 자원해 출전했다. 말에 올라타 창 두 개를 꼬나 잡은 그는 송나라 군에서 쌍추(雙錘, 두 개의 추가 쇠사슬로 연결된 무기―역주)를 사용하는 대장 네 명을 전부 물리쳤다. 그리고 악비의 군대를 막아 적군이 곧바로 진격해 오는 것을 막았다. 바로 그때 악비 군중에서 참군(參軍)을 맡은 왕좌(王佐)는 육문용이 바로 과거 노안주(潞安州) 절도사 육등(陸登)의 아들이라는 것을 알아차렸다.

10여 년 전에 노안주성이 수개월간 금나라 군에 포위되어 있던 동안 육등은 계속해서 완강히 저항했다. 그러나 지원군도 오지 않고 병력도 다해 결국 성은 함락당하고 말았다. 당시 육등 부부는 목숨을 끊어 순국했고, 강보에 싸여 성에 남아 있던 아기가 바로 육문용이었다. 육문용은 유모에게 안겨 도망치다가 불행히도 금나라 군 올술에게 붙들려 양자로 길러진 것이다.

왕좌는 악비에게 자신이 생각해낸 고육계를 알리고 즉각 실행에 옮겼다. 그는 스스로 왼팔을 자른 후 밤새도록 걸어 금나라 군영에 도착했다. 붙들려서 올술 앞에 간 그는 이렇게 말했다. "소신 왕좌는 본래 양요(楊幺)의 부하로서 관직은 차승후(車勝侯)까지 봉해졌습니다. 그러나 양요가 패했기에 저는 악비에게 귀순할 수밖에 없었습니다. 그런데 어젯밤에 막사에서 회의가 열렸을 때 소신이 악비에게 '금나라 군대를 막아내기가 어렵다'라고 간언을 올렸다가 그만 악비의 불같은 노여움을 사 왼팔이 잘리고 말았습니다. 악비는 제게 당장 금나라 군영을 찾아가 악비의 군대가 오늘 금군을 쑥대밭으로 만

들어 놓겠다고 전하라 했습니다." 올술은 그를 매우 동정했다. 그리고 그를 '불쌍한 아들'이라 부르며 자신의 군영에 머무르도록 했다. 왕좌는 이렇게 금나라 군영에서 자유로이 행동할 수 있게 된 기회를 이용해서 육문용의 유모에게 접근했다. 마침내 유모를 만난 그는 자신과 함께 육문용에게 가서 출생의 비밀을 알려 주자고 설득했다. 그리하여 육문용은 출생의 비밀을 알게 되었고 반드시 부모의 원한을 갚겠노라고 결심했다.

그때 금나라 병사들은 커다란 대포들을 운반해 와서 한밤중에 악비의 군영을 공격하려 했다. 그러나 육문용이 이 소식을 종이에 적어 화살에 묶어서 악비 군에 날려 보낸 덕분에 악비 군대는 큰 손실을 면할 수 있었다. 그날 밤 육문용과 왕좌, 유모는 몰래 송나라 군영으로 투항했다. 왕좌의 골육계로 맹장 육문용이 마침내 송나라로 돌아온 것이다. 그 후 육문용은 송나라를 위해 적지 않은 전공을 세웠다.

018
지혜롭고 계략이 많다
足智多謀(족지다모)

조조가 말했다. "사람들은 전부 주유나 제갈량이 지혜롭고 계략이 많다고 말하지만 내가 볼 때는 도대체 무능한 사람들일 뿐이야. 여기에 군사를 매복시켜 놓았더라면 우린 속수무책일 텐데 말이야."

적벽대전에서 조조의 군대는 참패를 당했다. 그는 살아남은 사람 300명을 데리고서 달리는 말에 채찍질 해가며 속히 화용도(華容道)로 퇴각했다. 오경(五更, 오전 3시에서 5시까지 시간—역주)까지 말을 달리다가 문득 뒤를 돌아보니 장강의 불빛은 이미 멀어져 있었다. 조조는 그제야 한시름 놓으며 물었다. "이곳은 어디쯤인가?" 그러자 좌우의 심복들이 대답했다. "오림(烏林)의 서쪽으로, 의도(宜都)의 북쪽입니다." 조조는 주위를 둘러보고서 나무숲이 우거지고 산세가 험준한 것을 발견하자 말 위에서 고개가 뒤로 젖혀지도록 크게 웃어댔다. 한참이나 웃음을 그치지 않자 수하 장군들이 그에게 물었다. "승상께서는 왜 그렇게 웃으십니까?"

조조는 말 등에서 채찍까지 휘두르며 크게 웃더니 대답했다. "사람들은 전부 주유나 제갈량이 지혜롭고 계략이 많다고 말하지만 내가 볼 때는 도대체 무능한 사람들일 뿐이야. 여기에 군사를 매복시켜 놓았더라면 우린 여기서 죽는 수밖에 없을 텐데 말이야."

그의 말이 떨어지자마자 어디선가 대포 소리가 '뻥!' 하고 울리더니 갑자기 관우가 군대를 거느리고 나타나 떡하니 앞길을 가로막는 것이 아닌가! 조조는 관우를 보자 혼비백산해서 그저 정욱의 꾀를 따를 수밖에 없었다. 그는 앞으로 나가 관우에게 매달리며 애원했다. "오늘 내가 여기서 죽게 되었소. 제발 과거 우리의 정을 생각해서라도 이 조조에게 살 길을 좀 남겨 주시오!" 그러나 관우는 냉정하게 말했다. "당신에게 받은 은혜는 벌써 다 갚았소. 오늘 내 사사로운 감정 때문에 국가 대사를 그르칠 순 없소." 그러나 조조는 관우에게 다시 애원했다. "전에 장군이 다섯 관을 지나면서 장수 여섯 명을 죽였던 일을 기억하시오?" 의리를 중요하게 생각하는 관우는 이 말을 듣고 한참 고민하다가 결국 조조를 보내 주었다.

명언의 역사적 사례

1052년 남방에서 농지고(儂智高)가 반란을 일으키자 송 인종(仁宗)은 적청(狄青)을 보내 그들을 정벌케 했다.

적청은 곤륜관(昆侖關) 아래에 군대를 주둔시키고 장수와 병사들에게 절대로 밖으로 나가지 말라는 명을 내렸다. 그러던 어느 날 진서(陳曙)라는 장군 하나가 공을 세우고 싶은 마음에 몰래 군사를 데리고 나가 적을 공격했다가 오히려 참패를 당하고 돌아왔다. 그러자 적청은 군법에 따라 진서 등 장수와 군병 31명을 모두 참수형에 처했다. 농지고는 이 소식을 듣고 무척 기뻐했다. 그는 적청이 일부러 병사들에게 싸우지 못하게 한다고 생각하고 점점 경계를 게을리 했다.

정월 대보름이 되었다. 백성들은 집집마다 등을 걸고 색색가지 종이로 문을 장식하며 즐겁게 명절을 보내고 있었다. 적청 역시 장수와 병사들을 초청해 군영에서 큰 잔치를 베풀었다. 그러고는 "첫날 밤에는 제일 높은 지위의 장군들을 청하고, 두 번째 날 밤에는 중간과 하급 지위의 장군들을 청하며, 세 번째 날 밤에는 술자리를 벌여 전체 사병들을 위로하겠다."라고 선포했다. 첫날 밤, 잔치에 참석한 장군들은 술을 마시고 놀이를 하며 마음껏 즐기다가 다음날 새벽이 되어서야 잔치를 끝냈다. 두 번째 날 밤 한참 술을 마셔 군관들은 모두 흥이 올랐는데 적청은 몸이 별로 좋지 않다는 이유로 자리를 떴다. 자리에 모인 모든 사람들은 제각각 마음껏 먹고 마시며 즐겁게 놀았다. 그러나 주장이 밤늦게까지 돌아오지 않자 누구도 자리를 뜰 수가 없었다. 날이 막 밝으려고 할 때 갑자기 군졸 하나가 뛰어 들어와서는 급한 전갈을 전했다. "원수께서 이미 곤륜관을 빼앗으셨다고 합니다. 그러니 장군들께서는 어서 곤륜관에 오셔서 아침 식사를 드시라는 전갈입니다."

자리에 있던 사람들은 모두 너무 놀라 경악했다! 지혜롭고 계략이 많은 그답게 매일 잔치를 벌인 것은 적군의 경계를 흐트러뜨리려는 전략이었다. 한편 그 내막을 알 리 없는 농지고는 송나라 군대의 소식을 듣고 자신도 잔치를 베풀어 부하들을 위로했다. 그 며칠 동안은 몹시 혹독한 추위가 계속되었다. 적청은 특별히 용감하고 날랜 병사들을 가려 뽑아 적군을 습격했다. 반란군은 느닷없이 적청의 유격대가 사나운 기세로 들이닥치자 당황해 어쩔 줄 몰라 하다가 결국 대항 한 번 제대로 해보지 못하고 걸음아 날 살려라 도망쳐 버렸다. 그리하여 적청은 험난한 곤륜관을 손바닥 뒤집듯 손쉽게 빼앗을 수 있었다.

019
불세출의 공적
不世之功(불세지공)

태사자가 크게 부르짖으며 외쳤다. "사나이 대장부가 세상에 태어났으면 삼 척 검을 가지고 불세출의 공적을 세워야 마땅하거늘 아직 위대한 뜻을 이루지 못했는데 벌써 죽어야 한단 말인가!"

북해에서 포위망을 뚫고 유비의 구원병을 데리고 온 후, 태사자는 동향인 유요(劉繇)가 양주에 자사로 부임해 단양(丹陽)에 군대를 주둔시키고 있다는 이야기를 듣고 그를 찾아가 몸을 의탁했다. 그러나 인재를 알아볼 능력이 없는 유요는 태사자에게 겨우 하급 무관 자리 하나를 내주었다.

이때 손권의 형 손책은 유요를 공격할 준비를 하고 있었다. 한번은 태사자가 신정령(神亭嶺)을 순시하다가 손책과 마주쳤다. 싸움을 시작한 두 사람은 갑옷을 다 떨어뜨리고 주위 군사들을 다 잃을 때까지 싸웠다. 그것도 모자라 맨 주먹으로 대결을 벌였는데도 결국 승부가 나지 않았다. 두 사람이 승부를 가리지 못하고 있을 그때 쌍방에서 그들을 구하려고 병마가 달려와 간신히 싸움을 멈출 수 있었다.

그 이후로 손책은 태사자를 매우 흠모하며 그를 자신의 장수로 거두고 싶어 했다. 얼마 후 그는 계략을 써서 태사자를 생포했다. 드디어 태사자가 이끌려 들어오자 손책은 손수 그의 몸을 감고 있던 오랏줄을 풀어주며 그를 설득해 자신의 휘하에 머물도록 했다. 후에 태사자가 유반(劉盤)의 난을 평정하자 손권은 그에게 남방을 맡겼다. 손책이 죽자 태사자는 손권을 보좌하며 여러 차례 전공을 세웠다. 훗날 손권이 군사를 이끌고 합비(合肥)를 공격할 때 태사자는 하인인 과정(戈定)에게 명해서 성 안에 들어가 기회를 노리다가 반란을 일으키고 성 밖의 오나라 군사들과 호응하도록 했다. 그러나 합비를 지키던 장료가 성안에서 반란을 일으킨 과정을 붙잡아 오히려 태사자의 계책을 그대로 이용했다. 다시 말해 일부러 성문을 활짝 열고 오나라 군사들이 속임수에 넘어가도록 유혹한 것이다.

태사자는 일이 계획대로 되어간다고 생각하고 창을 치켜들고 말을 달려 성안으로 뛰어 들어갔다. 바로 그 순간 화살이 빗발치듯 태사자를 향해 날아왔다. 태사자는 이를 피하려고 급히 몸을 돌렸지만 때는 이미 늦었다. 오군이 화살 여러 대가 박힌 태사자를 구해 와 고명한 의술을 다 동원하여 살려보려고 애썼으나 이미 백약이 다 무효한 상태였다. 태사자는 죽기 전에 크게 한 번 부르짖었다. "사나이 대장부가 세상에 태어났으면 삼 척 검을 가지고 불세출의 공적을 세워야 마땅하거늘 아직 위대한 뜻을 이루지도 못했는데 벌써 죽어야 한단 말인가!"

태사자는 이 말을 마치고 숨이 끊어져 죽고 말았다. 향년 41세였다. 손권은 그를 북고산(北固山) 아래에 후히 장사 지내 주었다.

명언의 역사적 사례

반초(班超)는 저명한 역사가 반표(班彪)의 어린 아들로 큰 형은 반고(班固), 누이동생은 반소(班昭)이며 후에 모두 저명한 역사가가 되었다. 그는 마음이 효성스럽고 예의 바르며 어른을 공경해 집에서는 항상 열심히 일을 했다. 또 그는 많은 책을 읽어 해박한 지식을 갖추었으며 중요한 것과 중요하지 않은 것을 가릴 줄 알았고 일의 이치를 살펴 따질 줄 아는 사람이었다.

후한 명제(明帝) 영평(永平) 5년(62년)에 큰 형 반고가 나라의 부름을 받고 낙양으로 가 교서랑(校書郎) 직을 맡게 되었다. 그때 반초와 모친도 반고를 따라 함께 낙양으로 옮겨 왔다. 집이 가난했던 탓에 반초는 관청의 문서를 대신 작성하는 일을 하며 생계를 도왔다. 반초는 종종 일을 하다 말고 붓을 내던지며 탄식했다. "사나이 대장부가 다른 큰 뜻이나 용기가 없다면 마땅히 부개자(傅介子)나 장건(張騫)을 본받아 불세출의 공을 세우고 봉후의 지위를 얻는 것이 마땅하지 않은가? 나는 어째서 이렇게 날마다 붓만 만지작거리며 살아야 하는가?"

한탄하던 반초는 점쟁이를 찾아가 관상을 한 번 보았다. 점쟁이는 그의 얼굴을 한 번 자세히 살펴보더니 아주 조심스럽게 이야기했다. "손님은 비록 지금은 남루한 옷을 입은 서생에 불과하지만 앞으로는 1만 리도 더 되는 봉지를 하사받는 봉후가 될 것입니다." 반초는 무척 기뻐서 좀 더 자세히 물었다. 점쟁이가 다시 말했다. "다른 것은 말씀드리지 않겠습니다. 얼굴만 놓고 보면 뺨은 제비의 상이요, 목은 호랑이의 상이어서 제비처럼 날아가 호랑이처럼 먹이를 먹는다고 할 수 있습니다. 손님의 얼굴은 1만 리도 넘는 땅을 하사받는 봉후의 상이 분명합니다."

73년 차도위(車都尉) 두고(竇固)가 흉노를 무찌르라는 황명을 받들고 출병할 때, 반초도 그를 따라 북정에 나섰다. 그는 군대에서 가사마(假司馬) 직을 맡았다. 비록 미천한 관직이었지만 반초는 그때 붓만 만지작거리던 서생의 삶에서 벗어나 무관으로서 첫 발걸음을 떼었다. 훗날 그는 서역을 평정한 공을 인정받아 정원후(定遠侯)로 봉해졌다.

020
연못 속의 동물이 아니다
非池中物(비지중물)

편지에는 대략 이렇게 씌어 있었다. "…… 만일 지금 유비를 놓아 보내면 교룡이 비구름을 얻은 것이나 마찬가지입니다. 결코 연못 속의 작은 동물이 아닐 것입니다. 지혜로우신 주공께서는 이를 깊이 생각하시기 바랍니다."

유비 일행이 동오에 도착했다. 한편 조운은 동오에 도착하자마자 데리고 온 사병 500명을 풀어 사방으로 다니며 유비가 손권의 누이와 결혼을 하러 동오에 왔다는 소문을 퍼뜨리게 했다. 이 소문은 반나절도 못 되어 온 도성으로 퍼졌다. 손권의 어머니 오국태(吳國太)는 이 소문을 듣고는 곧바로 손권을 찾아가 이 소문의 진상을 물었다. 손권은 그제야 주유의 계책을 소상히 털어 놓았다. 그러나 상세한 이야기를 들은 오국태는 주유의 계책을 따르겠다고 하기는커녕 오히려 손권을 크게 꾸짖었다. 어떻게 자기 누이동생을 미끼로 삼아 정치에 이용할 생각을 했냐는 것이었다.

그 다음날 아침에 오국태는 친히 유비를 만나 보았다. 그의 외모를 자세히 살펴본 오국태는 마침내 유비를 사위 삼기로 결정했다. 그런데 손권은 사실 오국태가 유비를 만나기 전에 미리 암살하려고 칼잡이와 도끼잡이를 매복시켜 놓았다. 하지만 이는 조운에게 발각되고 말았고 유비는 오국태에게 손권이 자객을 매복시켜 자신을 죽이려 했다는 사실을 그대로 전했다. 이는 오국태의 화를 더욱 돋워 손권은 결국 쩔쩔매며 어쩔 수 없이 암살 계획을 취소해야 했다.

유비와 손 부인이 결혼한 후 손권은 시상에 사람을 보내 주유에게 물었다. '어머니가 강력하게 주장하셔서 결국 누이를 유비와 결혼시켜 버렸네. 꿈에도 생각지 못하게 가짜가 진짜가 되어 버렸으니 다음 계획은 어떻게 짜야 하나?' 하는 내용이었다.

이 소식을 들은 주유는 너무나 놀라 제대로 서지도 앉지도 못했다. 잠시 후 놀란 마음을 겨우 진정시킨 그는 밀서를 한 통 써서 손권에게 보냈다. "이미 거짓으로 꾸민 계획이 진짜가 돼 버렸으니 계속 이것을 계략으로 사용하는 수밖에 없습니다. 유비를 동오에 묶어두고 궁궐을 지어 주며 의기를 잃게 만드는 겁니다. 아름다운 미녀들을 많이 선물하고 유비의 눈과 귀를 즐겁게 해 주십시오. 그렇게 해서 유비를 관우, 장비와 떨어뜨려 놓고 계략을 써서 제갈량과 유비의 사이를 이간질해야 합니다. 그리고 나서 출병해 공격하면 대사는 곧 이룰 수 있습니다. 만일 지금 유비를 놓아 보내면 교룡이 비구름을 얻은 형국이나 마찬가지입니다. 결코 연못 속 작은 동물이라 할 수 없을 것입니다."

손권은 편지를 읽자마자 장소(張昭)를 불러 동쪽에 동부(東府)라는 관저를 건축하게 했다. 그리고 그곳에 아름다운 꽃과 나무들을 두루 심고 술을 마시며 즐겁게 놀 수 있도록 화려한 정원을 꾸며 유비와 누이가 살게 했다. 또 음악을 연주하는 아름다운 악녀(樂女)도 수십 명이나 하사했다. 오국태는 손권이 선한 뜻으로 이렇게 했다고 여기고 매우 기뻐했다.

과연 유비는 얼마 지나지 않아 주색에 미혹되어 형주로 돌아가려는 마음을 잃어버렸다.

명언의 역사적 사례

기원전 284년 연(燕)나라의 소왕(昭王)은 악의(樂毅)를 상장군으로 삼고 다섯 나라의 연합군을 이끌어 제나라를 공격했다. 마침내 70여 개의 성을 함락시킨 연합군은 제나라를 멸망시켜 버렸다.

한편 부친이 세상을 떠났다는 소식을 들은 제나라 왕의 장자 법장(法章)은 황급히 옷을 갈아입고 가난한 집안의 자제로 변장해서 거주(莒州)로 도망쳤다. 그는 과거 태사관(太師官, 태자를 가르치던 스승—역주)의 집에서 머슴살이하며 그 집 사람들 대신에 밭에 물을 주고 화초를 심고 가꾸는 일을 했다.

태사는 막 성년이 된 딸을 하나 두고 있었다. 하루는 그녀가 정원에 나와 놀다가 우연히 법장을 만나게 되었다. 그녀는 법장의 모습과 행동이 매우 정중하고 고상해 전혀 가난한 집안 자제같이 보이지 않자 시녀에게 말했다. "저 사람은 보통 사람이 아닌 것 같아. 그런데 어떻게 우리 집에서 이렇게 머슴살이를 하며 불쌍하게 살고 있지? 네가 가서 내 대신 한 번 물어보도록 해라."

명을 받들고 온 시녀가 법장에게 내력을 물어보자 법장은 행여 괜한 화를 자초하는 건 아닐까 싶어 절대 사실을 발설하지 않기로 결심했다.

시녀가 태사의 딸에게 가서 법장이 거짓으로 고한 사실을 전하자 그녀는 전혀 믿지 않았다. "저 사람은 절대 연못 속에 있을 작은 인물이 아닌 걸? 꼭

백룡 한 마리가 물고기로 변장하고 있는 것 같아. 분명히 무언가 꺼리는 게 있으니까 잠시 숨기는 걸 거야."

이후로 그녀는 자주 시녀를 시켜 법장에게 옷이며 음식을 가져다주게 하는 등 관심을 쏟았다. 두 사람은 점점 사이가 가까워졌다. 법장은 그녀가 온화하고 성품이 착한데다 총명하기 이를 데 없자 조심스레 자신의 신분을 털어놓았다. 그리고 태사의 딸과 평생 함께 하겠다는 은밀한 약속도 했다. 하지만 집안 식구 중에 어떤 이도 두 사람의 관계를 알지 못했다.

얼마 후 전단(田單)이 병사를 일으켜 연나라 군을 몰아내고 제나라의 잃어버린 땅을 수복했다. 그리고 법장이 거주에 몸을 숨기고 있다는 소문을 듣고는 그를 임치(臨淄)로 모셔와 즉위시키니 그가 바로 제 양왕(襄王)이다. 법장은 즉위 후 거주에서 태사의 딸을 불러와 왕후로 맞았다. 그녀가 바로 군왕후(君王后)이다.

021
부인도 잃고 병사도 잃고
賠了夫人 又折兵(배료부인 우절병)

주유가 급히 배에서 내리니 강둑에 있던 군사들이 한 목소리로 크게 외쳤다. "주유 선생의 묘책은 천하를 평안케 합니다. 손 부인을 잃어버리고 또 군사까지 잃으셨군요!"

유비와 손권의 여동생 손상춘은 결혼한 후 계속 동오에 머물렀다. 이 상황을 지켜보던 조운은 동오로 오기 전에 제갈량이 준 계책에 따라 짐짓 대경실색한 모습으로 유비를 찾아가 말했다. "오늘 아침 군사에서 급히 전갈을 보내셨습니다. 조조가 적벽의 원한을 갚으려고 정예 부대 50만을 이끌고 형주로 달려오고 있다고 합니다. 주공, 속히 돌아가셔야 합니다!"

그 말을 진짜로 믿은 유비는 다급히 손 부인과 함께 동오를 빠져나갈 궁리를 했다. 그런데 손 부인은 예상외로 자기가 어떻게 처신해야 하는지 잘 아는 여인이었다. 그녀는 유비와 함께 형주로 가고 싶어 했다. 이 소식을 들은 주유가 서둘러 군사를 풀어 쫓아오자 유비는 매우 당황하며 마차 앞에 타고 있던 손 부인에게로 가 눈물을 흘리면서 그 사실을 고했다. 이에 손 부인은 얼른 마차의 발을 걷어 올리고 쫓아온 군사들을 책망했다. "너희는 군란이라도 일으키려는 것이냐? 유공은 내 남편이다. 내 어머니와 오라버니도 내가 형주로 돌아가야 하는 줄 알고 있다. 아니면 설마 너희가 내 재물을 빼앗으려는 것이냐!" 손 부인은 한편으로는 주유에게 크게 성을 내면서 한편으로는 하인에게 마차를 앞으로 밀게 했다. 그렇게 오 리를 가자 손권이 보낸 또 다른 장수와 병사들이 도착했다. 손 부인은 이번에는 유비를 먼저 보내고 자신은 조운과 함께 뒤를 막고 섰다. 그리고 가까이 오는 자들에게 큰 소리로 외치며 위협했다. "너희는 일부러 우리 오누이지간을 갈라놓으려고 온 것이지? 나는 어머니의 뜻을 받들어 형주로 돌아가는 것이니 설령 오라버니가 오신다 하더라도 예의를 갖춰 나를 배웅하는 것이 도리다. 지금 너희가 설마 나를 해치겠다는 것이냐?" 이렇게 엄포를 놓으니 뒤쫓아 온 장수들은 할 말이 없었다. 이미 유비가 자리를 뜬 마당이니 그저 눈에 쌍심지를 켜고 조운만 노려보다가 결국은 속수무책으로 군영에 돌아가 보고나 해야 할 처지였.

한편 제갈량은 이미 손수 배를 타고 오의 변경에 도착해 유비를 마중 나와 있었다. 그는 얼른 유비와 손 부인을 배에 태우고 형주로 향했다. 그 뒤를 주유가 또다시 병사를 이끌고 추격해 왔지만 이번에는 제갈량의 복병에 패하고 말았다. 촉의 군사들은 입을 모아 한 목소리로 크게 외쳤다. "주유 선생의 묘책은 천하를 평안케 합니다. 손 부인을 잃어버리고 병사까지 잃으셨군요."

명언의 역사적 사례
동진 말년에 유주 도독 왕준(王浚)이 모반을 일으켜 황좌를 빼앗으려 했다. 이 소식을 들은 명장 석륵(石勒)은 당장 나서서 왕준의 부대를 격퇴하고 싶었다. 하지만 왕준의 세력은 매우 커서 한 번에 승리를 거두기는 어려울 것 같다는 걱정이 앞섰다.

그리하여 그는 왕준의 경계심을 푸는 작전을 쓰기로 했다. 우선 그는 자신의 문객인 왕자춘(王者春)에게 자기 대신 왕준을 찾아가 많은 보물을 바치게 했다. 그리고 왕준을 천자로 모시고 싶다는 뜻을 편지에 써서 그에게 전달했다. 그 편지에는 "지금 나라가 쇠하고 중원에는 주인이 없으니 오직 공만이 천하를 호령하시며 황제라 칭할 자격이 있습니다."라고 적었다. 한편 왕준 휘하에 유통(游統)이라는 부하가 있었다. 왕준에게 반란을 일으키려고 계획하던 그는 든든한 배경을 얻기 위해 석륵을 만나고 싶어 했다. 그러나 석륵은 가차 없이 유통의 목을 베어 왕준에게 보냈고 왕준은 이 일로 석륵에게 완전히 마음을 열게 되었다.

314년, 석륵은 유주에 심각한 수해가 발생해 백성이 먹을 양식이 없어 고생하는데도 왕준이 백성은 죽건 살건 상관없이 여러 잡세를 부과해 원성이 들끓는다는 정보를 탐지했다. 이번에는 석륵 자신이 직접 부대를 이끌고 유주를 치기로 결심했다.

황제가 되고 싶은 마음이 간절했던 왕준은 드디어 석륵이 자신을 찾아와 황제로 세우는 줄로만 알고 부하들에게 석륵의 길을 막지 말라고 명을 내렸다. 그래서 석륵은 왕준 군대의 환호성 속에 유주성 아래까지 도착했다. 성문이 열리자 석륵은 왕준이 복병을 숨겨 두었을 것을 방지하고자 미리 데려간 소와 양 수천 마리를 먼저 성문 안으로 몰아 들여보냈다. 말로는 왕준께 드리는 예물이라고 했지만 실제로는 소와 양으로 성내의 크고 작은 골목들을 샅샅이 막으려는 계책이었다. 그제야 뭔가 이상한 낌새를 눈치 챈 왕준은 안절부절못하며 두려워하기 시작했다.

석륵의 군대는 곧 유주성에 들어와 성내 중요한 곳들을 모두 점령했다. 그러자 왕준의 좌우 신하들이 석륵에게 대항하자고 요청했으나 그는 여전히 황제가 될 거라는 환상에만 빠져 다시 한 번 부하들에게 대항하지 말라고 엄명을 내렸다. 그러나 왕준은 석륵이 부하들을 데리고 궁궐 내실까지 쳐들어오자 결국은 환상에서 깨어났다. 하지만 이미 때는 늦었다. 그가 도망칠 수 있는 곳은 아무 곳도 없었다. 마침내 붙잡힌 왕준은 이건 모반이라며 고래고래 소리를 지르고 욕을 해댔다. 그러나 석륵은 조금도 당황하지 않고 왕준이 스스로 황제라 칭한 점을 책망하며 그가 유주에서 행한 죄악을 열거했다. 이에 왕준은 반박할 말이 없었다. 결국 황제가 되고 싶었던 꿈은 물거품이 되었고 그는 석륵에게 붙들려서 양(襄)나라에 돌아가 참수형에 처해졌다. 부인도 잃고 병사도 잃은 셈이었다.

022
주유를 낳으셨으면서
어찌 제갈량을 또 낳으셨습니까
既生瑜 何生亮(기생유 하생량)

　주유는 말을 마치더니 정신을 잃고 말았다. 잠시 후 다시 깨어난 그는 하늘을 우러러 길게 탄식하며 외쳤다. "주유를 낳으셨으면서 어찌 제갈량을 또 낳으셨습니까!" 그렇게 몇 번 고함을 친 후 숨이 끊어졌다.

　동오의 대도독 주유는 병법에 정통하고 재주와 지혜가 뛰어났지만 도량이 작고 다른 사람들을 포용하지 못하는 단점이 있었다.
　오나라와 촉나라가 연합해 조조에게 대항했을 때 그는 제갈량과 함께 큰 계략을 모의하는 한편으로 시시때때로 기회를 보아 제갈량을 해치려 했다. 물론 그는 번번이 제갈량의 꾀에 지고 말았다. 그는 그럴 때마다 화를 내고 또 화를 내다가 결국은 화병으로 죽고 말았다.
　주유는 과거 남군(南郡)을 공격하다가 독화살에 맞은 적이 있다. 그런데 제갈량이 갖가지 계략을 써 남군과 형주, 양양 등을 선점하자 너무 화를 낸 나머지 그만 화살에 맞은 그 상처가 터져 재발했다. 반나절이나 정신을 잃었던 그는 다시 깨어나자마자 이를 악물고 결심했다. "내가 제갈량 이 촌놈을 죽이지 않으면 이 가슴 속에 끓어오르는 화를 어찌 잠재울 수 있으랴!" 얼마 후 제갈량이 계략을 써서 다시 한 번 주유를 물리쳤다. 안 그래도 제갈량에 대한 원한으로 이를 갈던 주유는 이 일로 또 큰 충격을 받았다. 재발한 후 상처가 채 아물지도 않았는데 상처가 다시 터지자 주유는 또다시 정신을 잃고 쓰러졌다. 하지만 그는 절대로 포기하지 않았다. 한 가지 계략이 실패하면 또 다른 계략으로 계속해서 도전했다. 그가 최후에 쓴 계략은 '서천(西川)을 치는 척 하면서 실제로는 형주를 취하는 계략'이었다. 하지만 안타깝게도 이 계략 역시 제갈량의 눈은 속일 수 없었고 주유는 또 실패하고 말았다. 게다가 하마터면 제갈량에게 붙잡힐 뻔하기까지 했다. 주유는 마지막 남아 있던 자존심마저 다 구겨져 버렸다. 이제는 세상 사람들과 강동의 부형들을 다시 뵐 면목도 그렇게 할 용기도 없었다. 가슴은 분노로 터질 것 같았다. 치밀어 오르는 울화통에 말 위에서 큰 소리로 부르짖던 주유는 상처가 다시 터져 혼절한 채 말 등에서 굴러 떨어져 버렸다.

그가 정신을 차린 지 여러 날이 되었는데도 병세는 점점 더 심각해지기만 했다. 그는 하늘을 우러러 장탄식을 하며 외쳤다. "주유를 낳으셨으면서 어찌 제갈량을 또 낳으셨습니까!" 그렇게 몇 번 고함을 치더니 곧 숨이 끊어지고 말았다. 그의 나이 36세였다.

제갈량은 주유가 죽었다는 소식을 듣고 오나라에 조문하러 가기로 결심했다. 유비는 제갈량이 공격당할 것을 걱정한 나머지 조운과 군사 500명을 함께 보내 그를 보호하도록 했다. 오에 도착한 제갈량은 주유의 영구 앞에 손수

술을 한 잔 따라 놓고 땅에 무릎을 꿇고 앉아 제문을 읽어 내려갔다. 그의 눈에서는 눈물이 폭포수처럼 흘러내렸다. 그의 가슴은 진실로 서글프고 아파서 터질 지경이었다. 오의 모든 장군은 제갈량의 이런 모습에 크게 감동했다.

노숙은 제갈량이 이렇게 비통해하는 것을 보며 혼잣말을 중얼거렸다. "주유는 도량이 너무 작아서 멸망을 자초한 게야."

명언의 역사적 사례

금나라의 올술은 금 태조 완안아골타(完顔阿骨打)의 네 번째 아들로 송나라와 금나라가 첨예하게 대치하던 때 아주 유명했던 대장이다.

1129년 올술은 군대를 거느리고 남하해 5월에 양주를 공격하고 이어서 신속히 군대를 이끌고 강절(江浙)로 향해 화주(和州)에서 송나라 군을 대파했다. 그가 장강을 건너 건강성으로 달려와 위협하자 송 고종 조구(趙構)는 항주로 도망쳐 버렸다. 올술은 천혜의 요새 독송령(獨松嶺)을 넘어 항주까지 진격했다. 결국 조구는 월주(越州)로 도망해야 했다. 올술은 선봉장 아리(阿里)와 포로혼(浦盧渾)에게 경기병 4천을 이끌고 이를 습격토록 명령하고 자신은 교묘히 조아강(曹娥江)을 건너 송나라의 장군 장준(張俊)을 크게 무찌르고 명주(明州)를 공격해 얻었다. 다급해진 조구는 급기야 배를 타고 바다로 도망쳤다. 금나라 군대도 바다로 나가 300여 리를 쫓았지만 추격하기가 어려워져 병사를 거둘 수밖에 없었다. 이때 금의 올술은 병사를 이끌고 남쪽으로 정벌 전쟁을 떠났다. 하지만, 그가 싸웠다하면 승리하고 드넓은 영토를 얻게되리라는 것은 당시에 누구도 예측하지 못했었다. 금의 올술은 이 전쟁으로 대번에 유명해졌다.

그러나 1139년 여름, 금의 올술은 소흥(紹興) 화약을 깨뜨리고 다시금 송나라와 대규모 전쟁을 벌이는데 그는 여기에서 악비를 만났다. 악비는 친히 경기병 한 부대를 이끌고 하남 언성(郾城)에 주둔하며 올술의 정예기병 1만 5천 명과 격전을 벌였다. 금의 군대가 산이 엎어지고 바다가 무너지는 듯한 기세로 달려들었음에도 악비 군대는 전혀 흔들리지 않았다. 악비는 직접 적진으로 돌격해 금나라 군의 '철부도(鐵浮圖)'와 '괴자마(拐子馬)'를 크게 깨뜨리며 올술에게 커다란 패배를 안겼다. 이때 악비의 부장 양재흥(楊再興)은 단신으로 적진에 뛰어들어 올술을 생포하려 했으나 안타깝게도 올술을 찾지 못했다. 그런 와중에 몸에 상처를 수십 군데 입었지만 홀로 적군 수백을 죽이며 고군분투한 양재흥의 모습은 송나라 군의 사기를 크게 북돋웠다.

이렇게 언성에서 큰 승리를 얻은 악비는 승기를 잡아 주선진(朱仙鎭)으로 진군했다. 주선진은 금나라군의 대군영이 자리 잡은 변경(汴京)에서 겨우 40여 리 떨어진 곳이었다. 그동안 전력을 추스른 올술은 이곳에 10만 대군을 집결시켜 놓고 전 병력을 총동원해 악비에게 대항했지만 또 패배하고 말았다. 악비는 이 기회를 놓치지 않고 계속 금나라 군을 추격해 한달음에 영창(潁昌)·채주(蔡州)·진주·정주(鄭州)·언성·주선진을 회복하고 수많은 금나라 군 병사들의 목숨을 빼앗았다.

지금까지 계속 큰 승리를 거두었던 올술이 이번에는 연전연패를 맛보았다. 그러니 악비는 그에게 천적이라 할 만했다. 그는 "주유를 낳으셨으면서 어찌 제갈량을 또 낳으셨습니까?" 하는 분한 심정을 안고 개봉에서 야반도주해야 했다.

023
그때그때 처한 뜻밖의 일을
재빨리 알맞게 대처한다
隨機應變(수기응변)

이에 손권이 물었다. "선생께서는 평생 무엇을 위주로 공부하셨습니까?" 방통이 대답했다. "저는 어떤 한 가지에 구애됨 없이 임기응변을 합니다."

주유가 죽자 노숙은 손권에게 또 다른 인재 하나를 추천했다. "저는 본래 별 볼일 없는 용재(庸才)로 주유에게 크게 추천받았을 뿐이지 사실 제 맡은 직임에 걸맞지 않은 사람입니다. 그래서 제가 주공을 잘 도울 만한 사람을 한 명 추천하려 합니다. 이 사람은 위로는 천문을 알고 아래로는 지리를 알며, 모략은 관중이나 악의에 뒤지지 않고 걸출함은 손자나 오자서에 견주어도 손색이 없습니다. 과거 주유는 그가 했던 말을 주로 인용했고 공명 역시 그 지략에 깊이 탄복했습니다. 이런 사람이 바로 강남에 있는데 주공께서는 어찌 중용하지 않으십니까?" 손권은 그의 이야기에 매우 기뻐하며 그 사람의 이름을 물었다. 노숙이 말했다. "이 사람은 양양사람으로 성은 방(龐)이고 이름은 통(統)이라 합니다. 자는 사원(士元)이며 도호는 봉추 선생(鳳雛先生)입니다." 손권도 봉추 선생의 명성은 익히 들어 알았기에 곧 전갈을 보내 방통을 만나보기로 했다.

드디어 방통이 궁에 도착했다. 그런데 손권이 그를 실제 만나보니 눈썹은 숯처럼 굵고 시커먼데 코는 들창코고 얼굴은 검은데다 짧은 구레나룻이 가득해 외모가 영 괴상해보였다. 손권은 그가 썩 마음에 들지 않는 기색으로 물었다. "선생께서는 평생 무엇을 위주로 공부하셨습니까?" 방통이 대답했다. "저는 어떤 한 가지에 구애받지 않고 임기응변을 합니다." 손권이 또 물었다. "선생의 재주와 학문은 주유와 비교할 때 어떻습니까?" 그러자 방통이 웃으며 말했다. "제가 배운 것은 주유가 배운 것과 완전히 다릅니다."

일평생 주유를 가장 훌륭한 사람으로 여겨왔던 손권은 그런 방통의 대답이 경박스럽게 느껴졌고 속으로 자못 불쾌했다. 결국 그를 쓰지 않기로 결정했다. 곁에서 노숙이 안타까운 마음에 손권에게 마음을 돌릴 것을 권유했지만 손권은 다만 이렇게 대답했다. "미친 서생일 뿐이니 써 봤자 무슨 소용이 있겠습니까!"

그리하여 노숙은 방통에게 유비, 공명에게 보내는 추천서 한 통을 써 주며 그가 형주에 가서 일할 수 있도록 도와주었다. 또한 편지에서 유비와 손권 두 세력이 조조를 없애는 데 힘을 모을 수 있기를 희망했다. 방통은 이렇게 해서 유비를 만나기 위해 형주를 찾게 되었다.

명언의 역사적 사례

남북조 시기, 동위(東魏)의 승상 고환(高歡)은 친히 부대를 이끌고 자업성

(自鄴城, 지금의 허베이성 린짱(臨漳)의 서남쪽)에서 출발해 서위(西魏)를 공격했다. 동위 군은 옥벽(玉壁)을 포위하고 밤낮을 가리지 않으며 성을 공격했다. 이에 옥벽을 지키는 서위의 병주 자사 위효관(韋孝寬)은 임기응변으로 온 힘을 다해 적군에 대항했다. 동위 군이 성 남쪽에 토산을 쌓아 높은 위치에서 성을 공격하려고 하면 위효관은 나무를 묶어 성루를 더 높이 만들고 동위 군이 작전을 마음대로 펼 수 없도록 훼방했다. 동위 군이 다시 전술을 바꿔 지하도를 10개쯤 파고 병력을 집중해 성 북쪽을 공격하려고 하면 위효관은 성 안쪽에서 긴 도랑을 파 지하도의 예상 진로를 끊고 병사를 주둔시켜 그곳까지 지하도를 파 들어온 동위 군을 바로바로 붙잡아 죽였다. 또 미리 구덩이 밖에 땔감들을 쌓아놓고 불씨를 준비해 놨다가 동위 군이 지하도에 잠복해 있는 것을 보면 바로 지하도에 땔감을 던지고 불씨를 날려 보냈으며 거기에다 소가죽 주머니 풀무로 바람을 불어넣기까지 했다. 그러면 지하도에 불길이 더 맹렬하게 일고 연기가 자욱해져 동위의 군사들은 속수무책으로 시커멓게 타죽었다.

동위 군은 또 공차(功車, 전문적으로 성벽을 무너뜨리는 데 사용되던 수레―역주)를 이용해 성벽을 무너뜨리려 했다. 그러자 위효관은 천으로 커다란 장막을 만들어서 원하는 방향으로 장막을 펼치며 적군의 공격을 막았다. 공차가 직접 부딪치며 공격을 해와도 장막으로 막으면 장막이 그 탄력을 다 흡수해 성벽은 충격을 받지 않았다. 동위 군은 또 바짝 마른 소나무 가지와 삼 줄기를 긴 막대기에 매달아서 기름에 적시고 불을 붙인 후 막대기를 휘둘러 장막과 옥벽의 성루를 불태워 버리려 했다. 그것을 본 위효관은 아주 날카로운 갈고리 칼을 준비해서 긴 막대기에 불붙은 가지를 묶은 줄을 잘라내 막 불타오르는 소나무 가지와 삼 줄기를 전부 공중으로 흩뿌렸다. 그러자 동위 군은 지하도의 쓰임새를 바꾸기로 했다. 성의 사방에 지하도 12개를 더 파고, 빈 공간은 나무 기둥으로 지지했다. 나무 기둥에 일제히 불을 붙여 기둥이 부러지면 지하도가 무너짐과 동시에 성벽도 함께 허물어뜨릴 수 있었기 때문이었다. 그러나 위효관은 임기응변을 발휘해 성벽이 무너진 곳마다 나무 울타리를 쳐서 동위 군이 성 안으로 들어올 수 없도록 막았다.

고환은 아무리 성을 공략해도 함락시킬 수 없자 결국 사자를 보내 항복을 권유했다. 하지만 그렇다고 해서 순순히 따를 위효관이 아니었다. 위효관이 단칼에 항복을 거절하자 고환은 대군을 몰아쳐 50일 동안 성을 공격하며 모두 7만여 명이나 희생당하는 혈전을 치렀다. 그럼에도 여전히 옥벽을 함락시킬 수 없었다. 고환은 너무 화가 나고 분통이 터진 나머지 고질병이 재발했고 결국은 옥벽을 둘러싸고 있던 대군을 모두 철수시키고 돌아갈 수밖에 없었다.

024
부드러움으로 강함을 이긴다
柔能克剛(유능극강)

황권(黃權)이 말했다. "저는 전부터 유비가 관용으로 사람을 대하고 부드러움으로 강함을 이기며 그 사람보다 더 영웅다운 사람은 없다는 걸 알고 있었습니다. 그는 멀리는 인심을 얻고 가깝게는 백성의 명망을 얻고 있습니다. 거기에다 제갈량과 방통의 지혜를 가지고 있으며 관우·장비·조운·황충·위연을 날개로 두고 있습니다."

유비와 만나본 장송은 서천으로 돌아가 유장을 만나 일렀다. "조조는 한나라의 역적입니다. 예전부터 천하를 찬탈하려고 서천을 노렸습니다. 제게 장로·조조가 감히 함부로 서천을 취하지 못하게 할 계책이 하나 있습니다."

유장이 그것이 무엇이냐고 묻자 장송은 이렇게 말했다. "형주의 유 황숙은 주공과 같은 종친이고 인자하고 후덕하며 연장자다운 기품이 있습니다. 적벽대전 후 조조는 지금껏 그 이야기만 들어도 간담이 서늘해진다 하는데, 하물며 장로야 어떻겠습니까? 주공께서는 어찌하시어 사자를 보내 유 황숙과 좋은 관계를 맺지 않으십니까? 유비가 밖에서 도와주기만 하면 조조와 장로에게 충분히 대항할 수 있을 것이옵니다."

유장이 말했다. "나도 그런 마음은 있지만 도대체 누구를 사자로 보낸단 말인가?" 그러자 장송이 말했다. "법정(法正)과 맹달(孟達)을 보내시면 될 것 같습니다." 이에 유장은 유비에게 보내는 편지를 한 통 쓰고 법정을 사자로 삼아 먼저 형주에 보낸 뒤 맹달에게는 정병 5천 명을 이끌고 변경으로 가 서천으로 오는 현덕을 영접하게 했다.

이 일을 막 상의하고 있을 때, 황권이 안으로 들어오더니 큰 소리로 외쳤다. "주공께서 장송의 말을 들었다가는 서천의 41개 군이 전부 다른 사람의 손으로 넘어가고 말 것입니다." 유장이 깜짝 놀라 물었다. "현덕과 나는 종친 간이니 그와 우호 관계를 맺으려 하는 것인데 어찌 그런 말씀을 하시오?" 황권이 말했다. "저는 전부터 유비가 관용으로 사람을 대하고 부드러움으로 강함을 이겨 그 사람보다 영웅다운 사람은 없다는 걸 알고 있습니다. 그는 멀리로는 인심을 얻고 가깝게는 백성의 명망을 얻고 있습니다. 거기에다 제갈량과 방통 같은 모사들이 있고 관우·장비·조운·황충·위연을 날개로 두고 있습니다. 이런 사람을 촉으로 끌어들여 부하로 대한다면, 유비가 순순히 아랫사람 노릇을 하겠습니까? 하지만 그렇다고 해서 유비를 윗사람으로 대한다면 한 나라 안에서 두 주인을 모시는 꼴이 될 것입니다. 오늘 주공께서 소신의 말을 귀담아 들으시면 서촉은 태산과 같이 안정될 것입니다. 그러나 소신의 말을 듣지 않으신다면 주공은 알을 쌓아 놓은 듯한 위험을 맞으실 것입니다!"

그러나 이미 마음이 기운 유장은 황권의 말을 듣지 않았다. 그러자 왕루

(王累)도 나서서 유비와 연합하는 것을 적극적으로 반대했다. 그러나 유장은 그의 간언도 듣지 않고 자기 고집대로 법정을 보내 형주에 있던 유비를 불러들였다.

명언의 역사적 사례

서진(西晉) 영가(永嘉) 4년(310년)에 유연(劉淵)이 병으로 죽자 둘째 아들 유총(劉聰)이 큰형을 죽이고 스스로 황제 자리에 올라 조(趙)나라를 세웠다. 유총의 본부인인 유려화(劉麗華)는 품행이 단정하고 성격이 부드러우며 단아한 기품이 있었다. 그가 즉위하던 해, 유총이 유려화에게 봉의전(鳳儀殿)을 지어 주려 했으나 정위(廷尉) 진원달(陳元達)이 목숨을 걸고 반대하는 바람에 계획은 무산되고 말았다. 그래서 앙심을 품은 유총은 진원달과 그의 아내, 아들을 전부 동시(東市)로 압송해 사람들 앞에서 참수하라고 명령했다.

한편 유려화는 뒤늦게 이 소식을 전해 듣고 중상시 두 명을 먼저 보내 무사들에게 잠시 동안 형 집행을 미루도록 조치한 뒤 급히 유총에게 상주문을 올렸다.

그녀는 상주문에 이렇게 썼다. "폐하께서 신첩을 위해 궁전을 지어 주려 하셨다는 이야기를 듣고 신첩은 매우 감격했습니다. 그러나 사실 신첩은 궁궐이라면 소덕전(昭德殿)만으로도 족합니다. 폐하께서 아직 강산을 다 통일하지 않으셨는데 이렇게 큰 토목 공사를 일으키는 것은 시기가 적절하지 않다고 여겨집니다. 오늘 진원달이 올린 권고는 매우 합당한 말이었습니다. 신첩은 폐하께서 고대의 현명한 군주들이 신하들의 간언을 귀담아들었던 미덕을 본받으시길 바랄 뿐입니다. 진원달은 죽이지 말아야 할 뿐만 아니라 오히려 작위와 봉지를 상으로 내려야 마땅합니다. 오늘 폐하께서 기분이 상하신 것은 전부 신첩으로 말미암아 일어난 일이옵니다. 그런데 폐하께서 애꿎은 진원달을 죽이셔서 후세에 충언을 거절하고 충신을 살해한 왕이라 평가받으신다면 이는 모두 신첩의 책임으로 남게 될 것입니다. 과거에 나라가 망하고 백성이 망하는 일은 항상 여자에게서 비롯되었습니다. 때문에 신첩은 항상 사서의 기록을 볼 때마다 몹시 민망했는데 오늘 같은 일이 저에게도 일어나리라고는 생각조차 하지 못했습니다. 후대 사람들이 저를 평가하는 것 역시 지금 제가 과거의 여인들을 평가하는 것과 같지 않겠습니까? 그런 연유로 폐하께서 사려 깊게 생각하지 못해 잘못을 범하셨다면 신첩은 죽음을 각오하고서라도 반드시 바로 잡으시라 만류하고 싶습니다."

이것이야말로 부드러움으로 강함을 이길 수 있는 간언이었다. 유총은 상주문을 보고 크게 놀라 곧바로 자신의 잘못을 뉘우쳤다고 한다.

025
섶을 지고 불에 뛰어든다
抱薪救火(포신구화)

지금 군대와 말, 돈과 군량을 구하고 있는데 절대 그것을 주어서는 안 됩니다. 만일 도와줬다가는 나뭇짐을 안고 불에 뛰어드는 격입니다.

유비는 서천에 들어간 후에 조조가 갑자기 40만 대군을 일으켜 손권을 공격했다는 소식을 듣게 되었다. 그는 조조가 손권을 이긴 다음에 군대를 이끌고 형주로 쳐들어올까 두려워 곧 유장에게 편지를 썼다. 정병 수만을 빌려주면 형주로 돌아가 손권과 연합해서 조조와 싸우겠노라는 것이었다. 유장은 유비의 편지를 본 후 사자를 따라 함께 들어온 대장 양회(楊懷)에게 왜 성도(成都)에 왔느냐고 물었다. 양회가 대답했다. "그 편지 때문에 왔습니다. 제가 볼 때 사자는 좋은 일로 온 것이 아닌 듯합니다. 유비는 서천에 자리를 잡은 이후 널리 은덕을 베풀어 인심을 얻고 있습니다. 그리고 지금 그는 주공께 군대와 말, 돈과 군량을 구하고 있습니다. 하지만 주공께서는 절대로 도와주셔서는 안 됩니다. 그를 도와주는 것은 나뭇짐을 지고 불에 뛰어드는 격이 될 것입니다." 그러자 유장이 말했다. "나와 유비는 형제지간의 정이 있는데 어찌 돕지 않겠느냐?"

이때 영릉(零陵) 증양(烝陽) 사람 유파(劉巴)가 나서서 유장에게 간언했다. "유비는 당세의 영웅입니다. 그를 내쫓지 않고 서천에 오래 머물게 하는 것은 호랑이를 불러들이는 격이지요. 게다가 지금 군대와 말, 돈과 군량까지 주어 유비를 돕는다면 호랑이에게 날개를 달아 주는 꼴입니다!"

그래도 유장이 계속 주저하며 결정을 내리지 못하자 황권은 또 한 번 나서서 간곡하게 간언했다. 유장은 그제야 양회, 고패(高沛)에게 명을 내려 관을 굳게 지키게 하고 유비에게는 늙고 약하고 병들고 부상당한 병사 4천 명을 주라고 명했다. 그리고 가맹관(葭萌關)에 사신을 보내 자신의 회신을 전달했다. 회신을 본 유비는 불같이 노해 그 자리에서 벌떡 일어나 편지를 찢어 버리고 유장을 크게 책망했다. 이에 놀란 사자는 성도로 급히 도망쳤다.

방통이 말했다. "주공께서는 인의를 중시하셨는데 오늘 편지도 찢어 버리고 이렇게 화를 내셨으니 옛 정은 전부 없던 것이 되었습니다. 제게 계책이 세 가지 있는데 주공께서는 그중에서 하나를 택하시면 될 듯합니다." 현덕이 물었다. "그 세 가지가 뭐요?" 방통이 대답했다. "첫째는 당장 정병을 뽑아 오늘 밤에 성도를 기습하는 것으로 최상책입니다. 둘째는 양회와 고패는 촉에서도 이름 있는 장수들이니 주공께서 형주로 돌아가는 척 하시면 두 장군은 분명 송별연을 열어 줄 것입니다. 그 기회에 그들을 사로잡고 죽이면 먼저 부성(涪城)을 얻고 나중에 성도를 얻을 수 있습니다. 이것이 중책입니다. 셋째, 백제(白帝)를 돌려주시고 밤을 새워 형주로 돌아가는 것입니다. 이것이 최하책입니다."

유비는 먼저 부성을 취하고 뒤에 성도를 공격하기로 하고 말했다. "군사의 최상책은 시간이 너무 촉박하고 최하책은 너무 느리오. 중책이 느리지도 빠르지도 않아 제일 적당할 듯싶소."

명언의 역사적 사례

기원전 273년 진(秦)나라는 또 한 차례 출병해 위나라를 공격했다. 그 기세는 과거 어느 때보다도 맹렬했다.

위 왕은 대신들을 불러 모아 수심 가득한 얼굴로 진나라의 군대를 되돌릴 묘책이 없는지 물었다. 대신들은 과거에 진나라가 여러 차례 대대적으로 위나라를 공격할 때마다 제대로 대항 한 번 해보지도 못했던 사실 때문에 전쟁이라는 말만 들어도 벌벌 떨었고 아무도 '맞서 싸워야 한다'는 말을 꺼내지 못했다. 그래서 진나라의 대군이 이미 위나라의 국경을 침범한 이러한 위급한 시기에 대다수 대신들은 위 왕에게 황하 이북과 태행산 이남의 광활한 국토를 진 왕에게 떼어 주고 화친을 청하자고 간언했다.

이때 마침 위나라에 머물던 소진(蘇秦)의 동생 소대(蘇代)는 위나라 대신들의 말이 전혀 상황에 맞지 않다고 여기고 위 왕에게 이렇게 간했다. "대왕, 저들은 모두 자기 목숨을 잃을까 두려워 나라를 팔아서라도 화친하라고 권하는 것입니다. 이는 전혀 나라를 위한 생각이라고 할 수 없습니다. 그 넓은 땅을 진나라에 떼어 준다면 물론 잠시는 진 왕의 욕심을 채워줄 수 있겠습니다만 그의 욕심은 앞으로도 계속 끝이 없을 것입니다. 그리하여 한 번 나라의 영토를 떼어 주기 시작하면 위나라의 국토를 다 가지기 전까지 공격을 멈추지 않을 것입니다."

여기까지 말한 소대는 가까운 예를 하나 들었다. "예전에 어떤 사람의 집에 불이 붙었습니다. 그래서 이웃 사람들이 그에게 얼른 물을 부어 큰 불을 막으라고 충고해주었는데 그 사람은 들은 척도 하지 않고 오히려 나뭇짐을 한 아름 안고서 불을 구하러 가려 했습니다. 나뭇짐이 불의 기세만 더 크게 하고 불을 끄진 못한다는 도리를 몰랐던 것입니다. 지금 대왕께서 만일 위나라 국토를 떼어주고 화친을 청하는데 동의하신다면 나뭇짐으로 불의 기세를 더 키운 사람과 같지 않겠습니까?"

소대가 이렇게 분명하게 상황 분석까지 해주었지만 위 왕은 다시 한 번 고려해 본 후 역시 대신들의 의견에 따라 진나라에 국토를 일부 떼어 주기로 했다. 과연 소대가 예상한 바와 같이 기원전 225년에 진나라 군대가 또다시 위나라를 크게 침공해 위나라의 수도 대량(大梁)을 포위했다. 진나라 군은 황하를 막아놓은 큰 둑을 밀어내고 홍수를 일으켜 대량성을 물에 잠기게 했다. 결국 위나라는 이렇게 진나라에 멸망당하고 말았다.

026
이름은 헛되이
전해지는 법이 없다
名不虛傳(명불허전)

현덕이 감탄하며 말했다. "사람들이 금마초(錦馬超)라고 하더니 이름이 헛되이 전해진 것이 아니로구나!"

마초(馬超)는 궁지에 빠져 한녕(漢寧) 태수 장노(張魯)에게 몸을 의탁했다.

바로 그때 장노는 유장에게서 출병해 자신을 도와달라는 편지를 받았다. 마초가 말했다. "주공께서 저를 받아주신 은혜는 평생 갚을 길이 없을 정도로 커서 저는 그저 감사할 따름입니다. 이번 기회에 조금이라도 보답하고자 제가 가서 가맹관(葭萌關)을 취하고 유비를 산채로 붙잡아 유장이 반드시 주공께 20개 주를 떼어주도록 만들겠습니다."

장노는 매우 기뻐하며 마초에게 병력 2만을 주어 내보냈다. 마초와 동생 마대(馬岱)는 가맹관을 공격할 날을 골라 출발했다. 유비는 이 이야기를 듣고는 급히 대신들과 대책을 논의했다. 회의를 시작하자마자 장비가 자신이 출정하겠노라고 호언장담했지만 제갈량은 들은 척도 하지 않고서 유비에게 건의했다. "마초는 관우가 나가야만 승리할 수 있습니다." 장비는 몹시 기분이 상해 자신이 어떠한 전공을 세웠는지 줄줄이 읊어대며 말했다. "마초를 이기지 못하면 군령에 따라 처벌 받아도 좋습니다."

제갈량은 그제야 장비의 출정을 허락하며 유비가 직접 군대를 인솔하고 장비는 선봉에 나서도록 했다. 가맹관 위에 도착한 유비는 제일 앞에서 군사들을 독려하는 마초를 보고 찬탄을 금치 못했다. 다음날 장비가 싸움을 시작하려 하자 유비는 앞을 가로막았다. 그러더니 후에 마초의 군대가 피로해 힘을 쓰지 못하게 되어서야 비로소 장비에게 결투를 허락했다. 장비가 날듯이 관을 내려가 마초와 100합을 싸웠지만 승부를 가릴 수 없었다. 이미 날이 저물어 유비가 돌아와 다음날 다시 싸우라고 소리쳤다. 하지만 장비는 말을 듣지 않고 오히려 이렇게 외쳤다. "횃불을 밝혀 야간 전투를 준비해주십시오. 마초를 이기지 않으면 관으로 돌아가지 않겠습니다!" 그러자 마초도 질세라 맹세하며 말했다. "장비를 이기지 않으면 진영으로 돌아가지 않겠다!"

두 사람은 각각 말을 갈아타고 등을 밝힌 채 야간 전투를 벌였다. 다시 20합을 싸웠지만 승부는 여전히 판가름 나지 않았다. 마초는 쉽게 이길 수 없자 달아나는 척 하다가 포환으로 장비를 공격했다. 하지만 장비도 신속하게 몸을 피해 성공하진 못했다. 장비 역시 반격해 활을 들고 화살을 쐈지만 성공하지 못했다. 그 후에야 쌍방은 병사를 철수시켰다.

명언의 역사적 사례

당 왕조의 위지경덕(尉遲敬德)은 무예에 정통했다. 그는 '해피삭(解避槊)'

이라는 아주 뛰어난 무예 기술이 있었다. 상대방의 창을 빼앗아서 다시 상대방을 찌르는 기술이었다. 위지경덕이 매번 말을 타고 적진을 돌파할 때마다 적은 창을 들고 그를 찌르려 했지만 위지경덕에게 상처를 입히기는커녕 오히려 자신이 창을 빼앗기고 그 창에 찔려 말에서 떨어지기 일쑤였다.

당시 제왕(齊王) 이원길 또한 말을 타며 창을 다루는 기술이 뛰어났다. 그는 위지경덕의 절기(絶技)에 관한 이야기를 듣고 코웃음을 치더니 위지경덕에게 무술 시합을 제안했다. 시합 전에 이원길은 부하를 시켜 창의 날을 없애게 하고 대신 창 자루로 싸우려 했다. 그러자 위지경덕이 말했다. "창날이 있어도 대군께서 저를 해치지는 못할 겁니다. 그러니 일부러 창날을 없애지 않으셔도 됩니다. 저 위지경덕은 반드시 피할 자신이 있으니까요."

대결이 시작된 후, 이원길은 수차례나 위지경덕에게 창을 날렸지만 모두 적중시키지 못했다. 한쪽에서 이를 관전하던 이세민이 물었다. "창을 뺏는 것과 창을 피하는 것 가운데 어느 것이 더 어려운 것이냐?" 위지경덕이 대답했다. "창을 빼앗는 것이 더 어렵습니다." 그러자 이세민은 위지경덕에게 이원길의 창을 빼앗아보라고 명했다.

이원길은 창을 꽉 움켜쥔 채 말을 타고 펄쩍펄쩍 뛰어오르며 반드시 위지경덕을 찔러 말 아래로 떨어뜨리겠다고 굳게 다짐했다. 하지만 위지경덕은 과연 명불허전이었다. 이원길은 순식간에 세 번이나 그에게 창을 빼앗겨버렸다.

027
장수가 밖에 있을 때는
듣지 않아도 되는 군주의 명이 있다
將在外 君命有所不受(장재외 군명유소불수)

관우는 얼굴색이 변하며 말했다. "저와 제 형은 도원에서 결의하며 함께 한나라 왕실을 돕자고 맹세했습니다. 형주는 본래 대 한나라 제국의 강토인데 어찌 함부로 다른 사람에게 주겠습니까? 게다가 장군이 외지에 있을 때는 군주의 명이라 해도 듣지 않아도 되는 명이 있다고 했습니다. 비록 우리 형님이 보낸 편지지만 저는 절대 내드릴 수 없습니다."

동오의 손권은 유비가 서천을 점령했다는 소식을 듣자 곧 제갈근(諸葛瑾)을 서천에 보내 형주를 다시 찾아오게 했다.

며칠이 못 되어 성도에 도착한 제갈근은 제갈공명과 함께 유비를 만났다. 유비는 제갈근이 올린 손권의 편지를 보더니 버럭 화를 내며 말했다. "손권은 내게 자기 누이를 시집보내 놓고도 내가 형주에 없는 틈을 타 몰래 데려가 버렸네! 내가 마침 병사를 일으켜 강남을 정벌하고 이 원한을 갚으려 벼르던 중이었는데 손권은 욕심이 한도 끝도 없는가? 어찌 또 형주를 달라고 하는 것인가!"

그때 곁에 있던 제갈량이 제갈근의 편을 들자 유비가 다시 말했다. "군사의 얼굴을 봐서 형주의 반은 돌려주도록 하지요. 장사(長沙)·영릉(零陵)·계양(桂陽) 삼 군을 동오에 드리겠소이다." 그러자 제갈량이 반색하며 말했다. "주공께서 관우 공에게 편지를 쓰셔서 그 삼 군을 반환케 하시지요."

제갈근은 유비의 편지를 받아 들고 형주에 가서 관우를 찾았다. 관우는 군사 제갈량의 형인 그를 내실로 모셨다. 쌍방의 인사가 끝나자 제갈근은 관우에게 유비가 쓴 편지를 보여 주며 삼군을 반환하면 자신이 동오에 돌아가 그리 보고하겠노라고 말했다. 관우는 이 말을 듣더니 금세 얼굴색이 변하며 말했다. "저와 제 형은 도원에서 결의하며 함께 한나라 왕실을 돕자고 맹세했습니다. 형주는 본래 대 한나라 제국의 강토인데 어찌 함부로 다른 사람에게 주겠습니까? 게다가 장군이 외지에 있을 때는 군주의 명이라 해도 듣지 않아도 되는 명이 있다고 했습니다. 비록 우리 형님이 쓰신 편지지만 저는 형주의 아주 작은 땅이라도 절대 내드릴 수가 없습니다."

제갈근은 어쩔 수 없이 다시 서천으로 가서 유비와 제갈량을 만났다. 유비는 그를 위로하며 말했다. "제 아우는 성격이 아주 급하고 말을 하기가 어려운 사람입니다. 먼저 돌아가 계십시오. 제가 동천(東川)과 한중의 여러 군들을 얻고 나면 그때 관우를 그곳에 보내 지키게 하고 그 다음에 형주를 돌려드리겠습니다." 제갈근은 울며 겨자 먹기로 동오로 돌아와야 했다.

명언의 역사적 사례

오대십국 시기에 오월(吳越)국 왕이 남당(南唐)의 상주(常州)성을 에워싸고 공격했다. 당시 남당의 군주 이경(李璟)은 시극굉(柴克宏)을 좌무위(左武衛)장군으로 임명해 군대를 이끌고 가서 상주를 돕게 했다. 그러나 시극굉이 상주에 채 도착하기도 전에 조정에서 결정이 번복되었다는 통지가 날아들었다. 시극굉 대신에 대장 주광업(朱匡業)을 파견한다는 것이었다.

조서를 받아든 시극굉은 연왕(燕王) 이홍기(李弘冀)에게 하소연하며 말했다. "제가 성인이 되어 군에 몸담은 이래로 나라를 위해 충성하겠노라고 결심하지 않은 날이 없습니다. 지금 상주가 풍전등화 같은 운명인데 폐하께서는 전쟁을 바로 코앞에 두고 손바닥 뒤집듯 장수를 바꾸셨습니다. 결국 제 심장의 피만 공연히 뜨거워져 갈 곳을 잃게 되었습니다. 참으로 안타깝고 억울할 뿐입니다. 각하께서 저를 위해 황제께 상소를 올려 주십시오. 소장도 제 가족의 목숨을 걸고 맹세하겠습니다. 오월의 군사들을 깨뜨리지 않으면 소장의 머리를 잘라 천하에 보답하겠노라고 말입니다!"

왕자 이홍기는 그의 일편단심인 우국충정에 크게 감동했다. 그는 자신의 가슴을 두들기며 약속했다. "장군의 호기로운 말씀은 참으로 존경스럽습니다. 옛말에 장수가 외지에 있을 때는 군주의 명 중에 듣지 않아도 되는 명이 있다고 했습니다. 장군은 마음 놓고 전쟁에만 전념하십시오. 제가 황제께 다 잘 말씀드릴 터이니 별 문제 없을 것입니다."

이홍기는 곧바로 상주가 풍전등화의 위기에 처해 있는데 중간에 이리 급작스레 주장을 바꾸는 것은 적절하지 않다는 상소를 써 올렸다. 그러나 시극굉이 곧 상주에 도착할 때쯤 추밀부사(樞密副使) 이정고(李征古)가 다시 한 번 사자를 보내 시극굉에게 돌아오라는 뜻을 전했다. 시극굉이 말했다. "나는 며칠 안에 적을 쳐부술 수 있소. 그런데도 나를 불러 돌아가라고 하다니 당신은 꼭 적과 한 패거리인 듯합니다." 그는 즉시 부장에게 명해 사자의 목을 치게 했다. 그러자 사자가 급히 말했다. "이건 추밀부사의 명이요." 이에 시극굉이 말했다. "추밀부사가 직접 온다 해도 똑같은 말을 전한다면 나는 추밀부사의 목도 자를 것이오."

시극굉은 사자의 목을 자른 후 부하에게 커다란 천으로 전함을 덮어 위장하도록 명했다. 또 배 안에 완전무장한 군사들을 숨겨 두었다. 그는 이렇게 적의 진영으로 몰래 들어가 기습해서 오월의 군대를 일시에 격파했다.

028
보검은 늙지 않는다
寶刀不老(보도불로)

말을 달려 나온 장합(張郃)은 황충(黃忠)을 보더니 비아냥거리며 말했다. "연세도 이렇게 많으신 분이 부끄러운 줄도 모르고 전쟁에 나오셨군요!" 그러자 황충이 노하며 대꾸했다. "새파랗게 젊은 놈이 나이 많다고 어른을 무시해? 나는 늙었어도 내 손에 들린 보검은 늙지 않았다!"

황충은 촉나라 군 가운데 아주 유명한 노장이었다. 당시 조조의 장수 장합이 연전연패하던 상황이었는데, 조홍(曹洪, 조조의 사촌 동생으로 위(魏)나라의 명장—역주)은 장합에게 다시 병마 5천을 주며 가맹관(葭萌關)을 함락시키라고 명령했다.

이 소식을 전해들은 유비는 군사들과 함께 대책을 논의했다. 제갈량이 유비에게 이렇게 말했다. "장합은 조조 수하에 있는 명장이니 그를 이기려면 적어도 장비 정도 실력은 되어야 할 것 같습니다." 그의 말한마디는 바로 노장 황충을 격노케 했다. 그는 자신이 전쟁에 나가겠노라 출전을 자청했다. 그러자 제갈량은 다시 한 번 언성을 높이며 말했다. "황 장군께서 용감하긴 하시지만 연세가 너무 많으십니다. 장합의 적수가 될 수 없을 겁니다!" 이 말을 들은 황충은 더욱 화가 나 백발이 다 곤두선 것처럼 보였다. 그는 문밖으로 성큼성큼 걸어 나가더니 선반 위에 놓인 큰 칼을 집어 들고 나는 듯이 칼을 휘둘렀다. 또 벽에 걸려 있는 튼튼한 활을 잡아당겨 연속으로 활 두 개를 부러뜨렸다. 제갈량은 그의 모습을 보고 말했다. "장군께서 나가신다면 누구를 부장으로 데리고 가시렵니까?" 황충이 말했다. "노장 엄안(嚴顔)을 데리고 가겠소. 만일 우리 둘이 나가서 승리하지 못하면 백발이 된 내 머리라도 바치리다." 이에 유비와 제갈량은 그 둘이 군사를 거느리고 나가 장합과 전투를 치르라고 명했다.

황충과 엄안은 신속히 가맹관에 도착했다. 이미 도착해 있던 장합이 이를 보고는 비웃으며 말했다. "나이도 이렇게 많으신 분이 부끄러운 줄도 모르고 전쟁터에 나와 싸우려 하십니까?" 황충은 노기충천해서 대답했다. "새파랗게 젊은 놈이 나이 많다고 나를 무시해? 내 손에 들린 보검은 아직 늙지 않았다!"

그는 말채찍을 휘두르며 달려 나가서 장합과 결전을 벌였다. 둘이 약 20여 합을 싸웠는데 장합의 뒤쪽에서 홀연히 고함 소리가 들려왔다. 샛길을 따라 장합의 후군을 덮친 엄안의 부대였다. 황충과 엄안 양군은 기세 높게 협공했다. 결국 장합은 크게 패해 군사를 이끌고 80여 리 가량이나 후퇴해야 했다.

명언의 역사적 사례

측천무후(則天武后)가 적인걸(狄仁傑, 당나라 시기의 명관—역주)에게 이런 질문을 한 적이 있다. "짐이 중임을 맡길 만한 걸출한 인재를 찾고 있는데

경이 볼 땐 누가 제일 적당한 것 같습니까?" "폐하께서는 무슨 일을 맡기시려고 하십니까?" 적인걸이 반문했다. 측천무후가 말했다. "재상을 맡길까 합니다." 적인걸은 그제야 대답하며 말했다. "글재주도 있으면서 멋도 아는 인재를 찾으신다면 소미도(蘇味道)나 이교(李嶠)가 후보로 적당할 것 같습니다. 그러나 정말 군계일학인 기재를 찾으신다면 형주(荊州) 장사(長史, 막료에서 으뜸가는 장수—역주) 장간지(張柬之)가 유일한 인물일 듯합니다. 나이는 좀 많지만 공무를 수행하는 능력은 전혀 손색이 없습니다. 그야말로 늙지 않은 보검이니 재상감으로 안성맞춤인 재목입니다."

측천무후는 곧바로 장간지를 발탁해 낙주(洛州) 사마(司馬, 중요 도시의 군사관—역주)에 임명했다. 그로부터 며칠이 지나자 측천무후는 또 적인걸에게 인재를 추천해 달라고 청했다. 적인걸이 대답했다. "제가 며칠 전에 추천했던 장간지는 아직 재상에 임명되지 않았습니다." "하지만 벌써 승진시켰습니다." 측천무후가 말했다. 그러자 적인걸이 대답했다. "제가 추천해드린 장간지는 재상에 걸맞은 재목입니다. 사마 정도를 시키라고 추천해 드린 것이 아니었습니다."

이에 측천무후는 장간지를 추관시랑(秋官侍郎, 각 부의 장관에 해당함—역주)에 임명했고 한참 시간이 흐른 후에는 결국 재상으로까지 임명했다. 이로써 장간지는 자신이 늙지 않는 보검이라는 것을 증명해 보였다.

029
배짱이 두둑하다
渾身是膽(혼신시담)

군사가 조자룡이 황충을 구하고 한수를 지킨 일을 상세하게 이야기하자 현덕은 크게 기뻐했다. 그는 산 앞뒤의 험준한 길을 살펴보더니 제갈공명에게 기쁜 듯 말했다. "자룡은 온 몸이 전부 배짱으로 두둑하구려!"

황충은 하후연을 죽이고 마침내 정군산(定軍山)을 함락시켰다. 조조는 화가 머리끝까지 나 미창산(米倉山)의 군량과 여물을 한수(漢水) 곁에 있는 북산(北山)의 진채로 옮기고 자신이 친히 20만 대군을 이끌고 가맹관으로 진격했다. 이에 황충과 여러 장수들은 모여 전략을 짠 뒤에 밤의 어두움을 틈타 위나라 군의 군영을 습격해 군량과 물자들을 불태우기로 했다. 황충과 장저(張著)는 북산을 향했다. 그들은 미리 정해둔 시간이 넘어도 돌아오지 않으면 조운이 병사를 이끌고 진지를 나와 그들과 협공하며 적군에 대항하기로 했다. 그러나 황충과 장저는 북산으로 향하던 길에 진군 중에 조조가 인솔하는 부대를 맞닥뜨렸다. 한편 진지를 지키던 조운은 약속한 시간이 넘어도 황충이 돌아오지 않자 곧 출병해 그들과 호응했다. 그는 적군의 대오를 거침없이 누비며 조조의 대군을 혼비백산하게 하고 황충과 장저를 무사히 구출해 냈다.

그러나 조조도 순순히 물러나지는 않았다. 반드시 조운을 없애겠다며 대부대를 지휘해 맹렬히 추격전을 벌인 조조는 이윽고 촉의 진지까지 이르렀다. 조운의 부장 장익(張翼)은 조운이 이미 본진지에 돌아온 후 뒤에 조조의 군사들이 맹렬하게 추격해 오는 것을 보고 진지의 문을 굳게 걸어 잠그고 방어하려 했다. 그러나 조운은 오히려 진지의 문을 활짝 열고 깃발도 전부 눕히고 북을 울리는 것도 멈춘 채 조조의 군대를 들여보내라고 명령했다. 또 궁수들을 진지 안팎에 매복시키고 자신은 말 한 필에 올라타 단지 창 하나만 들고 진지 입구에서 적을 기다렸다.

본래 의심이 많은 성품인 조조는 진지 입구까지 추격해 왔으나 대문이 활짝 열려 있는 것을 보고 분명히 매복이 있는 것이라 여겼다. 그는 본대에 급히 철수하라고 명령했다. 조조 군이 막 후퇴하려는 찰나, 갑자기 촉의 진영에서 일제히 북소리가 울리며 "쳐라!" 하는 군사들의 함성이 하늘을 흔들고 화살이 소나기같이 쏟아졌다. 조조 군은 모두 갑작스럽게 벌어진 일에 너무 놀라 각자 제 살 길 찾기에 바빴다. 서로 치고 밟고 뒤엉키는 아비규환 속에서 죽은 자도 수두룩했다. 촉나라 군사들은 이 기세를 틈타 조조 군의 군량을 빼앗고 조조군 군사와 말을 크게 무찌른 후에 진영으로 돌아왔다.

다음날 아침 승전보를 들은 유비는 진영을 방문해 장군과 병사들을 위로했다. 유비는 어제 전투가 벌어졌던 곳을 순시하면서 장군과 병사들을 통해 조운의 눈부신 활약상을 전해 들었다. 유비는 조운의 용맹스러움에 자신도 모르게 감탄하며 말했다. "자룡은 온 몸이 전부 배짱으로 두둑하구려!" 그리고 조운을 '호위(虎威)장군'이라 불렀다.

명언의 역사적 사례

정관(貞觀) 18년(644년) 당 태종 이세민은 친히 고구려를 정복하려고 장안과 낙양 등지에서 군사를 모집했다. 이때 설인귀(薛仁貴)도 장사귀(張士貴) 장군이 이끌던 부대에 지원해 군에 입대했다.

645년, 당 태종은 낙양을 출발해 직접 고구려로 떠났다. 한편 소식을 들은 고구려에서는 대장 고연수(高延壽)와 고혜진(高惠眞) 장군이 15만 대군을 이끌고 안시성을 지원하러 와 있었다. 이에 당 태종은 고구려의 원군을 안시성(安市城) 동남쪽으로 팔 리쯤 떨어진 곳까지 유인해 결전을 벌였다. 이때 갑자기 사납게 변하더니 검은 구름이 사방에서 일고 천둥번개가 쾅쾅 쳐댔다. 평소 자신의 용맹에 자부심이 컸던 설인귀는 이 기회에 꼭 전공을 세워야겠다고 벼르고 있던 참이었다. 그는 일부러 눈에 잘 띄는 하얀 두루마기를 입고 손에는 화극을 들고 등에는 활을 맨 채 큰 고함을 내지르며 적진을 향해 달려 나갔다. 그의 갑작스런 출현에 고연수 장군은 깜짝 놀랐다. 병사들을 나누어 전투를 벌이려 생각했던 고구려군은 설인귀의 황당한 출현에 그만 대열이 무너지고 병사들이 사방으로 도망치는 바람에 삽시간에 2만여 명의 목숨을 잃고 말았다.

온 몸을 흰 두루마기로 감싼 설인귀는 눈에 아주 잘 띄었다. 그의 모습은 전쟁 상황을 지켜보던 당 태종에게도 금세 발견되었다. 설인귀의 활약에 감탄한 당 태종은 물었다. "흰 두루마기를 입고 제일 앞에서 적진으로 내달리던 장군은 누구인가?" 사람들이 대답했다. "설인귀라 합니다."

전쟁 후 당 태종은 설인귀를 불러 배짱이 아주 두둑하다며 칭찬했다. 말 두 필과 비단 40필을 하사한 뒤 그를 유격(遊擊)장군으로 승격시키고 장안 태극궁(太極宮)의 북쪽 정문(正門)을 지키는 책임관으로 임명했다.

030
먹자니 맛이 없고 버리자니 아깝다
食之無味 棄之可惜(식지무미 기지가석)

양수가 말했다. "오늘 밤에 쓰는 암호를 통해 위 왕이 곧 병사를 철수하고 돌아간다는 것을 알 수 있습니다. 닭갈비는 먹자니 고기가 없고 버리자니 아까운 것입니다. 마찬가지로 이제 와서 공격한다 해도 이길 수 없고, 퇴각한다 해도 사람들의 비웃음을 살 것이니 여기에 머물러 있는 것은 아무런 이익이 없습니다. 차라리 빨리 돌아가는 것만 못 합니다. 내일 위 왕은 분명히 군대를 이동할 것입니다. 그래서 저는 먼저 짐을 쌌습니다. 여행을 떠나기 전에 정신이 없을 것을 면하려고 말입니다."

조조가 한중으로 출병하던 때 양수(楊修)는 조조의 행군주부(主簿, 막료급 비서─역주)를 담당했다.

군대가 한중에 들어선 후에 조조는 상황이 자신들에게 매우 불리하다는 것을 알게 되었다. 전진할 수도 없고 방어하기에도 마땅치 않았다. 그렇다고 군대를 철수시키자니 세상 사람들의 비웃음이 두려웠다.

그래서 망설이고 있는데 요리사가 닭곰탕을 받쳐 들고 왔다. 그는 닭곰탕을 먹으면서도 계속 생각에 생각을 거듭했다. 그가 막 닭갈비를 먹을 때, 대장 하후돈이 들어와 야간의 암호를 무엇으로 할 것인지 물었다. 그러자 조조는 단 한 마디를 내뱉었다. "계륵(鷄肋, 닭의 갈비-역주)." 그러자 곁에 있던 양수는 이것이 무엇을 의미하는지 금방 알아차리고는 얼른 시종 드는 하인을 불러 떠날 채비를 하도록 했다. 한 사람이 이것을 보고 하후돈에게 보고하자 크게 놀란 하후돈은 양수를 막사로 불러들여서 왜 떠날 채비를 했느냐고 물었다. 그러자 양수가 대답했다. "계륵은 먹기에는 맛이 없고, 버리기에는 아까운 물건입니다. 조공께서는 지금 한중을 계륵으로 보고 계십니다. 이곳에 남아 있어도 별 의미가 없으니 곧 돌아가실 겁니다. 그래서 저는 먼저 떠날 짐을 챙긴 것이지요. 나중에 길을 떠날 때 정신이 없을 것 같아서요." 그의 말이 끝나자 하후돈이 감탄하며 말했다. "어찌 그리도 위 왕의 속마음을 잘 아시오?" 군영으로 돌아온 후 하후돈 역시 짐을 꾸리고 떠날 준비를 했다. 그러자 하후돈의 진지에 있는 장군들도 이를 보고 각자 자기 짐을 챙기기 시작했다.

한편 조조는 한밤중이 되자 더욱 마음이 심란하기 그지없었다. 그는 손에 도끼 하나만 들고 홀로 진지를 돌아보기로 했다. 그런데 하후돈의 진지를 둘러보니 군사들이 전부 짐을 꾸리며 돌아갈 준비를 하는 게 아닌가? 깜짝 놀란 조조는 얼른 막사로 돌아와서 하후돈을 불러 이유를 캐물었다. 하후돈은 주부 양수가 돌아가고 싶어 하는 조조의 마음을 꿰뚫어 보았다고 사실을 털어놓았다. 조조는 다시 급히 양수를 불러와 그를 심문했다. 그러자 양수는 암호 '계륵'의 뜻으로 철수를 짐작했다고 대답했다. 조조는 크게 노해 말했다. "네가 감히 헛소문을 만들어 군심을 어지럽히다니!" 그는 즉시 양수를 끌고 나가 참수시키고 머리는 원문 밖에 걸어놓아 경계로 삼도록 했다.

명언의 역사적 사례

당 현종 개원(開元) 24년(736년) 3월 좌효위(左驍衛)장군을 맡았던 안녹산(安祿山)은 장수규의 명을 받들어 당 왕조에 반발한 계단(契丹)족을 정벌했다.

안녹산은 평소 자신을 천하무적의 용장으로 여겼기에 계단족쯤은 전혀 상대로 여기지도 않았다. 그러나 그는 군사 수백 명만 이끌고 무모하게 추격전을 벌이다가 계단 사람들의 매복에 속아 전군이 섬멸되고 말았다. 그리고 자신은 말 한 필에 몸을 의지해 홀로 유주로 도망쳐 왔다. 장수규는 군법에 따라 안녹산을 참수형에 처하려 했다. 그러자 안녹산은 전혀 개의치 않는다는 듯 큰 소리로 외쳤다. "장공께서는 계단 사람을 무찌르려고 오시지 않으셨습니까! 어찌 계단 사람을 멸하기도 전에 장수를 먼저 죽이려 하십니까?"

그의 담대한 태도에 장수규는 마음이 흔들렸다. 그래서 장수규는 안녹산이 인재임을 아깝게 여기고 상소문을 써서 그를 수도 장안까지 압송하고 조정에서 그의 문제를 처리하도록 했다. 당시 우승상(右丞相) 장구령(張九齡)은 상소문을 읽어보고 유주에 이런 회답을 보냈다. "과거 사마양저는 군기가 엄격하여 제나라 경공(景公)의 총애를 받던 군사 감독 장가(莊賈)까지도 죽이기를 두려워하지 않았습니다. 손무(孫武) 역시 군기가 엄하여 오나라 왕이 총애하던 비빈을 두 명이나 죽인 일이 있습니다. 장군께서 만일 군기를 엄격하게 지킨다면 안녹산의 죽을죄를 용서해 주어서는 안 될 것입니다."

한편 장수규의 상소문을 본 당 현종은 안녹산이 포악하고 오만한 면이 있어 먹자니 맛은 없을 것 같았지만 버리자니 역시 아까운 생각이 들어 그의 죄를 사면하도록 명했다. 그 대신에 그를 모든 관직에서 파면하고 군사를 이끌고 전쟁에 나가 공을 세우는 것으로 자신의 죗값을 치르도록 했다. 안녹산은 이렇게 해서 비록 잠시 동안은 관직을 잃었지만 덕분에 조정에서 유명 인사가 되었다. 나중의 성공에는 유리한 조건을 확보한 셈이었다.

031
뼈를 긁어 독을 치료하다
刮骨療毒(골골료독)

관운장은 뼈를 긁어 독을 치료했고 여자명은 흰 옷을 입고 강을 건넜다.

관우는 번성을 공격하는 과정에서 잠시의 부주의로 그만 오른팔에 독화살을 맞고 말았다. 군사들이 서둘러 화살촉을 빼냈지만 독은 이미 뼛속까지 침투한 상태였다. 장수들이 우선 형주로 돌아가 상처를 치료하라고 권했지만 관우는 번성을 함락시키기 전까지는 절대 철병할 수 없다는 결의를 밝혔다. 관우의 상처가 점점 더 심각해지는 것이 걱정된 유비의 장수들과 군사들은 하는 수 없이 사방에 사람을 풀어 명의를 찾았다.

어느 날 한 사람이 작은 배를 타고 강을 따라 한나라 군대의 진영에 찾아왔다. 그는 자신의 성이 화(華)요, 이름은 타(佗)라고 밝히면서 관우를 치료하려고 특별히 이곳까지 왔노라고 했다. 관우를 진찰한 화타는 "화살촉에 묻어 있던 독이 벌써 뼛속까지 미쳤습니다. 살을 째고 뼈를 긁어내야만 비로소 독을 완전히 제거할 수 있습니다."라고 말했다.

관우는 화타에게 어떻게 치료할 것인지 방법을 물었다. 화타가 말했다. "사실 저는 관우 장군께서 수술을 두려워하시진 않을까 걱정입니다. 그래서 땅에 기둥을 하나 박고 그 기둥에 고리를 하나 매달아 팔을 그 고리에 집어넣은 후, 밧줄로 팔을 단단히 묶고 천으로 장군의 눈을 가린 다음에 수술을 하려고 합니다." 관우는 이야기를 듣더니 빙그레 웃으며 말했다. "나는 죽는 걸 고향으로 돌아가는 것처럼 생각하는 사람이오. 무엇이 두렵겠소?"

그는 곧 화타와 술자리를 함께 할 연회를 준비하게 했다. 관우는 술 몇 잔을 마시고 다른 사람과 함께 바둑을 두면서 화타에게 자신의 오른팔을 내밀었다. 화타는 관우의 살가죽을 찢고 칼로 뼈를 긁어냈다. 팔뚝에서 흘러내리는 피가 대야 가득 넘쳤는데도 관우는 수술을 받으면서 술을 마시고 웃고 떠들며 평상시와 똑같은 모습이었다. 뼈에 스며든 독을 전부 긁어낸 후 약을 바르고 상처를 봉합하자 관우는 웃는 얼굴로 일어나 뭇 장군들에게 말했다. "내 팔은 이제 전처럼 마음대로 움직일 수 있게 되었습니다. 화타 선생, 선생은 정말 신의(神醫)이십니다!" 그러자 화타가 말했다. "제가 의술을 행한 이래로 장군처럼 대단한 분은 처음 뵈었습니다. 장군이야말로 신인(神人)이십니다!"

명언의 역사적 사례

오대십국 시기에 후량의 주우정(朱友貞)은 즉위한 후 과거 위박(魏博)이 소유했던 여섯 주(州)를 두 개의 진(鎭)으로 분리시켰다. 그러자 현지의 군대들은 그 결정에 복종하지 않았고 결국 군교(軍校) 장언(張彦)은 반란을 일으켰다. 그는 절도사 하덕윤(賀德倫)을 납치해 후량을 배반하고 진(晉)에 투항하도록 강요했다. 이에 진왕(晉王) 이존욱은 직접 대군을 이끌고 황택령(黃澤

嶺)에서 동으로 내려왔다. 허나 장언의 행동이 유인 작전인지 아닌지 확실한 판단이 서지 않았기에 일단 병사를 주둔시키고 움직이지 않았다. 그러자 하덕윤은 판관사공(判官司空)을 보내 이존욱의 군대를 위로하며 그에게 반란군의 뼈를 긁어 근본적인 치료를 하는 것이 좋겠다며 은밀하게 건의했다. 다시 말하자면 우선 장언을 제거하는 것이 가장 근본적인 해결책이라고 제안한 것이다.

이존욱은 하덕윤의 건의를 들은 후 군대를 이끌고 전진해 영제(永濟)에 주둔했다. 그때 장언이 정병 500명을 이끌고 그에게 인사 차 찾아왔다. 그러나 이존욱은 역참의 성루 위에 서서 장언에게 고했다. "사람들이 내게 와서 네가 주장(主將)을 모욕하고 협박하며 백성들을 가혹하게 대한다고 하소연한 것이 벌써 100번도 더 되었다. 너는 내게 공을 세운 것은 분명하다만 나는 위주(魏州) 백성들에게 사죄하기 위해 널 죽여야겠다!"

그리고 장언과 그 패거리 일곱 명을 바로 참수해버렸다. 하지만 반란군의 잔당들에게는 "죄가 있는 것은 그 여덟 명뿐이다. 다른 사람들에게는 죄를 묻지 않겠다. 너희들은 이제부터 나에게 충성하면 된다."라고만 말했다.

그 다음날 가벼운 옷차림에 넓은 띠를 두르고 나타난 이존욱은 장언의 병사들에게 갑옷을 입고 창을 들고 자신의 좌우를 따르라 명했다. 이존욱의 신임을 받은 장언의 병사들은 그의 막사를 지키는 친위병이 되었고 그 이후 반란군은 이존욱의 말에 복종하게 되었다.

032
차에 싣고 말로 담을 정도
車載斗量(거재두량)

조비(曹조, 조조의 차남. 위 문제(文帝)로 등극함—역주)가 물었다. "그러면 선생 같은 분은 오나라에 몇 명이나 있습니까?" 이에 조자(趙咨)가 대답했다. "총명하면서도 특출한 재주가 있는 사람은 한 8, 90명 있고 저 같은 사람은 차에 싣고 말로 담아야 할 정도로 많아 수를 셀 수가 없습니다!"

221년 유비는 손권이 관우를 죽인 원수를 갚기 위해 이릉(夷陵) 전투를 준비했다. 유비가 직접 대군을 이끌고 손권을 정벌하려 하자 손권은 먼저 사자를 보내 화해를 청했다. 하지만 유비는 단번에 거절해 버렸다. 손권은 어쩔 수 없이 위나라의 도움을 받을 요량으로 조비에게 아주 겸손한 태도를 보이며 자신을 신하로 칭했고 조비는 손권을 오(吳) 왕(王)으로 책봉했다.

손권은 이에 조자를 사신으로 파견해 낙양에서 조비를 알현하도록 했다. 조비는 조자에게 아주 거만한 태도로 물었다. "오 왕은 어떤 군왕인가? 오나라는 우리 위나라를 두려워하는가, 두려워하지 않는가?" 이런 모욕적인 질문을 받은 조자는 순간 기지를 발휘해 아주 적절한 대답을 했다. "오 왕은 걸출한 재주와 원대한 계획을 품으신 분으로 노숙을 중용해 그 지혜를 증명했고, 여몽을 등용해 명석한 판단력을 증명했습니다. 또한 포로로 잡은 우금을 죽이지 않는 것으로 인의를 증명했고 칼에 피 한 방울 안 묻히고 형주를 취한 일로써 예지(叡智)를 증명했습니다. 남방의 세 주를 차지하고 사방을 호령하는 모습만 놓고 보더라도 오 왕의 걸출한 재주와 원대한 계획은 증명하고도 남습니다. 이런 오 왕이 폐하에게 신하라고 칭한 것은 그가 책략을 알고 있다는 걸 증명합니다. 오나라가 위나라를 두려워하는지 아닌지가 궁금하시다면 이렇게 말씀드리겠습니다. 큰 나라는 큰 나라대로 타국을 정벌할 무력을 갖추고 있고 작은 나라는 작은 나라대로 자신을 방어할 좋은 책략을 갖추고 있게 마련입니다. 하물며 우리 오나라는 용맹한 병사가 100만이요, 강한(江漢)이라는 천혜의 요새를 차지하고 있는데 왜 다른 나라를 두려워하겠습니까?" 조금의 흐트러짐도 없이 그 자리에서 바로 흘러나오는 침착한 답변에 크게 감탄한 조비는 이번에는 좀 더 예의 바른 말투로 다시 질문을 던졌다. "그러면 선생 같이 재능 있는 분은 오나라에 몇 명이나 있습니까?" 조자는 다시 한 번 당당하게 대답했다. "총명하면서도 특출한 재주가 있는 사람은 적어도 8, 90명이 있고, 저 같은 사람은 그야말로 차에 싣고 말로 담아야 할 정도로 많아 수를 셀 수가 없습니다!"

이렇게 위풍당당한 외교 사절의 발언을 들으면서 위나라 조정의 대신들은 모두 조자에게 숙연한 존경심이 생겨났다. 조비 역시 감탄을 연발하며 조자를 칭찬했다. "사신이 되어 사방을 다니면서도 군주의 명예에 욕을 끼치지 않다니, 선생께서는 정말 사신의 임무에 손색이 없는 분이십니다."

조자가 동오로 돌아오자 손권은 그가 군주의 명예에 욕을 끼치지 않고 사명을 다하고 돌아온 것에 매우 기뻐하며 상을 내렸고 이후로 그의 능력을 인정해 더욱 중용했다.

명언의 역사적 사례

남북조 시대에 북방에서는 피에 굶주린 군벌들이 들고 일어났다. 그 가운데 가장 대표적인 사람이 바로 혁련발발이다.

혁련발발은 본래 흉노족으로 부친과 자신의 자손의 성은 유씨였지만 자신만은 '혁련'이라는 성을 사용했다. 혁련발발은 유유가 후진(後秦)을 멸망시키자 그가 조정으로 돌아간 틈을 타 진(晉)을 깨뜨리고 유의진(劉義眞)을 대패시켰다. 그리고 이때 수만이나 되는 사람의 해골을 쌓아 수도의 명물로 삼고 이름도 끔찍한 '해골탑'이라 불렀다.

잔인하고 포악하기로 유명했던 혁련발발은 백성을 마치 지푸라기처럼 여겼다. 그가 절대 무너지지 않는 견고한 성을 짓겠다며 오년간 성을 쌓은 일은 아주 유명하다. 그는 견고한 성벽을 쌓으려고 벽돌을 만드는 진흙에 쌀죽과 양의 피를 넣고 끓여 만들었고 성벽 한 구간이 완성되면 건축을 감독한 병사에게 명해 쇠 송곳으로 벽돌을 찔러보게 했다. 만일 쇠 송곳이 일 촌(寸, 3.33센티미터 가량—역주) 이상 들어가면 성벽 벽돌을 만든 벽돌장이는 죽어야 했다. 그리고 그가 만든 구간의 성벽은 모두 허물어 벽돌장이의 시체를 그 안에 집어넣고 성벽을 새로 쌓게 했다. 그러면서도 혁련발발은 대신들에게 이렇게 호언장담했다. "짐은 평생에 반드시 천하를 통일하고 만방에 군림할 것이다. 그런 의미에서 이 성의 이름은 통만성(統萬城)이라 한다!"

혁련발발의 군대에 무기를 만들어 바치는 장인의 운명 역시 비참하기 그지없었다. 갑옷과 활, 화살들이 일정량 만들어지면 혁련발발은 다른 이를 시켜 화살로 갑옷을 쏘게 해서 견고함을 실험했다. 만일 화살이 갑옷을 뚫지 못하면 활과 화살을 만든 장인이 죽어야 했고 반대로 화살이 갑옷을 뚫으면 갑옷을 만든 장인이 죽어야 했다.

이렇게 끊임없이 죽고 죽이는 비극 가운데 그에게 죽임을 당한 백성들은 차에 싣고 말로 담아야 할 만큼 많아 차마 그 수를 셀 수가 없었다.

가없는 사랑의 굴레
홍루몽

달도 차면 기울고 물도 차면 넘친다
月滿則虧 水滿則溢 월만즉휴 수만즉일

001
물길 따라 배를 젓듯이
대세에 따르다
順水行舟(순수행주)

문지기가 말했다. "과거에 영민하고 과단성 있기로 명성이 자자하던 영감께서 오늘날 어쩌다가 이다지도 생각 없는 분이 되셨습니까? 영감께서 이 자리에 오르실 때 가씨와 왕씨의 도움을 받았다고 들었습니다.

그 설반이란 사람은 다름 아닌 가씨의 친척이니 인정을 베풀어 사건을 원만히 종결짓고 차후에 가씨, 왕씨 가문과 계속 왕래하는 것이 대세를 따르는 길일 것입니다."

설반과 풍연(馮淵)이 서로 영련(英蓮)을 차지하려고 다투던 중 풍연이 맞아 죽는 사건이 발생하자 이 사건을 맡은 가우촌은 설반을 잡아들이기로 했다. 일전에 호로묘(葫蘆廟)에 있던 동자승이 마침 그의 밑에서 문지기 노릇을 하고 있었는데 그가 호관부(護官符)에 쓰여진 설(雪)이란 글자가 바로 설(薛)씨 가문과 동음자(同音字)라는 것을 알려 주었다. 가우촌은 그에게 "이 사건은 어찌 시비를 가리는 것이 좋겠느냐?"라고 물었다. 문지기는 웃으면서 "과거 영민하고 과단하기로 명성이 자자하던 대감께서 오늘날 어쩌다가 이다지도 생각 없는 분이 되셨습니까? 영감께서 이 자리에 오르실 때 가씨와 왕씨의 도움을 받았다고 들었습니다. 그 설반이란 사람은 다름 아닌 가씨의 친척입니다. 인정을 베풀어 사건을 원만히 종결짓고 차후에 가씨, 왕씨 가문과 계속 왕래하는 것이 대세를 따르는 길일 것입니다."라고 대답했다.

그러나 가우촌은 고개를 가로저으며 "네 말뜻을 어찌 모르겠냐만 이 사건은 사람의 목숨이 관계된 사건이다. 게다가 내가 황제 폐하의 성은을 입어 다시 중용된 것은 과거를 잊고 처음부터 다시 시작하라고 기회를 주신 것일 터. 몸과 마음을 바쳐 그 뜻에 보답해야 함이 마땅하거늘 어찌 사사로운 마음으로 법을 어기겠는가? 난 차마 그리하지 못 하겠다."라고 말하는 것이었다. 문지기는 이 말을 듣고 냉소했다. "대감께서 언제 이치에 어긋난 말씀을 하신 적이 있었던가요? 100번 지당하신 말씀이긴 합니다만 요즘 세상엔 그런 이치가 통하지 않는 것이 문제지요. 옛 선인들이 '대장부는 때를 보아가며 행동할 줄 안다'라고 했으며, '군자는 좋은 일을 쫓고 상서로운 일을 피할 줄 안다'라고도 하였습니다. 대감의 말씀대로라면 조정에 보은을 하기는커녕 일신을 보전키도 어려울 것이니 다시 한 번 깊이 생각해보시기 바랍니다."

결국 가우촌은 문지기의 충고대로 이 사건을 대충 무마시켜서 종결했다.

명언의 역사적 사례

청나라 말엽 회군(淮軍)에 유명전(劉銘傳)이라는 유명한 장군이 있었다. 그는 이홍장(李鴻章)이 회군을 조직했을 때 군사를 모집하여 명군(銘軍)진영을 구축했다. 1862년 이홍장은 유명전을 상해(上海)로 파견했다. 그 해 유명전은 소남(蘇南)을 공격하고 1864년에는 태평군(太平軍) 점령하의 상주(常州)를 함락시켰다. 그리고 1865년부터 증국번(曾國藩), 이홍장의 주력부대로 투입되어 염군(捻軍)을 진압하고 직예제독(直隷提督)의 자리에 올랐다.

동치(同治) 8년(1869년) 12월, 회족(淮族)의 난이 일어나 좌종당부(左宗棠部)가 함락되고 반란군이 남쪽으로 진격해오자 자희 태후는 이홍장에게 군대를 이끌고 섬서성(陝西省)으로 진격하라는 명령을 내렸다. 이에 이홍장은 유명전을 파견했다. 한편 이홍장이 공을 가로챌 것이 두려웠던 좌종당은 섬서 회족의 반란이 이미 진압되었다는 거짓 상소문을 올렸다.

유명전은 좌종당의 방해 공작에 불만을 품고는 좌종당의 실정(失政)을 폭로하는 상소문을 황제에게 올렸으며 이 일로 좌종당은 유명전에게 앙심을 품게 되었다. 그는 가는 곳마다 유명전을 '큰 공 세우는 데만 급급해하는 행실이 바르지 못한 자'라고 폄하하며 그를 배척했다.

결국 견디지 못한 유명전은 건강을 핑계 삼아 병가(病假)를 냈다. 당시 조정은 좌종당 세력에 좌지우지되고 있었기 때문에 좌종당의 눈치를 보며 공무를 처리해야 했다. 이런 상황에서 유명전이 병가를 내자 조정은 그에게 자그마치 13년을 쉬도록 했다. 물길 따라 배를 젓는다는 말처럼 조정은 대세를 따라 일을 처리했던 것이다.

광서(光緒)10년(1884) 7월, 프랑스 원동(遠東) 함대 사령관 듀발이 이끄는 함대가 중국 복건성(福建省) 일대 해안에 상륙했다. 그들의 목적은 기륭(基隆) 탄광과 타이페이(臺北)를 점령하는 것이었다. 대만(臺灣)은 조정에 이 위급한 상황을 알리고 구원을 요청했다. 청나라 조정은 그제야 명장(名將) 유명전을 떠올리고는 그를 대만으로 급파하였으며 조정의 명을 받들어 대만에 도착한 유명전은 군대를 훈련시켜 프랑스군을 몰아내고 초대 순무관(巡撫官)이 되었다.

002
지나친 꾀와 계책이 도리어 화를 초래하다
機關算盡(기관산진)

　주도면밀하고 교묘한 계책이 도리어 화가 되어 결국은 목숨을 잃는 지경에 이르렀구나! 살아생전 노심초사 하더니 죽은 후 그 혼령도 쓸쓸하여라. 유복한 가문에서 안락하게 생활했지만 결국에는 몰락하여 뿔뿔이 흩어져 자기 길을 가네. 한평생 마음 졸여가며 헛되이 공들인 모든 일이 늦은 밤 표연히 지나가는 한바탕 꿈만 같구나. 어디선가 들려오는 '와르르' 하는 소리는 저택이 무너지려는 조짐이던가? 막 꺼지려는 등불과도 같이 눈앞의 모든 일이 암담하기만 하다. 기쁨과 즐거움이 한 순간에 슬픔과 괴로움으로 변하나니 속세의 부귀영화와 흥망성쇠는 그 누구도 예측할 수 없으므로 이에 탄식하노라!

　『홍루몽(紅樓夢)』의 여주인공인 왕희봉(王熙鳳)은 금릉십이채(金陵十二釵)의 한 사람이다. 그녀는 왕 부인의 친정 조카딸로 가련(賈璉)에게 시집왔다. 왕희봉은 위로 시원스레 치켜 뜬 봉황 눈 위로 버들가지처럼 휘어진 눈썹이 그린 듯이 내려앉은 미인으로 몸매가 호리호리하고 자태가 사뭇 요염했다. 그녀는 수완이 좋은 여장부로 대부인과 왕 부인의 신임을 한 몸에 받으면서 집안 식구 수백 명을 관리하며 가문의 살림을 도맡아 보고 있다.

왕희봉은 또한 권모술수와 계책이 능하여 철함사(鐵檻寺)에까지 권력을 휘둘렀으며 은자 3천 냥의 뇌물 때문에 장(張)씨네 딸과 무관 댁 아들이 동반 자살하도록 방조하였다. 또한 가련이 남몰래 우이저(尤二姐)를 첩으로 맞아들이자 음험한 계책을 써서 그녀를 죽음으로 내몰았다. 왕희봉은 공공연하게 "나는 지금껏 저승이니 죽어서 벌을 받느니 하는 근거 없는 말들을 믿지 않아. 내가 하고 싶은 일을 하면 그뿐이지."라고 떠들고 다니곤 했다.

그녀는 뇌물 외에도 매달 공비(公費)를 고의로 지연했다가 지급하는 수법으로 재물을 모았는데 이렇게 손에 넣은 이자만도 적게는 은자 몇백 냥에서 많게는 몇천 냥에 달했다. 그래서 가택 수색 때 그녀의 방에서 금 7만 냥과 고리대금 문서 한 궤짝이 발견되기도 했다. 왕희봉의 이러한 행위는 가씨 가문의 몰락을 앞당기는 결과를 초래했으며 훗날 가련에게 버림받은 그녀는 서럽게 울면서 금릉(金陵) 옛집으로 돌아갔다. 때문에 홍루몽의 작가는 왕희봉이 "약은 꾀와 계책이 지나쳐 결국은 비참한 결말을 맞이하였다."고 평하였다.

명언의 역사적 사례

당 고종(高宗) 이치(李治)가 즉위한 후 궁전은 여인들의 암투로 한시도 잠잠할 날이 없었다.

황후 왕(王)씨는 후사가 없었으며 궁녀 유(劉)씨가 낳은 왕자 이충(李忠)과 숙비(淑妃) 소(蕭)씨가 낳은 왕자 이소절(李素節)이 있었는데 고종은 신분이 낮은 유씨보다 소씨를 더 총애하였다. 황후 왕씨는 두 왕자 중에서 이충을 양자로 삼아 그를 태자(太子)로 책봉하여 자신의 지위를 공고히 하고자 하였다. 한편 숙비 소씨는 아들 이소절을 태자 자리에 올리고 고종의 총애를 앞세워 권세를 얻고자 하는 야심을 불태우던 차였다. 소씨의 계획을 알고 은근히 두려워하던 차에 왕씨는 고종이 비구니로 출가한 무미낭(武媚娘)을 아직도 그리워하고 있음을 알게 되었다. 그녀는 명을 내려 무미낭을 환속시켜 다시 궁으로 불러들였다. 무미낭이라는 바로 이 여인이 중국 최초의 여황제인 무측천(武則天)이다.

무측천이 환궁하여 고종의 사랑을 독차지하자 고종은 더 이상 숙비 소씨를 찾지 않게 되었으므로 황후 왕씨는 소기의 목적을 이루었다고 생각했다. 그러나 경쟁자를 제거하려는 자신의 약은 계책이 도리어 더 위험한 경쟁자를 궁으로 끌어들이는 최악의 결과를 가져올 줄은 꿈에도 생각하지 못했다.

무측천은 먼저 음모를 꾸며 왕씨를 폐위시키고 자신에게 위협적인 존재인 장손무기(長孫無忌)와 저수량(猪遂良)같은 개국공신들을 강등시켰다. 또한 황후 왕씨에게는 자신이 낳은 어린 딸을 살해했다는 누명을 씌웠다. 그리하여 고종 영휘(永徽) 6년(655) 황후 왕씨와 숙비 소씨는 모두 폐위되어 서인의 신분으로 전락하였으며 냉궁(冷宮)에서 유배 생활하는 신세가 되었다.

003
세상사 도리를 깨우치는 것이 바로 학문이다
世事洞明皆學問(세사동명개학문)

　보옥이 고개를 들어 보니 벽에 그림 한 점이 걸려 있는데 그림 속의 인물은 마치 살아 숨 쉬고 있는 듯 생생하였다. 그러나 그림의 주제가 '연려도(燃藜圖)'임을 알자 보옥은 누가 그린 그림인지 확인해 보기도 전에 마음이 불편해지는 것이었다. 옆쪽에는 또 다른 대련이 한 폭 걸려 있는데 "세상사의 도리를 깨우치는 것이 바로 학문이오, 사리를 잘 분별하여 처신하는 것이 바로 문장이다."라고 쓰여 있었다.

　령국부(寧國府) 화원에 매화가 만발하자 가진(賈珍)의 처 우(尤)씨는 야외에 자리를 마련하고 대부인과 형(邢) 부인, 왕(王) 부인들을 초대했다. 그들은 화원에 모여 꽃구경을 하며 차와 술을 즐겼다.
　이윽고 몸이 나른해진 보옥이 낮잠을 자겠다고 하자 대부인은 (보옥을) 잘 달래서 한숨 재우고 다시 데려오도록 명했다. 가용(賈蓉)의 아내 진가경(秦

可卿)은 연실 방실거리면서 "저희 집에 보옥 삼촌이 머물만한 방이 있으니 노마님께선 안심하세요. 모든 일은 저희에게 맡겨 주시기만 하면 됩니다."라고 대답하였다. 대부인은 평소 진씨가 일처리에 빈틈이 없고 웃어른에게 싹싹하게 대하는데다가 이목구비도 섬세하고 아름답게 생겼는지라 손자며느리들 중에서 가장 귀여워하던 차라 그녀에게 보옥을 데려가서 재우도록 시켰다.

허락이 떨어지자 진가경은 보옥을 이끌고 안채로 향했다. 보옥이 고개를 들어 보니 벽에 그림 한 점이 걸려 있는데 그림 속의 인물은 마치 살아 숨 쉬고 있는 듯 생생하였다. 그러나 그림의 주제가 '연려도(燃黎圖)'임을 알자 보옥은 누가 그린 그림인지 확인해보기도 전에 마음이 불편해졌다. 옆쪽에는 또 다른 대련이 한 폭 걸려 있어 있는데 "세상사의 도리를 깨우치는 것이 바로 학문이오, 사리를 잘 분별하여 처신하는 것이 바로 문장이다."라고 쓰여 있었다. 보옥은 평소 이런 세속적인 글을 가장 혐오했으므로 이곳에선 잠시도 편히 쉴 수 없다고 생각하고 어서 이곳을 나가자고 진씨를 재촉했다. 가경이 이 말을 듣고 배시시 웃으면서 "이곳도 싫다고 하시면 어디로 가겠다는 거예요? 아니면 내 방으로 가시던가요."라고 말했다.

그제야 보옥은 고개를 끄덕이며 웃었다. 진가경은 보옥을 데리고 자기 방으로 가서 쉬도록 했다.

명언의 역사적 사례

때는 삼국시대, 조조(曹操)가 남쪽으로 유비(劉備)를 공격하려하자 그의 가신들은 이를 두고 의견이 분분하였다. 그들은 출병(出兵)을 틈 타 원소(袁紹)

군이 후방에서 불시에 공격해 와서 지금의 근거지를 빼앗기지 않을까 걱정하였다. 그러나 조조는 "그 자는 결정이 느리고 의심이 많으니 그렇게 신속하게 우리를 습격해오지 않을 것이다. 또한 유비는 건국한지 얼마 안 되어 현지의 민심이 아직 완전히 그를 따르지 않을 테니 이 천금 같은 기회에 그를 공격하면 분명히 우리에게 승산이 있다."라며 부하들을 설득하고는 즉시 출병을 지시했다.

한편 원소 진영의 책사 전풍(田豊)은 원소에게 다음과 같이 진언했다. "지금 조조군이 유비를 치기 위해 출병하여 조조의 성이 텅 비었습니다. 장군께서 지금 미늘창 부대 100만과 수많은 정예 기병을 거느리고 계시니 이 기회에 허창(許昌)으로 쳐들어가 조조의 근거지를 섬멸해야 할 것입니다. 정예군 100만을 하늘이 내려주었으니 허창을 손에 넣는 일이 어찌 뜨거운 불로 마른 띠풀을 사르고 바닷물을 기울여 숯불을 끄는 것처럼 쉬운 일이 아니겠습니까?"

그러나 세상사에 통찰력 있는 명민한 조조가 예측한 대로 원소는 아들의 병을 핑계 삼아 전풍의 간언을 받아들이지 않았다. 전풍은 지팡이로 땅을 치며 "이런 다시없이 좋은 기회를 기껏 아들의 병 때문에 놓치다니, 통탄스러운지고!"라며 애석해했다.

004
얼굴에 희색이 만면하다
眉開眼笑(미개안소)

가용(賈蓉)은 기뻐서 희색이 만면해서는 "제가 사람을 데려와서 가지고 갈게요. 잘못 다루어 깨지기라도 하면 큰일이니까요." 라고 말하고는 일어나 나가 버렸다.

왕희봉(王熙鳳)이 유노파와 이야기를 나누고 있는데 가용(賈蓉)이 유리 병풍을 빌리러 왔다. 그의 아버지가 내일 중요한 손님을 초대했기 때문에 빌려가서 쓰고 다시 돌려주겠다는 것이다. 유리 병풍은 주로 온돌 위에 설치해서 바람을 막는 용도로 사용되는 장식품이다.

왕희봉이 "한발 늦었네요. 어제 이미 다른 사람에게 빌려주었어요." 라고 말하자 가용은 킥킥 웃으면서 희봉 앞에 넙죽 엎드리면서 말했다. "형수가 빌려주지 않으시면 집에 돌아가 심부름 제대로 못한 죄로 크게 꾸중을 듣게 되요. 형수가 불쌍한 이 조카 좀 도와주세요." 왕희봉은 웃으면서 한마디 했다. "별스럽기도 하지. 우리 집안의 물건이라면 뭐든지 좋아 보이나 보지요? 자기

들 물건은 꽁꽁 감추어 두고 우리 것만 빌려 쓰려고 하니 말이야." 가용도 따라 웃었다. "우리 집안 물건이 여기 것만큼 좋다면야 뭐하려고 빌려 가겠어요? 모쪼록 자비를 베풀어 주세요." 왕희봉은 "만약 조금이라도 흠집이 생기면 가만 두지 않을 거예요." 라며 으름장을 놓았다.

그러고 나서 평아(平兒)에게 다락방 열쇠를 가져오게 하고는 장정 서너 명을 시켜 메고 가도록 시켰다. 그러자 가용은 희색이 만면해서는 "제가 사람을 데려와서 가지고 갈게요. 잘못 다루어 깨지기라도 하면 큰일이니까요." 라고 말하고는 일어나 나가 버렸다.

명언의 역사적 사례

당나라 무측천(武則天)이 섭정하던 시절, 위원충(魏元忠)은 강직한 성품으로 유명하였다. 그는 일찍이 모함을 받아 세 번이나 유배되었으며 사형 직전에 목숨을 건진 적도 있다. 당시 낙양령(洛陽令)을 맡아보던 위원충·섬주척사(陝州刺史) 곽정일(郭正一)·봉각시랑(鳳閣侍郎) 원만경(元萬頃)은 모두 서경진(徐敬眞)의 중상모략으로 서경업(徐敬業)의 모반에 연루되었다는 억울한 누명을 쓰고 사형에 처해지게 되었다.

위원충이 형장에 도착하자 이미 처형된 왕실 친인척 30여 명의 시신이 눈앞에 어지러이 널려있었다. 위원충은 얼굴색 하나 변하지 않은 채 주위를 둘러보고는 "대장부로 태어나 이렇게 죽는구나!" 라고 탄식하였다.

위원충 일행의 형이 막 집행되려는 찰나 무측천이 보낸 봉각서인(鳳閣舍人) 왕은객(王隱客)이 형장에 도착하여 형을 중지하라고 외치고는 그들을 사면했다. 죽음을 모면한 사람들은 모두 기뻐서 희색이 만면하여 덩실덩실 춤을 추며 환호했다. 그러나 위원충 만은 조금도 동요하지 않고 그 자리에서 꼼짝도 하지 않는 것이었다.

　주변 사람들이 그에게 일어나라고 하자 위원충은 왕은객에게 "그 전언이 틀림없는 사실이오?"라고 물었다. 그리고 왕은객이 다가와서 재차 일어나라고 권하자 그는 "그대가 태후의 칙서를 선포하면 일어나리다."라고 대답하는 것이었다. 칙서가 선포되고 나서야 위원충은 천천히 일어나더니 엎드려 두 번 절하여 예를 올렸다. 그러나 그는 시종일관 얼굴에 아무런 표정도 드러내지 않았다.

005
본인과 하등의 이해관계 없는 일
不關痛癢(불관통양)

 유모 이씨는 시녀들에게 분부하기를 "너희는 여기서 주의해서 시중을 들고 있거라. 나는 집에 돌아가 옷을 갈아입고 와야겠다. 이씨 부인에게 보옥이 멋대로 술을 많이 먹지 못하도록 하라고 조용히 말씀드려야 한다."라고 당부하고는 집으로 돌아갔다. 처소에 노파 두세 사람이 남아 있었지만 모두 보옥에게 각별히 관심을 두지 않는 사람들인지라 유모 이씨가 떠난 것을 확인하고는 제 각기 자기 일을 보러 가버렸다.
 · 명언 원문 : (남으로 인해) 가렵지도 아프지도 않다는 뜻. 비유적인 의미로 본인과 하등 이해관계가 없음을 비유.

 보옥(寶玉)이 이향원(梨香院)에 도착하니 설(薛) 이모가 다과 몇 점을 내오며 차를 마시고 가라고 했다. 또 손수 만든 별미인 거위 발바닥 요리와 오리 혀 요리를 맛 보라고 권하는 것이었다. 보옥이 웃으면서 "술안주로 먹어야 할 것 같아요."라고 말하자 설 이모는 사람을 시켜 귀한 술을 내왔다. 이렇게 담소하는 동안 보옥은 벌써 내리 석 잔을 비웠다. 유모 이(李)씨가 이 모습을 보고 마음이 다급해져서 "이제 그만 마시도록 해요. 오늘 대감이 집에 계시니 언제 도련님을 불러 그간 공부한 것을 시험하실지 몰라요."라고 만류하였다. 보옥은 이 말을 듣고 곧 마음이 불편해져서 술잔을 내려놓고는 고개를 떨어뜨린 채 의기소침해졌다. 설 이모는 그런 보옥을 보고는 "우리 집에 모처럼 왔는데도 변변찮은 것만 대접했는데 보옥이 네가 걱정스러워 하는 양을 보니 내 맘도 편치 않구나. 내가 책임질 테니 마음 놓고 먹고 마시렴. 아예 저녁까지 들고 돌아가면 되지. 술이 취하면 이곳에서 자고 가면 되고 말이야."라면서 그를 위로했다.

보옥은 설 이모의 말을 듣고 그제야 기분이 좋아졌다. 그래서 유모 이씨는 시녀들에게 "나는 집에 가서 옷을 갈아입고 올 테니 너희는 이곳에 남아 조신하게 도련님을 모셔야 한다. 부인께는 보옥이 멋대로 술을 많이 마시지 못하도록 하라고 넌지시 일러 드려라."라고 당부하고는 집으로 돌아갔다. 처소에 노파 두세 사람이 남아 있었지만 모두 보옥에게 각별히 관심을 두지 않는 사람들인지라 유모 이씨가 떠난 것을 확인하고는 각자 자기 일을 보러 가버리고 시녀 둘이 남아서 보옥의 비위를 맞췄다. 다행히도 설 이모가 보옥을 달래서 몇 잔 더 마시고 나서는 술상을 치워 버렸다.

명언의 역사적 사례

당 중종(中宗) 이현(李顯)이 황제로 즉위하자마자 그의 아내 위(韋) 황후는 상관(上官) 완아(婉兒), 무삼사(武三思)와 정을 통했다. 위 왕후와 무삼사는 걸핏하면 궁 안에서 쌍륙(雙陸)이라는 도박판을 벌였다. 그러나 이현은 자신과 무관한 일이라고만 여기고 추호의 의심도 품지 않았으며 도박에 열중하는 두 사람 곁에 다가가 가끔 훈수를 두기까지 했다.

위 황후와 우삼사가 정을 통한다는 소문은 온 성안에 퍼져 이제 공공연한 비밀이 되었다. 처사(處士) 위일장(韋日將)이 이 일로 상서를 올려 무삼사를 고발하자 대노한 이현은 오히려 위일장을 참수하려고 하였다. 송경(宋璟)과 몇몇 대신들의 권고로 간신히 노기를 푼 이현은 위일장에게 곤장형을 내리고 영남(嶺南)지방으로 내쫓았다. 그러고는 오래지 않아 다시 광주 도독(廣州都督) 주인궤(周仁軌)에게 명하여 위일장의 목을 쳤다.

그러나 아내의 불륜을 방임한 이현의 실수는 훗날 죽음의 재앙이 되어 돌아왔다. 무삼사가 죽은 후 위왕후는 광록소경(光祿少卿) 양균(楊均)과 정을 통했는데 이 무렵 그녀는 무측천처럼 권좌에 올라 천하를 다스리고자하는 야망을 품게 되었다. 그러나 이러한 음모가 사전에 발각될 시엔 죽음을 면키 어려우므로 전전긍긍하던 양균은 결국 위왕후와 공모하여 독이 든 떡을 만들었다. 당나라의 황제인 중종은 가련하게도 아내가 건네준 떡을 먹고 독살당해 죽었다.

006
달도 차면 기울고
물도 차면 넘친다
月滿則虧 水滿則溢 (월만즉휴 수만즉일)

진(秦)씨가 말했다. "숙모님은 규방 중의 여걸로 관직에 있는 남자들보다도 뛰어나시거늘 어찌 이런 속담 한 구절을 모르시나요? 달도 차면 기울고 물도 차면 넘친다고 했습니다. 또 높이 오른 만큼 떨어질 때는 더 크게 다친다는 옛말도 있지요. 지금 우리 가문이 명문세가로 이름을 널리 알린지도 100년 가까이 되었으니 필경 영화로움으로 인한 즐거움이 슬픔으로 변하는 그날이 닥칠 것입니다. 그때가 되면 우리 가문은 한 때를 풍미하던 쇠락한 선비 가문의 하나로 기억될 테니 나무가 부러지면 가지 위의 원숭이들이 뿔뿔이 흩어지는 이치가 어찌 이와 다르겠습니까?"

왕희봉은 진가경과 각별히 친한 사이였다. 어느 날 저녁 왕희봉이 막 곤한 잠이 들려는데 홀연히 진가경이 방에 들어와서는 그녀를 보고 살포시 웃으며 "숙모님, 편히 주무세요! 전 숙모님을 뵙고 막 떠나려는 참이니 배웅하실 필요 없습니다. 숙모님과 평소 사이좋게 지내오던 터에 아쉽게 떠나게 되어서 이렇게 인사드리러 왔어요. 제가 생각해 오던 것이 하나 있는데 다른 사람에게는 몰라도 숙모님께는 꼭 말씀드려야 할 것 같아서요."라고 했다. 왕희봉은 깜짝 놀라서 "무엇인데? 뭐든지 내게 말하세요."라고 물었다. 그러자 진(秦)씨가 말했다. "숙모님은 규방 중의 여걸로 관직에 있는 남자들보다도 뛰어나시면서 어쩌면 '달도 차면 기울고 물도 차면 넘친다'는 속담도 모르세요? 또 높이 오른 만큼 떨어질 때는 더 크게 다친다는 말도 있지요. 우리 가문이 명문세가로 이름을 널리 알린지도 100년 가까이 되었으니 필경 영화로움으로 인한 즐거움이 슬픔으로 변하는 그날이 조만간 닥칠 것입니다. 그때가 되면 우리 가문도 한때를 풍미하던 쇠락한 가문으로 기억될 테니 나무가 부러지면 가지 위의 원숭이들이 뿔뿔이 흩어지는 것과 같은 이치랍니다."

왕희봉이 이 말을 듣고 두렵기도 하고 조급해져서는 그럼 부귀영화를 영원히 유지할 방편이 무엇이냐고 얼른 물었다. 그러자 진씨는 쓸쓸하게 웃으면서 "좋은 운이 가면 나쁜 운이 오고 자고로 흥망성쇠는 돌고 도는 것이거늘 어찌 한결같기를 바라세요? 우리 집안은 지금까지는 두 가지 일만 빼고는 모든 일이 순조롭게 잘 돌아가고 있습니다. 이 두 가지 일만 잘 처리하신다면 부귀영화가 영원히 계속될 것입니다."라고 대답했다. 왕희봉이 그 두 가지 일에 대해 묻자 진씨는 상세히 설명해 주고는 마지막으로 이렇게 덧붙였다. "오래지 않아 집안에 큰 경사가 있을 것입니다. 하지만 이는 순간의 영화요, 곧 지나가 버릴 즐거움임을 기억하셔야 해요. 그리고 흥겨운 연회도 파할 때가 있다는 옛말을 절대 잊어서는 안 됩니다."

왕희봉은 진씨가 언급한 큰 경사가 대체 어떤 경사인지 끈질기게 물었으나 진씨는 천기는 누설할 수 없다며 입을 다물었다. 왕희봉이 다시 입을 열어 뭔가 물어보려다가 홀연 중문에 걸려 있는 운판(雲板)이 연달아 네 번 울리므로 그 소리에 놀라 잠에서 깨어났다. 그때 누군가가 "동부(東府)댁의 새아씨가 돌아가셨다"고 아뢰니 왕희봉은 순간 모골이 송연해지며 온몸에 식은땀을 쫙 흘렸다.

명언의 역사적 사례

전국(戰國)시대 사람 범수(范雎)는 진(秦)나라 소양왕(昭襄王)에게 등용되어 재상이 되었다. 연(燕)나라 사람 채택(蔡澤)이 이 소식을 듣고 함양(咸陽)으로 가서 사람들에게 이렇게 떠들고 다녔다. "채택(蔡澤)은 언변이 뛰어나기로 둘째가라면 서러울 사람이니 왕을 한번 배알하기만하면 필경 범수의 재상 자리를 가로챌 것이오."

이야기를 전해들은 범수는 노기충천하여 사람을 보내 채택을 불러들였다. 그러나 채택의 태도가 사뭇 오만방자하므로 범수는 기분이 나빠져서 "장차 나 대신 재상 노릇을 한다는 사람이 자네인가? 대체 무슨 근거로 그런 낭설을 떠들고 다니는 건가?"라고 준엄하게 따져 물었다. 그러자 채택이 말했다 "그럼 소인이 먼저 여쭙겠습니다. 대감과 상앙(商鞅) 중에서 누구의 공적이 더 큽니까?" 범수가 "어찌 그의 공적에 비하겠는가."라고 대답하자 채적은 "그렇다면 대감께서 자리에서 물러나지 않으실 경우 닥쳐올 재앙이 그보다 더 끔찍할 것입니다. 옛말에 해는 시간이 가면 서산으로 지고 달은 차면 기운다고 했습니다. 때를 알고 그 변화에 따라 물러나고 그칠 줄 아는 사람만이 성인(聖人)으로 추앙받을 자격이 있는 법. 지금 대감께서는 과거의 은원(恩怨)

을 모두 갚고 소망하시던 것을 모두 이루시고도 물러날 계획을 도모하지 않으시니 소인은 진심으로 걱정스럽습니다."라고 하였다.

범수가 이 말을 듣고 감탄해마지 않으며 채택을 극진히 대접하였으며 그를 소양왕에게 천거하였다. 한편 소양왕은 채택을 만나 그와 이야기를 나눠보고 그를 매우 좋아하게 되었다. 그래서 그에게 객경(客卿)이란 지위를 내렸다. 그 후 범수가 병을 핑계로 재상 자리에서 물러나자 채택이 그를 대신해 재상 자리에 올랐다.

007
숨이 끊어질 듯 애통해하다
哀哀欲絶(애애욕절)

진가경을 모시던 시녀 중에 보주(寶珠)라는 아이가 있었는데 진씨가 자식 없이 병으로 죽자 기꺼이 진씨의 수양딸이 되어 출관할 때 상주 노릇을 하겠다고 나섰다. 가진(賈珍)은 이 말을 듣고 크게 기뻐하며 모두에게 오늘부터 보주를 아가씨라고 부르도록 지시했다. 그래서 보주는 아직 출가하지 않은 자녀의 예를 따라 진가경의 영정 앞에 앉아 숨이 끊어질 듯 애통하게 흐느꼈다.

진가경(秦可卿)이 병으로 세상을 뜨자 영국부(寧國府)에서 장례식이 거행되었다. 생전에 진가경을 모시던 시녀 서주(瑞珠)는 주인이 죽자 슬픔을 이기지 못하고 목매달아 주인의 뒤를 따랐으므로 가솔들의 눈물에 슬픔을 더했다. 그리고 가진(賈珍)은 서주를 손녀의 예우로 입관하여 회방원(會芳園)에 있는 등선각(登仙閣)에 안치시켰다.

또 다른 시녀인 보주(寶珠)는 진씨가 자식 없이 병으로 죽자 기꺼이 진씨의 수양딸이 되어 출관할 때 상주 노릇을 하겠다고 나섰다. 가진(賈珍)은 이 말을 듣고 크게 기뻐하며 모두에게 오늘부터 보주를 아가씨라고 부르도록 지시했다. 그래서 보주는 아직 출가하지 않은 자녀의 예를 따라 진가경의 영정 앞에 앉아 숨이 끊어질 듯 애통하게 흐느꼈다.

온 가족과 종복들이 격식과 제도에 맞게 진가경의 장례를 치르는 데 모든 일이 일사분란하게 진행되었다.

명언의 역사적 사례

8세기경, 외척 왕망(王莽)은 한(漢)나라의 왕좌를 차지하고 태황태후에게 옥쇄를 내어 줄 것을 요구했다. 그러나 그가 아무리 달래고 위협해도 태황태후는 옥쇄를 내어주려 하지 않았다.

왕망은 태황태후가 평소에 신임하는 안양후(安陽侯) 왕순(王舜)을 시켜 태황태후를 설득하도록 했다. 태황태후는 그가 왕방의 부탁으로 옥쇄를 가지러 왔음을 알고는 크게 노하여 "그대 가족과 종친은 모두 한나라 왕실의 복록으로 지금까지 부귀영화를 누려왔소. 그런데 그에 대한 보답은 못할망정 기회를 틈타 정권을 손에 넣으려 하다니! 어린 자식을 보필해 달라는 선왕의 유언을 까마득히 잊은 것이오? 그대들이 먹던 음식은 개, 돼지도 쳐다보지 않을 것이니 하늘도 이러한 불충을 좌시하지 않을 것이오! 그대들이 스스로를 황제감이라 여기고 제위에 오른다면 기존의 역법·수레·말·관복의 색깔과 제도도 모두 바꾸어야 할진데 만약 그렇다면 옥쇄도 새 것으로 바꾸어야 마땅한 법. 망국의 상서롭지 못한 옥쇄는 가져다 무엇하겠소? 한(漢) 왕조의 늙은 과부인 내가 죽어서 옥쇄와 함께 묻힐 것이니 옥쇄를 가져갈 생각은 꿈도 꾸지 마오!"라고 호통 쳤다.

태황태후는 이렇게 말하며 숨이 끊어질 듯 애통하게 흐느끼니 곁에서 이를 지켜보던 시종들도 같이 눈물을 흘렸다. 왕순 역시 마음이 뭉클해져서 저도 모르게 눈시울을 붉혔다. 한참 시간이 지난 후에 왕순은 겨우 마음을 진정시키고 태황태후를 바라보며 "제가 더 이상 무슨 말씀을 아뢰겠습니까. 다만 왕망은 앞으로도 수단과 방법을 가리지 않고 옥쇄를 손에 넣으려고 할 것이 분명한데 태황태후께서 무슨 수로 끝까지 전국(傳國) 옥쇄를 지키시렵니까?"라고 호소했다.

태황태후는 왕순이 이렇게까지 간곡하게 부탁하니 마음이 약해진데다 한편으로는 왕망의 보복이 두려워졌다. 그래서 절망한 나머지 전국 옥쇄를 꺼내어 바닥에 내동댕이쳐서 부숴 버렸다.

008
밤낮으로 갈 길을 재촉하다
晝夜兼程(주야겸정)

임여해(林如海)는 선산(先山)에 모셔졌다. 장례와 관련된 남은 일들을 관례에 맞게 원만히 처리하고 나서야 가련(賈璉)은 도성으로 돌아갈 채비를 했다. 그들은 원래 다음 달이 되어서야 집으로 돌아갈 예정이었으나 원춘(元春)이 귀비에 봉해졌다는 경사스런 소식을 전해 듣고는 밤낮으로 갈 길을 재촉하였다. 도성으로 돌아오는 길 내내 모든 일이 순조로워 그들 일행은 무사히 집에 돌아 올 수 있었다.

어느 겨울, 중병을 앓고 있던 임대옥의 아버지 임여해(林如海)는 딸에게 양주(揚州)로 돌아오라는 편지를 보냈다. 대부인은 소식을 듣고 매우 염려되어 급히 대옥에게 행장을 꾸리도록 했다. 한편 보옥은 대옥이 떠난다는 말을 듣자 마음이 편치 못했지만 차마 부녀의 정을 막아설 수도 없는 노릇이었다. 그러나 대부인은 대옥 혼자 떠나보내는 것이 영 마음이 놓이지 않았는지 손자 가련(賈璉)을 딸려 보내어 양주까지 대옥과 동행하도록 하였다.

임여해는 딸을 만나보고 며칠 지나지 않아 세상을 떠났다. 가련은 대옥을 도와 상을 치르고 임여해의 영구를 고향인 소주(蘇州)에 모셨다. 그는 모든 일이 원만히 끝나면 다시 대옥을 데리고 영국부(榮國府)로 돌아갈 작정이었다.

불쌍한 대옥은 이제 아버지마저 여의고 천애 고아가 되어 의지할 곳이라고는 외할머니밖에 없는 신세가 되었다.

도성에 도착하기 전 가련은 왕희봉에게 편지를 보내 그간의 상황과 안부를 전하고는 연말에나 집에 도착할 예정이라고 알렸다. 왕희봉이 편지를 읽어보고는 보옥에게 쌩긋 웃으면서 말했다. "도련님네 임씨 아가씨가 이제 우리 집에서 오래오래 살게 되었네요." 그러자 보옥은 "더할 나위 없이 잘된 일이지. 하지만 며칠 동안 내리 울다가 혹시 몸이라도 상한 건 아닌지 걱정이야."라고 말하고는 눈썹을 찌그리며 길게 한숨을 내쉬었다.

가련과 대옥은 원래 다음 달이나 되어서야 집으로 돌아갈 계획이었다. 그런데 갑자기 원춘(元春)이 귀비로 봉해졌다는 경사스런 소식을 전해 듣고는 밤낮으로 길을 재촉하였다. 도성으로 돌아오는 길 내내 모든 일이 순조로웠기로 일행은 무사히 집에 돌아왔다. 가련이 보낸 사자(使者)가 내일이면 일행이 집에 도착한다고 알려오자 보옥은 그제야 기쁜 기색을 보였다. 그는 대옥이 잘 있다는 말만 전해 듣고는 나머지 일에는 관심도 두지 않았다.

명언의 역사적 사례

강희제(康熙帝) 현엽(玄燁)은 친할머니 효장(孝莊) 태후에게 효심이 지극하였다.

그는 즉위한 후에도 틈만 나면 할머니를 모시고 선릉을 찾아뵙거나 온천에 가곤 했다. 효장 태후가 병을 고치려고 여섯 번이나 온천 행을 떠났을 때도 그는 바쁜 국정을 뒤로 한 채 할머니와 동행하였는데 한 번 외출하면 몇십 일이 지나서야 도성으로 돌아왔다.

출행 전이면 현엽은 어김없이 먼저 자녕궁(慈寧宮)을 찾아가서 태후가 수레에 오르시도록 시중들고 신무문(神武門)까지 모시고 나온 후에야 자기 말 위에 올랐다.

강희(康熙) 24년(1685) 8월 28일 저녁, 효장 태후는 갑자기 풍이 들어 오른팔을 움직일 수 없게 되었고 말도 제대로 할 수 없게 되었다. 경어의(經御醫) 장세량(張世良)과 이옥백(李玉柏)은 태황태후의 병을 중풍으로 진단하였다. 그때 강희제는 마침 지방을 순시하던 중이었는데 이 소식을 듣고 마음이 다급해져서는 밤낮으로 말을 달려 한걸음에 북경으로 돌아왔다.

그는 할머니가 하루속히 건강을 회복하시도록 천단(天壇)에서 땅에 무릎을 꿇고 간절하게 자기가 지은 축문(祝文)을 읽으며 기원을 드렸다.

그러나 그의 간절한 효심도 효장 태후의 생명을 되돌리기에는 역부족이었는지 발병한 지 이 년 만에 효장 태후는 75세를 일기로 세상을 떠났다.

009
온갖 추태를 부리다
醜態畢露(추태필로)

여인이 교태를 부리면 부릴수록 가련 또한 온갖 음탕한 추태를 부렸다. 그들은 한바탕 정을 통하고 나서는 한데 얽혀서는 잠시도 떨어져 지낼 수 없는 사이가 되었다.

가서(賈瑞)의 아들 가련은 동지(同知)라는 문관 자리를 하나 꿰차고 있었는데 공무에는 관심도 없고 여색만 탐하였다. 그와 부인 왕희봉은 영국부(榮國府)에 살면서 집안 살림살이를 관리했다. 한번은 딸 교저(巧姐)가 천연두에 걸려 미신 때문에 부부가 각방을 쓰게 되었는데 가련은 왕희봉의 곁을 떠나자마자 다관(多官)의 아내와 바람을 피웠다.

다고낭(多姑娘)은 영국부의 요리사 다관(多官)의 아내였는데 용모가 곱상하고 남자 후리기를 좋아하는 경박한 여자였다. 가련은 다고낭의 소문을 전해 듣고는 마음이 동하여 심복인 어린 종들을 불러 그녀를 유인해주는 대가로 금화와 비단을 건네주니 종들도 감히 가련의 뜻을 거절할 수 없었다. 게다가 그들은 워낙 여인과 잘 아는 사이이기도 해서 이 거래는 말을 꺼내기가 무섭게 성사되었다.

그날 밤 약속한 시간이 되었다. 다관이 술에 떡이 되어 부엌 구들에 쓰러지자 가련은 밀회를 즐기기 위해 도둑고양이처럼 숨어들었다. 방에 들어서서 다고낭의 자태를 보자마자 반쯤 얼이 빠진 가련은 다짜고짜로 옷부터 훌훌 벗어 던지기 시작했다. 애가 닳은 사내를 보자 다고낭은 일부러 "따님이 천연두에 걸려서 치성을 드린다면서요? 마님을 생각해서라도 이틀 동안은 몸을 정결히 하셔야지 저 때문에 몸을 더럽혀서야 되겠어요? 빨리 거처로 돌아가세요."라며 몸을 비틀면서 콧소리를 냈다. 그러자 가련은 "네가 바로 마님이다. 내가 지금 너 말고 무슨 마님이 더 필요하단 말이냐!"라며 숨을 씨근덕거렸다. 여인이 교태를 부리면 부릴수록 가련 또한 온갖 음탕한 추태를 부렸다. 그들은 한바탕 정을 통하고 나서는 한데 얽혀서는 잠시도 떨어져 지낼 수 없는 사이가 되었다.

명언의 역사적 사례

당 중종(中宗) 이현(李顯)이 교외로 소풍을 나가 연회를 열었다. 그가 대신들과 함께 취흥을 즐기며 궁녀들의 물장난을 감상하고 있을 때였다. 국자감(國子監) 제주(祭酒) 축흠명(祝欽明)이 황제의 환심을 사려고 팔풍무(八風舞)를 추어 흥을 돋우기를 자청하자 이현은 모두의 앞에서 춤을 선보이라고 명했다.

그러자 축흠명은 소매를 걷어 올리더니 대청 중앙으로 걸어 나가 춤을 추기 시작했다. 그는 굼뜬 동작으로 살찐 몸을 흔들어 대다가 몸을 구부려 땅바닥에 엎드리는가 하면 어깨춤을 덩실거리면서 눈을 치뜨고 사방을 살펴보는 등 온갖 추태를 다 부렸다. 이 모습을 보고 이현은 파안대소(破顔大笑)하였음은 물론 황후와 공주들도 배를 움켜잡고 웃었다. 곁에 서 있던 내시와 궁녀들도 웃음을 참느라 필사적으로 입을 가렸다.

함께 자리에 있던 이부시랑(吏部侍郎) 노장(盧藏)은 크게 개탄하며 옆 자리에 앉은 대신에게 속삭였다. "지엄하신 국자감께서 추태도 저런 추태가 없네그려. 춤사위가 될 법이나 한 소린가? 성인의 도가 땅에 떨어졌음이네!" 국자감(國子監) 곽산휘(郭山暉)도 마침 연회에 참석했는데 축흠명이 갖은 추태를 부리는 것을 보고 있자니 화도 나고 창피하기도 했다.

잠시 후 이현이 "곽대감께서도 보여주실 장기가 있습니까?"라고 묻자 곽산휘는 냉큼 자리에서 일어나더니 낭랑한 목소리로 『시경(詩經)』 당풍(唐風)의 귀뚜라미 편(篇) 중에서 다음 두 구절을 읊조렸다. "너무 즐기지만 말고 남 생각도 해야 하느니, 즐거움이 지나치지 않도록 해야 함은 훌륭한 사람은 경솔히 행동하지 않기 때문이라네."

010
한 번 보면 줄줄 외울 정도로 기억력이 좋다
過目成誦(과목성송)

임대옥(林黛玉)이 웃으며 말했다. "보옥 오빠는 한 번 보면 모두 외워 버릴 수 있다던데 나라고 한 번에 10줄을 못 외울까봐?"

3월의 어느 저녁, 식사를 마친 보옥은 '회진기(會眞記)'를 꺼내들고 처소를 나섰다. 그는 꽃향기 그윽한 교각 옆 복숭아나무 아래 앉아 독서삼매경에 빠졌다. 이윽고 꽃삽을 어깨에 걸쳐 멘 임대옥이 그의 곁으로 걸어오는데 꽃삽 위엔 조그만 꽃 주머니가 걸려 있고 손에는 꽃 쓰레받기를 들고 있었다. 보옥이 놀라서 황급히 책을 감추는 모습을 보고 대옥은 순식간에 그의 손에서 책을 낚아채서 훑어보았다. 그런데 책이 어찌나 재미있는지 보면 볼수록 빠져들어 단번에 10여 회를 다 읽었는데 절묘하면서도 심오한 시구가 뇌리에 남아 잊히지 않는 것이었다.

보옥은 그런 대옥을 놀려 댔다. "나로 말하자면 이 책에서 말하는 근심 많고 병이 잦은 몸이고, 너야말로 한 나라를 멸망시킬 만한 절세의 미녀지." 대옥은 그 말을 듣고 얼굴이 빨개져서는 이죽거렸다. "아직도 정신을 못 차리고 헛소리를 해 대는군요. 잘도 이런 책을 주워 와서 비열한 말로 나를 괴롭히다니. 내가 가서 삼촌하고 숙모에게 일러 줄 거예요!" 대옥은 '괴롭힌다'라고 말하는 대목에서는 눈시울마저 붉히면서 몸을 획 돌려 가 버리려 했다.

보옥은 다급해져서 황망히 대옥을 잡아 세우고는 "대옥이는 착하니까 제발 이번만 용서해줘. 내가 정말 너를 괴롭힐 마음으로 그랬다면 이 저수지에 뛰어들어 거북이에게 먹혀 왕자라가 되어도 좋아. 그래서 먼 훗날 네가 일품부인이 되어 부귀영화를 누리다가 병들어 세상을 떠나는 그날, 너의 묘 앞에 서서 너를 위해 한평생 돌비석을 지고 살겠어!"라고 지껄였다. 말이 끝나기가 무섭게 대옥은 '푸하' 하고 웃음보를 터뜨렸다. 그녀는 연신 눈가에 고인 눈물을 훔치면서도 배시시 웃으며 말했다. "그렇게 놀라고도 아직도 그런 헛소리를 하는군요. 알고 보면 보옥 오빠도 겉만 그럴듯한 '은촛대'인걸요." 보옥이가 채근하듯 말했다. "너 그 말도 이 책에서 배운 거렸다! 나도 가서 아버지께 이를 거야." 그러자 대옥은 웃으면서 "오빠는 자기가 한 번 보면 줄줄 외운다고 허풍을 떠는데 나라고 한 번에 10줄을 못 외울까 봐?"라고 했다.

그제야 보옥은 주섬주섬 책을 챙기면서 "우리 이까짓 일로 더 다투지 말자. 빨리 꽃을 쓸어 담아 묻어 주어야지."라며 살랑거리며 웃었다.

명언의 역사적 사례

북송(北宋)시대의 역사학자인 유서(劉恕)는 평생 부지런히 공부하는 것을 즐겨하고 시간을 금처럼 귀하게 여겼다. 그는 어릴 때부터 영특하고 기억력이 좋아서 책을 한 번 읽으면 모두 외워 버렸다. 그런데 유서의 집안은 매우 가난하여 책을 살 만한 형편이 못 되었으므로 늘 책을 빌려다 읽어야 했다.

이런 습관 때문에 벼슬에 오른 뒤에도 그는 여전히 책 빌려 읽기를 좋아하였다. 한번은 친구인 송차도(宋次道)가 유서에게 자기 집 서고(書庫)를 구경시켜 주었다. 유서는 눈앞에 펼쳐진 방대한 양의 훌륭한 책들에 매혹되어 서고에 혼자 틀어박혀 책을 읽기 시작했다. 그는 낮에도 쉬지 않고 밤에는 잠자는 것도 잊은 채로 책읽기에 몰두했다. 그렇게 10여 일이 지나서야 그는 자기가 갖고 싶은 책들을 모두 옮겨 적고는 서고 밖으로 나왔다.

또 한번은 유서와 관원들이 사마광(司馬光)을 모시고 만안산(萬安山)을 유람한 적이 있다. 일행은 우연히 산길에서 오래된 비석을 발견하였는데 비석에는 오대(五代) 때 고관들의 이름이 새겨져 있었다. 그러나 일행 중 그 누구도 비석에 새겨진 사람들에 대해 알지 못했다. 이때 사마광이 유서에게 물어보자 유서는 인물 한 사람 한 사람을 상세하게 설명해 올리는지라 모두가 크게 감탄하였다. 궁으로 돌아온 후 관원들이 역사서를 찾아보자 과연 유서의 말은 조금도 틀림이 없었다.

011
주인의 품격이 높으면
자연히 찾아오는 이가 많다
主雅客來勤(주아객래권)

그러자 사상운이 웃으며 말했다. "주인이 품격이 높으면 자연히 찾는 이가 많다고 했으니 오빠에게 그의 관심을 끌 만한 고상한 재주가 있기 때문에 오빠를 찾는 것일 거예요." 그러나 보옥은 "됐어. 됐다고. 고상한 재주라고 일컬을 수준도 안 되고 나는 그저 속되고 속된 부류의 사람일 뿐이야. 난 그저 그런 사람들과 왕래하고 싶지 않을 뿐이야."라고 말했다.

가우촌(賈雨村)이 찾아오자 가정은 사람을 보내어 보옥을 찾았다. 보옥은 가우촌이 찾아왔다는 소식을 전해 듣고 마음이 불편해져서 장화를 신으면서 투덜거렸다. "아버님께서 상대해 주시면 되었지 어째서 올 때마다 나를 만나 보겠다는 거냐고!" 사상운(史湘雲)이 그 말을 듣고 부채를 빙빙 돌리면서 "그야 보옥 오라버니가 손님 대접을 잘 하시니 대감님이 오라고 하시는 거지요."라며 참견했다. 보옥은 "가우촌 그 사람이 굳이 나를 만나고 싶다고 청했기 때문이지 어디가 아버님 생각이란 말이냐."라고 퉁명스레 대꾸했다. 그러자 사상운은 웃으면서 "주인이 품격이 높으면 자연히 찾는 이가 많다고 했으니 오빠에게 그의 관심을 끌 만한 고상한 재주가 있기 때문에 오빠를 찾는 것일 거예요."라고 말했다. 그러나 보옥은 "됐어. 됐다고. 고상한 재주라고 일컬을 수준도 안 되고 나는 그저 속되고 속된 부류의 사람일 뿐이야. 난 그저 그런 사람들과 왕래하고 싶지 않을 뿐이야."라고 대꾸했다. 보옥의 뜻이 이처럼 완강한 것을 보고 상운은 까르르 웃으면서 "아직도 그 성질 머리를 고치지 못했군요. 이제 어른이 되었으니 설령 벼슬에 뜻이 없다고 하더라도 관직에 있는 사람들과 자주 왕래하며 친분을 쌓아야만 해요. 그분들과 이런저런 벼슬살이에 관한 이야기를 주고받다 보면 장차 세상에 나가 온전히 처세할 수 있을 테고 친구도 생길 테지요. 오빠는 이제 다 큰 어른인데 아직도 아가씨들 틈에서 장난질이나 치고 있지 않아?"라고 했다.

보옥은 그 말을 듣고는 불쾌해 하면서 "내 처소에서 그런 세속적인 영달이니 학문을 설교할 생각이면 다른 아가씨들 방으로 가버리렴!" 하고 내뱉듯이 말했다.

명언의 역사적 사례

동한 말엽의 유명한 유학자인 공융(孔融)은 공자의 20대손이다. 그는 어려서부터 학문으로 명성이 자자했지만 여러 차례 등용을 거절하다가 영제(靈帝) 때에 이르러서야 벼슬길에 올랐다. 그가 북해(北海) 상파(相頗)에 부임했을 때 후덕한 정치를 펴서 명성이 자자했으므로 당시 사람들은 그를 '공북해(孔北海)'라 불렀다.

공융은 스스로를 "호걸 중에 호걸" 이라 부르며 자신의 재주를 뽐내는가하면 한편으론 사람을 꿰뚫어 보는 통찰력과 인덕을 겸비하고 있었다. 그는 도량이 넓고 선비들을 좋아하여 면전에서 자신의 결점을 지적하는 사람이 있을지라도 맞서지 않고 오히려 그의 좋은 점을 칭찬하곤 했다. 또한 천거받지 못한 인재를 발견하면 지금껏 인재를 알아보지 못한 자신의 잘못을 탄식하였다. 때문에 약간이라도 재주가 있는 사람에게는 깍듯하게 선비로 예우했다. 공융이 북해에 있을 때 팽구(彭璆)·왕수(王修)·병원(邴原)등을 차례로 천거하였으며 대유학자 정현(鄭玄)을 천거하여 그가 고향 고밀(高密)에 정공향(鄭公鄕)을 세우도록 도왔다. "주인의 품격이 높으면 자연히 찾아오는 이가 많다." 는 말처럼 공융이 태중대부(太中大夫)로 재직하던 시절 그의 관저는 매일 그를 찾는 손님들로 붐비었다. 공융은 일찍이 "술자리에 항상 손님이 가득하고 주고받는 술잔에 술 마를 틈이 없나니 내게 또 무슨 근심이 있겠는가!" 라는 말로 자신의 감회를 표현했다.

012
땅이 꺼져라 한숨을 내쉬다
唉聲歎氣(해성탄기)

　가정은 "멀쩡한 녀석이 그렇게 의기소침해서 무슨 큰일을 하겠느냐! 방금 전 우촌이 와서 너를 만나고 싶어 하기에 너를 부르러 보냈거늘 지금에서야 나타나다니! 그리고 뒤늦게 나타나서는 변변한 말 한마디 못하고 잔뜩 주눅 들어서는 얼굴엔 수심이 가득하더니 이번엔 땅이 꺼져라 한숨을 내쉬는구나. 도대체 너의 불만이 무엇이냐? 대체 아무 이유 없이 왜 그런 모습을 보이느냔 말이다!" 라며 그를 꾸짖었다.

　보옥은 금천아가 자신과 희롱한 일 때문에 왕 부인에게 꾸중을 듣고 수치스러운 나머지 우물물에 투신했다는 이야기를 전해 듣고 매우 비통해했다. 그는 왕 부인에게 한바탕 꾸중을 듣고 거처를 나왔지만 어디로 가야 할지 몰라 망연자실해 있었다. 그는 할 수 없이 뒷짐을 지고 고개를 숙인 채 탄식하며 무거운 발걸음을 옮겼다.
　정처 없이 걷다가 대청으로 발길을 옮긴 대옥이 병풍 문을 돌아가려는데 맞은편에 있던 사람이 안쪽으로 걸어 들어오다가 보옥과 정면으로 마주쳤다. 그 사람은 "거기 섯거라!"라고 벽력같은 소리를 질렀다. 보옥이 깜짝 놀라 고개를 들고 보니 아버지 가정이므로 저도 모르게 숨을 들이키며 늘어뜨린 두 손을 가지런히 모았다. 가정은 "멀쩡한 녀석이 그렇게 의기소침해서 무슨 큰일을 하겠느냐! 방금 전 우촌이 와서 너를 만나고 싶어 하기에 진작 전갈을 보냈거늘 한참이나 지나서 나타나다니! 그리고 뒤늦게 나타나서는 변변한 말 한마디 못하고 잔뜩 주눅 들어서는 얼굴엔 수심이 가득하더니 이번엔 땅이 꺼져라 한숨을 내쉬는구나. 도대체 너의 불만이 무엇이냐? 대체 아무 이유 없이 왜 그런 모습을 보이느냔 말이다!"라며 그를 꾸짖었다. 보옥은 평소 같으면 어떻게든지 둘러댈 말을 찾았겠지만 이날은 금천아의 일로 마음이 상해 있는데다가 아버지가 벼락같이 호통을 치니 그야말로 꿀 먹은 벙어리마냥 잠자코 서 있을 뿐이었다.

명언의 역사적 사례

219년, 동오(東吳)의 여몽(呂蒙)은 서촉(西蜀)의 관우(關羽)가 강능(江凌)을 비우고 북으로 양양(襄陽)과 번성(樊城)을 포위한 틈을 타서 강능(江陵)을 기습하여 관우의 목을 베었다. 여몽은 20여 년 간 전장에서 혁혁한 무공을 세운 용맹한 장수였으며 학문 또한 게을리 하지 않는 문무를 겸비한 인재였다. 게다가 사심 없이 인재를 천거하였기 때문에 평소 오나라 군주인 손권(孫權)은 그를 각별히 아꼈다. 강능 전투의 공로로 여몽은 작위와 엄청난 녹봉을 받게 되었는데 상을 받기도 전에 병으로 갑자기 쓰러졌다.

손권은 그를 궁으로 데려와 행관(行館) 옆방에 누이고 백방으로 이름난 명의를 수소문했다. 의원들이 여몽에게 침을 놓을 때면 손권은 그의 고통을 생각하고 함께 고통스러워했다. 그리고 잦은 병문안이 여몽을 피로하게 만들까 염려되어 담장에 작은 구멍을 내고 수시로 그의 용태를 훔쳐보았다. 그러다가 여몽이 기력을 회복하고 조금이라도 음식을 드는 날엔 반색하며 기뻐하고 그렇지 못한 날은 땅이 꺼져라 한숨을 내쉬며 밤잠을 이루지 못하였다.

여몽의 병이 조금 차도를 보이자마자 손권은 미처 작위를 받지 못한 그의 죄를 사면하니 조정의 문무백관이 모두 찾아와 그를 축하했다.

오래지 않아 여몽의 병이 다시 위중해지자 손권은 이번에는 도사(道士)를 불러 여몽을 위해 축도했다. 그러나 병색이 짙은 몸으로 군대를 이끌고 남군(南軍)을 공격한 여몽은 이미 심신이 지칠 대로 지쳐서 소생의 가망이 희박한 상태였으니 제아무리 영험한 도사인들 그를 살려낼 수 있었겠는가? 결국은 젊은 나이에 요절하니 그때 나이 겨우 42세였다.

013
미인은 불행하거나 병약하여 요절하는 일이 많다
佳人命薄(가인박명)

　대옥은 저도 모르게 『서상기(西廂記)』에서 읽은 "그윽하고 외진 곳에 누가 발걸음을 옮기랴. 빼곡한 푸른 이끼 위로 흰 이슬만 차갑구나."란 구절이 떠올라 "앵앵(鶯鶯)이여, 그대 운명이 아무리 기구하다지만 의지할 수 있는 과부 어머니와 남동생은 있었지요. 나 임대옥은 그마저도 없는 박복한 신세랍니다. '미인은 박명(美人薄命)'이란 옛말이 있긴 하나 가인(佳人)의 축에도 못 끼는 내 운명은 어째서 그대보다 더 처량한 것일까요?"라며 탄식했다.

　임대옥과 자견(紫鵑)이 새 거처인 소상관(瀟湘館)으로 들어서니 사방에 대나무 그림자가 들쑥날쑥하게 드리워져 있고 푸른 이끼 자국이 가득 덮여 있었다. 대옥은 저도 모르게 『서상기(西廂記)』에서 읽은 "그윽하고 외진 곳에 누가 발걸음을 옮기랴. 빼곡한 푸른 이끼 위로 흰 이슬만 차갑구나."란 구절이 떠올라 남몰래 탄식했다. "앵앵(鶯鶯)이여, 그대 운명이 아무리 기구하다지만 의지할 수 있는 과부 어머니와 남동생은 있었지요. 나 임대옥은 그마저도 없는 박복한 신세랍니다. '미인은 박명(美人薄命)'이란 옛말이 있긴 하나 가인(佳人)의 축에도 못 끼는 내 운명은 어째서 그대보다 더 처량한 것일까요?'

이렇게 생각에 잠겨 걷고 있는데 복도에 있던 앵무새 한 마리가 대옥이 다가오는 것을 보고는 날카로운 소리를 내면서 달려들었다. 화들짝 놀란 대옥은 "에구머니, 깜짝이야! 머리가 먼지투성이가 되겠네!" 하고 소리쳤다. 앵무새는 날아올라 조롱 속 횃대 위에 올라앉더니 "설안(雪雁)아, 어서 발을 걷어 올려라. 아가씨 오셨다!"라고 외쳤다. 대옥은 잠시 걸음을 멈추고 조롱의 걸쇠를 채워주며 "마실 물이 없었던 게로구나?"라고 말을 건넸다. 앵무새는 마치 평소 대옥이 하는 양을 흉내라도 내듯이 긴 한숨을 내쉬더니 다음과 같은 시 한 수를 읊조렸다.

농금장화인소치(儂今葬花人笑癡)
타년장농지시수(他年葬儂知是誰)
시간춘진화점락(試看春盡花漸落)
편시홍안노사시(便是紅顏老死時)
일조춘진홍안노(一朝春盡紅顏老)
화락인망양불지(花落人亡兩不知)

꽃 장례 치러주는 내 어리석음 비웃지만
나 죽으면 뉘 있어 나를 묻어 줄까?
봄날은 다하고 꽃은 시들어 떨어지니

청춘의 무상함도 그와 같아라.

봄은 지나고 홍안은 늙어 백발이 되나니

꽃은 지고 사람은 떠나는 것이거늘.

명언의 역사적 사례

청(淸)나라 때 삼번(三藩)의 난 때문에 정치적 희생양이 된 여인이 있었으니 바로 화석(和碩) 유가(柔嘉) 공주이다. 유가 공주는 원래 순치제(順治帝)의 사촌 형인 안군왕(安郡王) 악락(岳樂)의 둘째 딸로 태어났는데 훗날 순치 황제의 양녀가 되어 궁에서 자라면서 화석 유가 공주로 봉해졌다. 순치 황제는 이 수양딸을 끔찍하게 사랑했다.

1658년, 조정은 삼번(三藩)의 난을 일으킨 정남왕(靖南王) 경중명(耿仲明)을 다독이기 위해 유가 공주를 그의 손자 경취충(耿聚忠)에게 시집보내기로 결정하니 이때 공주의 나이 겨우 여섯 살이었다. 그 후 경취충은 삼등자(三等子)와 석액부(碩額駙)로 봉해졌으며 강희(康熙) 2년(1663) 11월, 유가 공주가 12살 되던 해 두 사람은 식을 올렸다.

이듬해 정월, 경취충은 태자태사(太子太師)의 관직을 받고 다시 태자소보(太子少保)를 거쳐 태자태보(太子太保)의 자리에 올랐다. 그러나 정략혼은 의례 혼인 당사자의 의견은 일체 무시된 채 진행되는데다가 너무 어린 나이에 시집간 탓에 유가 공주는 결코 행복하지 못했다. 그리고 '미인박명(美人薄命)'이란 말처럼 유가 공주는 강희 12년(1673) 22살의 꽃다운 나이로 세상을 떠났다. 죽은 후 그녀는 문두구(門頭溝)에 있는 용천진(龍泉鎭)에 모셔졌으며 지금도 이 고장 사람들은 그 곳을 '공주(公主) 묘(墓)'라고 부른다.

014
경미한 일을 위해 어리석은 짓을 하다
剖腹藏珠(부복장주)

　대옥은 걱정이 되어 "등이 부서지는 게 문젠가요, 아니면 사람이 넘어져 다치는 것이 문젠가요? 더구나 보옥 오빠는 목각(木刻) 신을 신고 걷는데 익숙하지 않잖아요. 돌아갈 때 그 등롱으로 길을 밝히도록 하세요. 유리등은 가볍고 밝아서 원래는 비오는 날 들고 다니도록 제작된 것이랍니다. 보옥 오빠도 손에 하나 들고 가면 좋지 않아? 오늘 사용하고 내일 돌려주어요. 자칫 실수로 부서져도 별로 값어치가 나가는 것도 아닌데 갑자기 하찮은 일을 목숨보다 중히 여기다니 언제부터 진주를 감추려고 배를 가르는 인색한 사람이 되었어요?"라며 보옥을 책망하였다.

· 명언 원어 : 진주를 감추기 위해 배를 가르다.

　어느 비 내리는 저녁, 보옥은 도롱이에 삿갓차림으로 대옥(林黛玉)에게 병문안을 왔다. 보옥을 배웅하던 임대옥은 그가 유리등을 가지고 오지 않은 것을 보고 "비가 오는데 등을 밝힐 수 있어요?"라고 물었다. 보옥은 "상관없어. 명와(明瓦)등이라 비에 젖어도 끄떡없거든." 하고 말했다.

대옥이 이 말을 듣고 서재에서 유리등 한 개를 가져와서는 작은 초에 불을 붙이게 하여 보옥에게 건네주었다. 보옥은 "나도 이것과 똑같은 것이 있지. 하지만 하인들이 들고 가다가 잘못해서 깨뜨릴까 봐 가져오지 않았어."라고 말했다. 대옥은 걱정이 되어 "등이 부서지는 게 문젠가요 아니면 사람이 넘어져 다치는 것이 문젠가요? 더구나 보옥 오빠는 목각(木刻) 신을 신고 걷는데 익숙하지 않잖아요. 돌아갈 때 그 등롱으로 길을 밝히도록 하세요. 유리등은 가볍고 밝아서 원래는 비오는 날 들고 다니도록 제작된 것이랍니다. 보옥 오빠도 손에 하나 들고 가면 좋지 않아? 오늘 사용하고 내일 돌려주어요. 자칫 실수로 부서져도 별로 값어치가 나가는 것도 아닌데 갑자기 하찮은 일을 목숨보다 중히 여기다니 언제부터 진주를 감추려고 배를 가르는 인색한 사람이 되었어요?"라며 보옥을 책망하였다.

그제야 보옥은 허둥지둥 등롱을 받아들고는 시녀에게 건네주었다. 그래서 앞에는 노파 두 사람이 우산을 받쳐 든 채로 유리등으로 길을 밝히고 뒤에는 두 시녀가 우산을 받쳐 들게 하고는 처소로 돌아갔다.

명언의 역사적 사례

당 태종(太宗)은 역대 그 어느 제왕보다도 진보적인 황제였다. 그는 짬이 날 때마다 대신들과 치국(治國)의 도에 관해 토론하기를 좋아했는데 특히 이해를 돕기 위해 간단명료한 비유법을 즐겨 사용하였다.

한번은 당태종이 대신들에게 "듣자하니 서역의 상인 하나가 진귀한 보석을 손에 넣었는데 잃어버릴까 걱정이 되어 배를 갈라 그 속에 보석을 감춰 두려 했다고 하오. 세상에 정말 이런 사람이 있을까요? 경들의 생각은 어떻소?"라고 물었다. 대신들은 입을 모아 "있을 것이옵니다."라고 아뢰었다.

당태종은 웃으면서 말했다. "서역 상인이 제 몸보다도 보석을 소중하게 여긴 것은 누구라도 어리석다고 생각할 것이오. 그러나 따지고 보면 법을 어기고 재물을 탐하다가 처벌을 받는 관리도 있고 사치와 횡음(橫淫)을 일삼다가 도가 지나쳐 나라를 도탄에 빠트리는 제왕도 있으니 그들의 행위 역시 서역 상인처럼 우스운 꼴이 아니겠소?" 위징(魏徵)이 말을 이었다. "일찍이 노(魯)나라 애공(哀公)이 공자께 '어느 건망증이 심한 사람이 새 집으로 옮겨 간 후 화려한 새 저택을 감상하는데 열중하느라 정작 자기 부인이 누구인지는 잊어버렸다고 합니다' 라고 여쭈었더니 공자께서는 이렇게 대답하셨다고 합니다. '더욱 심각한 경우도 있습니다. 하(夏)나라 걸(桀)왕과 은(殷)나라 주(紂)왕은 왕위에 오른 후 주색에 빠져 국정을 멀리하여 결국 나라는 망하고 가족은 뿔뿔이 흩어지고 남의 손에 죽임을 당하였으니 그들은 자기 자신조차 잊어버린 사람들이 아니겠습니까? 그들 역시 서역 상인처럼 어리석은 사람들입니다' 라고 말입니다."

당태종이 고개를 끄덕였다. "그대의 말이 맞소. 우리도 후세 사람들의 조롱거리가 되지 않으려면 각자가 청렴하고 공정하게 생활하고 힘을 모아 이 나라를 잘 다스려야만 할 것이오."

015
유유자적하다
逍遙自在(소요자재)

　그러자 왕희봉은 평아에게 "부인이 분명히 우리 처소로 상의하러 오실거야. 원앙이 승낙하면 다행인데 만약 그렇지 않으면 부인은 괜한 일을 상의한 꼴이니 분명히 안 좋은 얼굴로 우리를 대하실 걸세. 자네는 어서 모두에게 메추리를 튀기고 음식 몇 가지를 더 차려 식사 준비를 하도록 해. 그리고 나서 다른 곳에 가서 좀 놀다가 부인이 돌아갔다고 생각되면 다시 돌아오게나." 라고 분부했다.

　형 부인이 원앙의 침소에 찾았을 때 원앙은 마침 자수를 놓는 중이었다. 형 부인은 원앙의 자수 솜씨를 칭찬하고 그녀를 위아래로 한번 훑어보았다. 그리고는 원앙의 손을 잡아끌고는 가서가 그녀를 첩으로 삼고 싶어 한다는 소식을 전했다. 이어 형 부인은 원앙에게 함께 노부인에게 고하자고 권하였으나 원앙은 아무 대꾸도 하지 않았다.
　한편 내막을 알고 있는 왕희봉은 평아(平兒)에게 넌지시 이 일을 귀띔해 주었다. 그러자 평아는 머리를 가로 저으면서 웃었다. 그녀는 "제가 보기엔 이 일은 결코 성사될 것 같지 않아요. 평소에 개인적인 이야기를 나눌 때도 원앙의 말투가 남의 집 첩살이는 절대 안 할 기세였거든요. 이 일은 지켜보는 수밖에요."라고 말했다. 그러자 왕희봉은 평아에게 "부인이 분명히 우리 처소로 상의하러 오실거야. 원앙이 승낙하면 다행인데 만약 그렇지 않으면 부인은 나에게 괜한 일을 상의한 게 되니 분명히 안 좋은 얼굴로 우리를 대하실 거야. 자네는 어서 모두에게 메추리를 튀기고 음식 몇 가지를 더 차려 식사 준비를 하도록 해. 그리고 나서 다른 곳에 가서 좀 놀다가 부인이 돌아갔다고 생각되면 다시 돌아오게나."라고 분부했다.

평아는 희봉의 분부대로 노파들에게 부엌일을 분부하고는 유유자적하게 정원을 향해 발걸음을 옮겼다.

명언의 역사적 사례

강희(康熙)원년, 오삼계(吳三桂)·상가희(尙可喜)·적계무(狄繼茂)는 자신들의 속국(屬國)에 세관을 세우고 화폐를 주조했으며 토지를 점거했다. 오삼계는 한술 더 떠서 자기가 관리를 파견하기도 했다. 이에 강희 황제는 황권을 강화하기 위해 그들에게 철번(撤藩)을 명했다.

철번령이 떨어지자 그 파장은 일파만파로 퍼졌다. 경성(京城)에서 양기륭(楊起隆)이 무장봉기를 일으켰으며 궁 안의 태감들은 적과 내통하였다. 경성 근처에서는 찰합이(察哈爾)가 반란을 일으켰으며 때를 같이하여 경사(京師) 대지진과 태화전(太和殿) 화재가 잇달아 발생했다. 또한 강희 황제가 총애하던 후궁 혁사리(赫舍里)씨가 세상을 떠났다. 한편 오삼계가 운남성에서 군사를 일으키자 상가희와 적정충이 그 뒤를 따르니 삼번군(三藩軍)은 파죽지세로 사천·호남·호북까지 밀려왔다. 그리고 산서(山西)의 왕보신(王輔臣)은 이를 먼 산 불구경하듯 하며 조정의 지시를 따르지 않았다. 그야말로 자연 재난과 인재(人災) 그리고 내우외환이 겹쳐진 형국이었다. 민심은 흉흉해지고 도성의 관리들은 가솔을 이끌고 강남으로 떠났다.

강희 황제가 철번을 명한 후로 온 나라가 절체절명(絶體絶命)의 위기에 직면하자 효장 태후(孝莊太后)는 "대청(大淸)제국의 가장 큰 위기는 변방의 요새나 내란을 일으킨 태감에게 있는 것이 아니라 황상의 마음속에 있습니다."라며 강희 황제를 독려하였다. 그리하여 강희 황제는 공황 상태에 빠진 군대와 어지러운 민심을 안정시키고자 때를 기다리며 매일 명산을 유람하고 활쏘기를 구경하는 일로 소일하며 유유자적한 나날을 보냈다. 개중에는 이런 황제를 비꼬는 사람도 있었지만 그는 들은 척도 하지 않았다. 그렇게 몇 년이 흘렀다. 전방의 장군들은 각고의 노력으로 선전하여 결국 삼번의 난을 평정하였다. 강희 황제는 그제야 "그때 내가 만약 조금이라도 당황하거나 두려워하는 모습을 보였다면 민심은 더욱 동요되었을 것이니 더욱 끔찍한 상황이 전개되었을지 모르는 일이다."라며 지난 몇 년간 자신이 취한 행동을 해명했다.

016
천혜의 보물을 썩혀 두다
暴殄天物(포진천물)

탐춘은 야심차게 말했다. "우리 정원은 뇌대(賴大)네보다 절반은 더 크니 적어도 일 년에 은자 400냥을 벌어들이는 건 문제도 아닐 거예요. 하지만 만약 우리가 은자로 매출을 올린다면 남들의 눈에는 인색하게 보일 테니 이는 명문가 사람들이 할 일이 아닙니다. 하지만 고정적으로 사람 둘을 보내어 관리하지 않는다면 남들이 망치도록 방치하는 것이니 천혜의 보물을 그냥 썩혀 버리는 짓이지요."

설이 지나고 왕희봉은 과로로 유산했다. 왕 부인은 셋째 딸 탐춘(探春)을 시켜 왕희봉을 도와 집안일을 건사하게 하였다. 탐춘은 영국부의 지출이 지나치게 많다고 생각하고 이로운 일을 찾고 폐단을 없앨 방법을 찾는데 몰두하였다.

그날 영국부의 총집사인 뇌대(賴大)가 그녀들을 집으로 초대하였는데 탐춘은 뇌대네 작은 정원에 갖가지 넝쿨 과일과 야채를 심어 매년 은자 몇 백 냥에 달하는 수입을 얻는 것을 보고는 연잎 한 줄기, 말라빠진 풀 한 뿌리도 돈이 된다는 것을 알았다. 그래서 이환·보채·평아와 함께 대관원의 정원을 효율적으로 사용할 수 있는 방법을 상의했다. 탐춘은 야심차게 말했다. "우리 정원은 뇌대(賴大)네보다 절반은 더 크니 적어도 일 년에 은자 400냥을 벌어들이는 건 문제도 아닐 거예요. 하지만 만약 우리가 은자로 매출을 올린다면 남들의 눈에는 인색하게 보일 테니 이는 명문가 사람들이 할 일이 아닙니다. 하지만 고정적으로 사람 둘을 보내어 관리하지 않는다면 남들이 망치도록 방치하는 것이니 천혜의 보물을 그냥 썩혀 버리는 짓이지요. 그럴 바에야 관저에 있는 유모들 중에서 성실하고 정원 일을 잘 아는 사람 몇을 골라 그들에게 전적으로 맡기는 것이 낫겠어요. 그리고 그들에겐 임대료를 받지 말고 일 년 동안 수확한 양의 일부를 바치게 하는 거예요. 이렇게 하면 첫째로는 정원을 맡아 책임질 사람이 생기게 되니 화초와 나무를 해가 다르게 아름답게 가꿀 것이고 바빠서 정원이 엉망이 되는 일도 없지요. 둘째로 괜히 실한 정원을 썩혀 두지 않아도 되고, 셋째로 정원 일을 맡아보는 유모들에게 적으나마 보탬이 될 테니 관저에서 나이 든 몸으로 힘든 일을 하지 않아도 되고, 넷째로 정원 관리에 필요한 비용을 절약할 수 있어요. 이렇게 하면 남는 자금이 생기고 또 그 돈으로 부족한 자금을 보충할 수 있게 되니 전혀 실현 불가능한 이야기는 아니지요." 보채는 마침 벽에 걸린 그림을 감상하고 있다가 탐춘이 이렇게 조리 있게 이야기를 하자 고개를 끄덕이면서 "옳거니, 삼 년 안에 기근 걱정할 필요도 없어지겠네."라며 웃었다.

명언의 역사적 사례

 진(晉)나라 초엽 사람인 도간(陶侃)은 어질고 재주가 뛰어났으며 앞날을 내다 볼 줄 아는 지략가였다.
 바야흐로 진나라는 북방 영토 대부분을 잃고 장강(長江) 이남까지 후퇴한 상태였다. 도간은 광주척사(光州刺史)로 부임해 있었는데 공무가 바쁘지 않을 때도 잠시도 쉬지 않고 부지런히 생활했다. 그는 매일 새벽 벽돌 100장씩 서재 밖으로 옮겨 놓고 밤이 되면 다시 서재 안으로 옮겨왔다. 그런 식으로 매일 같이 벽돌을 옮겼지만 그 이유를 아는 사람은 아무도 없었다. 하루는 한 측근이 궁금한 나머지 그에게 이유를 물었다. 그러자 도간은 "우리는 언제든지 중원을 수복할 준비를 갖추고 있어야하거늘 어찌 스스로를 단련하지 않고 안일하게 지내겠는가?" 라고 대답했다.
 한번은 관부에서 배를 축조한 일이 있었는데 작업이 끝나자 쓰고 남은 대나무 뿌리와 잎사귀 그리고 나무 톱밥이 공사장 가득 수북하게 쌓여 있었다. 그것들은 본디 사용할 수 없는 쓰레기였음에도 도간은 인부에게 "천혜의 자원을 썩혀 두지 말라. 모두 기록한 후 창고에 넣어 두어라." 라고 지시했다. 혹자는 도간이 쓸모없는 자재들을 보관하는 것을 보고 속으로 그를 비웃었다.
 얼마 뒤 설날이 되어 큰 집회가 열렸는데 마침 눈이 온 뒤 날씨가 개였기 때문에 대청 앞은 사방 질척거려서 걸음을 내딛기가 어려울 지경이었다. 도간이 사람을 시켜 나무 톱밥을 내와서 땅에 뿌리도록 하니 집회에 참가한 사람들이 길에서 미끄러지는 일을 방지할 수 있었다. 얼마 후 군용 선박을 제작할 일이 생기자 도간은 보관하고 있던 대나무 뿌리와 잎사귀를 내오게 해서 선박을 만드는데 필요한 대나무 못으로 사용토록 했다. 그 후 도간은 혁혁한 공을 세워 장사군공(長沙郡公)으로 임명되더니 결국은 대장군의 자리에 올랐다.

017
병이 위중하면
아무 의사에게나 매달린다
謂病篤亂投醫(위병독난투의)

보옥은 웃으면서 "나무아미타불, 좋아졌다는 말이구나!"라고 했다. 자견은 따라 웃으며 "도련님이 염불을 외시다니 희한한 일이네요."라고 말했다. 보옥은 "이게 다 아무 병이 위중하면 아무 의사나 붙잡는다는 격이지."라며 웃었다.

보옥이 병문안 차 대옥의 처소를 찾았을 때 마침 대옥은 낮잠을 자고 있으므로 보옥은 조심스럽게 방을 나왔다. 처소로 돌아가려고 발길을 돌리는데 자견(紫鵑)이 회랑에서 뜨개질을 하고 있는 것이 눈에 띄었다.

자견은 본명이 앵가(鸚可)로 대부인의 방에서 일하던 시녀이다. 대부인은 대옥이 두 사람만 거느리고 온 것을 보고는 일손이 딸려 대옥이 불편하게 생활하게 될까 걱정되어 앵가를 대옥에게 보냈다. 그로부터 그녀는 이름을 자견이라 고치고 대옥과 친자매처럼 지내며 제 주인에게 정성을 다하였다.

보옥이 자견에게 다가가서 "어제 저녁에 아가씨 기침은 좀 덜하셨니?"라고 물었다. 자견은 "좀 나아지셨어요."라고 대답했다. 그러자 보옥은 웃으면서 "나무아미타불, 좋아졌다는 말이구나!"라고 했다. 자견은 따라 웃으며 "도련님이 염불을 외시다니 처음 보는 일이네요."라고 말했다. 보옥은 "이게 병이 위중하면 아무 의사나 붙잡는다는 격이지"라며 웃었다.

보옥이 말하다가 자견이 먹색 얇은 능사로 지은 솜저고리 위에 얇은 남색 비단 조끼만 달랑 입고 있는 것을 발견하고는 바깥 날씨가 쌀쌀한데 홑조끼만 걸친 것이 걱정이 되었다. 그는 손을 뻗어 그녀의 몸을 만지면서 "이렇게 얇게 입고 바람을 맞고 앉아 있구나. 바람이 세게 불고 날씨도 변덕스러운데 너마저 병이 들면 어떡하니?"라고 말했다. 그런데 자견이 갑자기 그에게 "앞으로는 말씀으로만 하시고 마음대로 제 몸을 더듬지 마세요. 나이가 들수록 더 애같이 구니까 도련님이 남에게 존경받지 못하는 거예요." 하고 쏘아붙이고는 벌떡 일어나더니 뜨개질 꾸러미를 들고 방으로 들어가 버렸다.

보옥은 찬물을 한 대야 뒤집어 쓴 것 같은 심정이 되어 멍하니 대나무만 뚫어지게 바라봤다. 그러다가 갑자기 넋 나간 사람처럼 돌 위에 아무렇게나 앉아서는 슬퍼서 하염없이 눈물만 흘리는 것이었다.

명언의 역사적 사례

건안(建安) 16년(211), 조조(曹操)는 관서(關西)로 진군하여 마초(馬超), 한수(韓遂), 위섭양천(威懾兩川)군을 무찔렀다. 동시에 장노(張魯), 그의 동생 장위(張衛)와 함께 익주(益州)에서 군사를 일으켜 서천 지방의 41개 주를 점령하기로 했다.

익주를 근거지로 하는 유장(劉璋)은 과거 장노의 어머니와 동생을 죽인 일이 있으므로 장노가 익주를 넘보고 있다는 소식을 듣고 놀라 허둥지둥하며 어쩔 줄 몰랐다. 병이 위중하면 아무 의사나 찾는다는 말처럼 유장은 장송(張松)의 의견을 받아들여 군의교위(軍議校尉) 법정(法正)을 파견하여 형주(荊州)의 유비(劉備)에게 촉나라 북쪽으로 출병하여 장노와 조조군을 막아 달라고 도움을 요청했다.

그러나 유장의 책사인 황권(黃權)은 이를 반대하며 "유비는 어질고 부드러움으로 강함을 이기는 성품이니 천하 영웅 중에 그에 대적할 사람이 없습니다. 그는 멀게는 천하 인재들의 흠모를 얻고 있으며 가까이는 백성들의 우러름을 받고 있습니다. 게다가 지모가 뛰어난 제갈량(諸葛亮)에다 관우(關羽)·장비(張飛)·조운(趙雲)·황충(黃忠)·위연(魏延)까지 그의 진영에 가세해 있습니다. 이런 사람을 촉(蜀)으로 끌어들여 부하로 대하신다면 유비가 과연 저자세로 납작 엎드려 있으려 하겠습니까? 또 만약 손님의 예우로 대하신다 해도 한 나라에 두 군주가 양립할 수 없는 법입니다. 지금 주공께서 신의 말을 들으신다면 서촉은 태산 같이 안전할 것이오. 신의 말을 듣지 않으신다면 위태로운 지경에 처하게 될 것입니다."라고 간언하였으나 유장은 그의 말을 귀담아 듣지 않았다.

한편 유비는 전갈을 받은 즉시 군사 약간을 이끌고 사천(四川)으로 들어갔다. 그리고 이듬해 겨울, 군사를 일으켜 단숨에 관문을 빼앗고 유장의 장수들 목을 베었다. 214년 여름, 유비의 대군은 성도(成都)에 입성하였으며 대세가 이미 기울었음을 안 유장은 자진해서 성문을 열고 투항하였다. 유비는 성도를 점령하고 익주목(益州牧)이 되었다.

018
상대하면 같은 부류가 된다
一般見識(일반견식)

습인 등은 두 사람을 떼어 놓으며 "어린애가 지껄이는 소리일 뿐이니 마님께서는 상대도 하지 마세요. 저희가 알아듣게 타이르겠습니다."라고 만류했다.

조씨(趙氏)는 가정(賈政)의 첩으로 가탐춘(賈探春)과 가환(賈環)의 생모이다. 그녀는 정실이 아니었기 때문에 왕 부인과 왕희봉 등에게 업신여김을 당했으며 심지어는 친딸인 탐춘조차도 어머니 취급을 해주지 않았다. 또한 가씨 집안 사람들 눈에 조씨는 하녀나 다름없는 존재였지만 정작 자신은 시녀들에게 주인 행세하기를 좋아했다.

한번은 방관(芳官)이 가환에게 장미초 대신 재스민 가루를 건네주었다. 가환은 장미초를 왕 부인의 시녀 채운(彩雲)에게 선물했는데 채운은 봉지를 열어보고 나서야 내용물이 재스민 가루라는 것을 알게 되었다. 조씨가 이 일을 전해 듣고는 분을 참지 못하고 씩씩거리면서 이홍원(怡紅院)에 들이닥쳤다.

그녀는 정원으로 들어와 재스민 가루를 방관의 얼굴에 뿌리더니 손가락질을 하며 욕설을 퍼부었다. "앙큼한 계집! 얼굴만 반반한 매춘부 같으니! 우리가 극단에서 돈 주고 널 사오긴 했다만 우리 집에서 제일 비루한 시녀도 너보다는 낫겠다. 네 처지를 알았으면 사람 봐 가면서 행동하거라. 가환이가 물건을 주겠다는데 네가 감히 어디라고 앞을 가로막아? 그게 네 물건이더냐?"

방관은 분한 나머지 엉엉 울면서 "마침 초가 떨어져서 도련님께 대신 재스민 가루를 드린 거예요. 그리고 저는 마님 댁에서 산 시녀도 아니니 마님께 이런 수모를 겪을 이유가 없습니다."라며 대들었다. 습인은 "바보 같은 소리 하지 마라."라며 말대답하는 방관을 말렸다.

조씨는 화가 머리끝까지 나서는 방관의 따귀를 두 대나 때렸다. 습인 등은 두 사람을 떼어 놓으며 "어린애가 지껄이는 소리일 뿐이니 마님께서는 상대도 해 주지 마세요. 저희가 알아듣게 타이르겠습니다."라고 만류했다. 방관이 억울하게 두 대나 따귀를 맞고는 바닥을 데굴데굴 구르면서 통곡하니 모두가 그녀를 달래느라 진땀을 뺐다.

명언의 역사적 사례

장설(張說)은 당나라 현종(玄宗)의 가신이다. 한번은 자신이 아끼는 시녀가 문하의 서생과 정을 나누고 있다는 것을 알게 되자 화가 난 장설은 서생을 경조윤(京兆尹, 사례주(司隸州)의 한 군(郡))으로 보내서 엄하게 처벌하려고 하였다.

시종들이 서생을 포박하려고 하자 서생은 이를 벗어나려고 안간힘을 쓰면서 다급하게 외쳤다. "미색을 보고 동요하는 것은 대장부로 태어나서 인지상정(人之常情)이 아닙니까? 대감께서는 높은 관직에 계시기 때문에 마음이 미혹될 때가 없으신가 보지요? 자고로 일국의 재상감은 뱃속을 노 저어 건너야 할 만큼 도량이 넓다고들 하는데 대감은 어찌 저 같은 자를 상대하려고 하십니까?"

그 말을 듣고 장설은 마음속으로 그 기지에 탄복하여 서생에게 시녀를 상으로 내리고 노자 약간을 챙겨주어 두 사람이 몰래 도주하도록 했다.

일 년이 흐른 어느 날 그 서생이 갑자기 장설을 찾아와 아뢰었다. "제가 듣자하니 재상 요숭(姚崇)이 상소를 올려 대감을 음해하여 어사대(御史台)가 조사에 착수했다고 하니 대감께 큰 위기가 닥치게 생겼습니다." 장설은 그 말을 듣고 크게 놀라고 당황하여 서생에게 대책을 물었다. 서생은 장설에게 가문의 보물 중에서 가장 값진 야명렴(夜明簾)을 가지고 속히 구 공주(九公主) 관저로 가서 공주께 도움을 청하도록 했다. 장설은 서생의 말을 따랐다. 그러자 보물을 선물 받은 구 공주는 현종을 찾아뵙고 "황상께서는 동궁 태자 시절에 장차 보위에 오르면 장 승상에게 꼭 보답하겠다고 입버릇처럼 말씀하시던 것을 잊으셨나요? 지금 장승 상에게 조금 불리한 소식을 접하셨다고 그를 엄격하게 처벌하시다니요?"라며 장설을 두둔했다. 그러자 과연 현종은 옛정을 떠올리고 장설의 죄를 사면해 주었다.

019
시류에 영합하지 않다
不合時宜(불합시의)

보옥은 괴이하게 여기고 "묘옥은 세상과 등지고 고독하게 살아가는 데다가 시류에 영합하지 않는 고집스런 사람이라 세상 사람을 눈에 두지도 않는데 이제 보니 누나를 각별히 여기고 있군요. 역시 누나는 우리와는 격이 다른 분이군요."라며 형수연(邢岫煙)을 치켜세웠다.

묘옥(妙玉)은 소주(蘇州) 인(人)씨이다. 그녀는 선비 가문에서 태어나 문장과 경전에 통달하였으며 용모가 아름다웠다. 어려서부터 몸이 약하고 잔병치레가 잦았는데 불문에 들어가야만 건강을 되찾을 수 있다는 말을 듣고 불문에 귀의했다.

묘옥은 17세 때 사부를 따라 장안(長安)에 왔다가 사부가 열반하자 가씨 가문의 요청으로 롱취암(櫳翠庵)에 머무르게 되었다. 묘옥은 도도한 성품에 지위가 낮은 사람들을 무시하였으므로 유 노파가 마신 찻잔은 불결하다고 만지지도 않았다. 그러나 유독 형수연만은 높이 평가하여 평소 자기가 사용하는 녹옥두(綠玉斗)로 차를 대접하곤 했다.

한번은 보옥이 길에서 형수연을 우연히 만났다. 그녀에게 어디 가는 길이냐고 묻자 형수연은 웃으면서 "묘옥을 찾아가는 길이랍니다."라고 대답했다. 보옥은 괴이하게 여기고 "묘옥은 세상과 등지고 고독하게 살아가는 데다가 시류에 영합하지 않는 고집스런 사람이라 세상 사람을 눈에 두지도 않는데 이제 보니 누나를 각별히 여기고 있군요. 역시 누나는 우리와는 격이 다른 분이세요."라며 형수연을 치켜세웠다.

그러자 수연은 웃으면서 "묘옥은 괜히 나를 귀히 여기는 것이 아니에요. 우리는 10여 년을 담장 하나 이웃하고 지냈답니다. 당시 묘옥은 반향사(蟠香寺)에서 도를 닦는 중이었고 우리 집은 그때 너무 가난해서 도가 사원을 세내어 살았어요. 그래서 틈만 나면 절에 가서 묘옥과 어울리곤 했답니다. 가난하고 비천한 시절의 친구인지라 자연히 사이가 각별해진 데다 글도 묘옥에게 배웠기 때문에 친구이자 스승인 셈이지요. 이렇게나 우연스럽게 다시 만나게 되다니 옛정이 새록새록 되살아나는 것만 같네요."라고 대답하는 것이었다.

명언의 역사적 사례

소식(蘇軾)이 한번은 친구들과 서호(西湖)를 유람하던 중에 주연(酒筵)에 무희들을 불러와 취흥을 돋우었다. 바람결에 대나무 잎이 바스락거리는 소리를 음악 삼아 무희들은 나긋나긋하고 경쾌하게 너울너울 춤추었는데 그 가운데서도 조운(朝雲)이라는 무희가 특히 모두의 눈길을 사로잡았다. 춤사위가 끝나자 무희들은 술자리에 끼어 앉아 시중을 들었다. 조운은 마침 소식의 옆자리에 앉았는데 한 폭의 그림 같은 재자와 가인이 만났으니 서로에게 호감을 가지게 된 것은 지극히 당연한 일이었다. 소식은 조운에게 한 눈에 반해서 그녀를 첩으로 맞아들였다.

　조운은 처첩 중에서 소식의 심경을 가장 잘 헤아렸다. 한번은 소식이 퇴청하여 집에 돌아와 저녁을 먹고 후원을 거닐고 있다가 돌연 시중들고 있던 첩과 시녀 무리에게 자기 배를 가리키면서 물었다. "너희들이 보기에 이곳에 무엇이 들어 있는 것 같으냐?" 한 시녀가 "대감의 뱃속은 명문(名文)으로 가득하십니다."라고 대답하자 소식은 고개를 저었다. 이번에는 또 다른 시녀가 "지식과 견문이 가득하십니다."라고 대답했다. 그러나 소식은 역시 고개를 가로저었다.

　그때 조운이 살포시 웃으면서 "시류에 영합치 않으려는 고집으로 가득 하신 줄 아뢉니다."라고 대답하자 소동파가 배를 움켜쥐고 껄껄 웃으면서 "나를 제대로 아는 사람은 너뿐이로다." 라고 칭찬했다.

　이때부터 소식은 조운을 더욱 각별히 아꼈다. 또한 조운을 찬미하는 시와 사(詞)를 여러 편 지었다. 조운이 세상을 떠나자 그는 조운이 안장된 육여정(六如亭)이란 정자에 다음과 같은 대련을 걸어 추모의 정을 기렸다.

　'내가 시류에 영합하지 않음을 알아주는 이, 조운뿐이네, 홀로 거문고를 타며 옛 곡조를 읊조리니, 해질녘 비 내리는 날이면 그대 생각 더욱 간절해지는구려.'

020
입에서 나오는 대로 지껄이다
信口開合(신구개합)

가용은 입에서 나오는 대로 마음대로 지껄여 대다가 우씨의 노모가 잠에서 깨어나는 듯하자 그 앞으로 나아가 아침 인사를 올렸다.

가경(賈敬)이 세상을 떠난 후 가서·가련·형 부인·왕 부인은 가족들을 데리고 영구를 철함사(鐵檻寺)에 모셨다. 그리고 가진·우씨·가용은 철함사에 남아 영구를 지키다가 백일이 지난 후 영구를 고향 선산에 모시기로 했다. 이때 우씨(尤氏)의 어머니와 두 여동생인 우이저(尤二姐), 우삼저(尤三姐)도 집안일을 도왔으며 가진은 가용을 따로 보내어 영구를 안치하는 일을 처리하도록 했다.

가용(賈蓉)은 진가경의 남편이다. 국자감 학생으로 이목구비가 준수하고 몸이 호리호리했다. 진가경이 죽은 후 가진은 은자 1천 냥을 내고 가용을 오품용금위(五品龍禁尉)자리에 앉혔다. 가용은 그의 아버지 가진처럼 주색에 빠져 방탕한 생활을 하였으며 뻔질나게 기생집을 드나들었다. 또한 이모인 우이저(尤二姐)와 부적절한 관계를 맺고 있었다.

가경이 돌연 세상을 떠났다는 소식을 듣고 가용은 말을 달려 서둘러 집으로 돌아왔다. 그는 하인들을 시켜 바깥 대청에 있는 가구들을 들어내고 상중에 사용하는 휘장을 걸었으며 대문 앞에 악사들이 앉을 패루(牌樓)를 설치하게 했다. 그가 우이저와 우삼저를 만나려고 급히 집안으로 들어갔을 때, 그녀들은 마침 시녀들과 분주히 일하는 참이었다. 가용이 들어오자마자 우이저와 시시덕거리자 시녀들은 그 꼴을 그냥 지나칠 새라 "도련님은 지금 친상을 당했으면서 그런 행동거지라니요. 게다가 그 두 분은 나이는 어리지만 도련님께 이모뻘 되는 분들인데 도련님은 도대체가 위아래도 없으신가요?"라고 따끔하게 한마디 하고는, 가용의 행실이 단정치 못하다는 소문이 이미 영국부에 쫙 퍼져 있다고 말해 주었다. 그러자 가용은 웃으면서 "남의 일에 웬 상관이람. 자고로 남 말하기 좋아하는 사람들은 한나라와 당나라까지도 지저분한 당나라니 구린 한나라니 하며 떠들어대는데 우리 집은 또 어련하겠니? 털어서 연애 사건 하나 없는 가문 있으면 어디 한번 이야기해 보라고!"라고 응수했다.

가용은 입에서 나오는 대로 마음대로 지껄여 대다가 우씨의 노모가 잠에서 깨어나는 듯한 기색을 보이자 다가가서 아침 인사를 올렸다.

명언의 역사적 사례

왕연(王衍)은 진나라 때 유명한 청담(淸談) 사상가이다. 젊은 시절 원성현령(元城縣令)으로 있을 때 그는 공무는 뒷전으로 한 채 대부분의 시간을 의론을 펴고 한담하면서 보냈다. 그럼에도 부임 기간 동안 별다른 사고 없이 직무를 마치고 순조로이 도성으로 돌아갈 수 있었다. 그 후로 왕연은 진급을 거듭하여 태자사인(太子舍人), 상서랑(尙書郞)등의 고위 관직에 올랐다. 그는 결국 재상의 자리에까지 올랐는데 이때 청담(淸淡)에 대한 관심이 더욱 높아졌다. 그는 노장의 학설을 특히 좋아하여 매일 대부분의 시간 동안 노장의 현학을 강연했다.

특히 강연에 임할 때 왕연은 손에 옥 손잡이가 달린 사슴 꼬리를 들고는 작은 목소리로 느긋하게 이야기 하곤 했는데 그 여유로운 풍모는 가히 신선과도 같았다. 당시 청담 사조가 매우 유행하였기 때문에 왕연은 뭇사람들의 존경을 받았으며 청담파의 대표적인 인물이 되었다.

그러나 왕연의 기묘한 공리공담은 늘 앞뒤가 맞지 않았으며 허점이 많았다. 그러나 혹여 그의 말을 듣고 있던 사람이 잘못을 지적하거나 의문을 제기해도 왕연은 조금도 개의치 않고는 입에서 나오는 대로 말을 바꾸어서는 청산유수로 계속 지껄였다. 그래서 혹자는 "왕연의 입속에는 자황(雌黃, 황지 위에 쓴 글자를 고칠 때 사용하던 물질로 유황과 비소의 화합물 결정체)이 들었다."는 말로써 되는대로 떠드는 그의 버릇을 꼬집었다.

310년, 석륵(石勒)이 군대를 이끌고 낙양(洛陽)으로 쳐들어왔다. 왕연은 조정의 명을 받아 군사 총괄을 담당하는 도독(都督)이 되었다. 조정에는 이참에 수도를 옮겨야 한다는 의견이 분분했지만 왕연은 오히려 우마차를 모두 팔아버리고 수도 사수의 의지를 불태웠다. 그 후 동해왕(東海王) 사마월(司馬越)이 사병 4만 명을 이끌고 낙양에서 퇴각할 때 왕연도 그의 뒤를 따랐다. 이때 석륵은 발 빠른 기마병을 보내어 고현(苦縣) 녕평성(寧平城)까지 추격하여 진나라 군대를 전멸시켰다.

포로로 잡힌 왕연은 목숨을 건지려고 석뢰에게 새로 나라를 세우고 황제가 되라고 아부했다. 그러나 석륵의 환심을 사기는커녕 그의 분노를 사서 산 채로 땅에 묻혀서 비참한 죽음을 맞이했다.

021
웃음 속에 비수를 감추다
明是一盆火 暗是一把刀(명시일분화 암시일파도)

우이제가 홍아의 말을 듣고는 "내가 당장 너희 마님을 만나러 가야겠다."라고 하자 홍아는 연신 손사래를 치면서 "아유, 생각도 하지 마세요. 평생 희봉 마님을 뵐 일이 없다면 그것이 마님의 복일 것입니다. 희봉 마님은 겉과 속이 다른 음험한 사람이라 늘 웃음 속에 비수를 감추고 계십니다."라며 만류했다.

가련은 왕희봉 몰래 우이저를 첩으로 들였지만 희봉에게 발각될 것이 두려워, 영국부 뒷길에서 멀지 않은 골목에 살림을 차렸다. 어느 날 이저는 가련의 심복 시동인 홍아(興兒)에게 음식 두 접시를 내주었다. 그러고는 홍아가 구들장 가장 자리에 앉아 음식을 먹기 시작하자 곁에 서서 집안 근황에 대해 물었다.

홍아는 킥킥 웃더니 음식을 우물거리면서 영국부에서 일어난 일들을 소상히 말해 주었다. 그러다가 왕희봉이 화제에 오르자 홍아는 "자기의 말이 곧

법이요 진리인 지라 누구 하나 막아서는 사람이 없답니다. 은자는 또 얼마나 많이 모아두었는지 산처럼 가득 쌓여 있어서 대부인과 마님조차도 희봉 마님더러 좋은 팔자를 타고 났다고 하십니다. 아랫사람에게 함부로 대하고 윗분들에게 환심을 사려고 노력 하는걸 모르고 하시는 말씀이지요. 잘한 일은 자기의 공인 양 냉큼 가로채고 잘못한 일은 다른 사람에게 뒤집어씌우고 심지어는 옆에 서서 불난 집에 부채질까지 하신답니다." 라고 고했다.

우이제가 홍아의 말을 듣고는 "내가 당장 너희 마님을 만나러 가야겠다." 라고 하자 홍아는 연신 손사래를 치면서 "아유, 생각도 하지 마세요. 평생 희봉 마님을 뵐 일이 없다면 그것이 마님의 복일 것입니다. 희봉 마님은 겉과 속이 다른 음험한 사람이라 늘 웃음 속에 비수를 감추고 계십니다. 겉으로는 만면의 웃음을 띠고 달콤하게 이야기하지만 실상 마음속에는 남을 해하려는 나쁜 생각을 품고 계시다구요. 셋째 아가씨처럼 말발이 센 사람도 대적하기 힘든 판에 하물며 둘째 마님처럼 점잖고 유순한 분이 희봉 마님의 적수가 될 수 있겠습니까?" 라며 만류했다. 그러자 우씨는 웃으면서 "내가 예의바르게 마님을 대하면 마님도 나를 어쩌지는 못 하실 것이다." 라고 대답했다.

그 후 왕희봉은 가련이 첩을 들인 사실을 알고는 홍아를 잡아다가 심문하고 죄를 물어 스스로 자기 따귀를 때리는 벌을 내렸다. 결국 홍아는 모든 사실을 낱낱이 실토하였다.

명언의 역사적 사례

당나라 현종(玄宗) 때 이임보(李林甫)라는 재상이 있었는데 그는 교활하고 음흉한 자로 겉으로는 온갖 달콤한 말을 하면서 실제로는 늘 남을 해칠 궁리만 하였으므로 그의 계략에 빠진 사람이 적지 않았다.

한번은 엄정지(嚴挺之)라는 관원이 이임보의 미움을 사서 강주척사(絳州刺史)로 쫓겨 갔다. 훗날 당 현종은 우연히 엄정지가 생각나서 이임보에게 물었다. "엄정지는 아직 강주척사로 있느냐? 그는 재능 있는 인재이니 장차 나라를 위해 크게 쓰일 일이 있을 걸세." 이임보가 그 말을 듣고 내심 크게 동요했지만 애써 태연함을 가장하고는 아뢰었다. "폐하께서 그를 그리워하시니 신이 알아보겠습니다."

조정에서 돌아와서 이임보는 급히 엄정지의 동생 엄손지(嚴損之)를 불러들여서는 짐짓 위해 주는 척하면서 "황상께서 형님을 크게 쓰실 인재로 보고 중용하려 하시니 하루속히 도성으로 불러들여 폐하를 뵙게 하는 게 도리가 아니겠는가? 내가 방법을 하나 생각해 두었네."라고 했다. 엄정지의 동생은 이임보가 자신의 형에게 이렇듯 관심을 가져주는데 크게 감격하여 연신 방법을 알려달라고 했다. 이임보는 "형님께 상소문을 올려서 지금 병이 위중하니 도성으로 올라가 진찰을 받고 싶다고 청하도록 하게나."라고 알려주었다.

엄정지는 동생의 편지를 읽고 과연 이임보의 꾀에 넘어가서 상소문을 올렸다. 이임보는 엄정지의 상소문을 이륭기(李隆基)에게 보여 주고는 그가 중병에 걸렸으니 안정된 환경에서 푹 쉬어야만 한다고 아뢰었다. 현종 이륭기(李隆基)는 뜻밖의 소식을 듣고 기막힌 우연의 일치에 놀라며 의아한 마음이 들었으나 "유감스럽지만 어쩔 수 없지."라며 엄정지에게 태자첨사(太子詹事)라는 한직(閑職)을 내려 낙양(洛陽)에서 요양토록 하였다.

022
결혼은 인륜지대사
終身大事(종신대사)

술잔이 몇 번 돌고 분위기가 화기애애해지자 우삼저는 언니가 말문을 열기도 전에 닭똥 같은 눈물을 뚝뚝 흘리면서 "오늘 언니가 나를 초대한 것은 뭔가 할 말이 있어서란 것쯤은 나도 알고 있어요. 나도 눈치 없는 사람이 아니니 그간의 부끄러운 일들은 더는 왈가왈부하지 않을래요. 이미 충분히 알고 있는 일인데다가 말한들 백해무익한 이야기니까요. 이제 언니와 엄마가 모두 편안히 지낼 곳을 찾았으니 나도 살아갈 방도를 찾는 것이 도리겠지요. 그렇지만 결혼은 평생 한 번 뿐인 인륜지대사이니 장난치듯 할 수 없는 노릇이구요. 내가 지금껏 본분을 지키며 살아온 건 평소 마음에 담아둔 이가 있었기 때문이에요. 언니와 형부가 골라 주는 배필과 혼인하게 된다면 설령 상대방이 석숭(石崇)만큼 부유하고 자건(子建)만큼 출중하고 또 용모가 반악(潘岳)만큼 준수하다고 해도 마음이 기꺼워하지 않을 테니 평생을 헛사는 꼴이 될 거예요." 라고 말하는 것이었다.

우삼저(尤三姐)는 우씨 계모가 데려온 딸로 우이저의 동생이다. 우삼저는 용모가 아름답고 치장에도 일가견이 있어 더없이 매력적이었다. 우이저가 가련에게 시집간 후 우삼저도 언니를 따라 가련의 집에서 거처하게 되었는데 이때부터 가씨 집안의 호색한들인 가진·가련·가용은 모두 호시탐탐 그녀를 눈독 들였다. 그러나 우삼저는 언니처럼 남의 노리개로 살아가기를 거부했다. 그녀는 성격이 불같이 화끈하고 말투가 신랄했기 때문에 가진 등은 번번이 호되게 당하곤 했다. 그래서 우이저는 불미스런 일이 생기기 전에 하루빨리 우삼저를 시집보내자고 가련을 독촉했다.

그날 우이저는 가련이 집에 있을 때 술상을 차려놓고 우삼저와 어머니를 건너오도록 했다. 술잔이 몇 번 돌고 분위기가 화기애애해지자 우삼저는 언니가 말문을 열기도 전에 닭똥 같은 눈물을 뚝뚝 흘리면서 "오늘 언니가 나를 초대한 것은 뭔가 할 말이 있어서란 것쯤은 나도 알고 있어요. 나도 눈치 없는 사람이 아니니 그간의 부끄러운 일들은 더는 왈가왈부하지 않을래요. 이미 충분히 알고 있는 일인데다가 말한들 백해무익한 이야기니까요. 이제 언니와 엄마가 모두 편안히 지낼 곳을 찾았으니 나도 살아갈 방도를 찾는 것이 도리겠지요. 그렇지만 결혼은 평생 한 번 뿐인 인륜지대사이니 장난치듯 할 수도 없는 노릇이구요. 내가 지금껏 본분을 지키며 살아온 건 평소 마음속으로 흠모하던 정인(情人)이 있었기 때문이에요. 언니와 형부가 골라주는 배필과 혼인하게 된다면 상대방이 석숭(石崇)만큼 부유하고 자건(子建)만큼 출중하고 또 용모가 반악(潘岳)만큼 준수하다고 해도 마음이 기꺼워하지 않을 테니 평생을 헛사는 꼴이 될 거예요."라고 말하는 것이었다. 가련이 그 사람이 누구냐고 묻자 우삼저는 흐느끼며 "언니가 이미 알고 있는 사람이에요." 라고 했다. 가련이 웃으면서 이저에게 대체 어떤 사람이냐고 물어보니 우이저는 금방 머리에 떠오르는 사람이 없었다. 우삼저는 자신의 입으로 유상연(柳湘蓮)이란 사람이라고 고백하고 그가 아니면 절대 시집가지 않겠다고 우기는 것이었다.

그 후 가련은 길에서 유상연을 만났다. 가련이 우삼저의 뜻을 전하자 그는 흔쾌히 이를 받아들였다. 그러나 유상연은 도성으로 돌아와 보옥과 잡담을 나누다가 우연히 우삼저가 가련의 처제라는 것을 알게 되고 혼약을 물리고 싶은 마음이 생겨났다. 외골수 기질이 다분한 우삼저는 결국 자결하여 생을 마감한다.

명언의 역사적 사례

당(唐)나라 희종(僖宗) 때, 우우(于佑)라는 젊은이가 과거 고시에 참가하러 장안(長安)에 올라왔다. 그는 여기저기 어슬렁거리다가 우연히 황궁 뒷담에서 잠시 쉬고 있었다. 그곳에는 황궁에서 흘러나오는 작은 시냇물이 졸졸 흐르고 있었는데 그 위로 붉은 나뭇잎들이 둥둥 떠내려가고 있었다. 시내의 풍경을 무심히 바라보던 우우는 홀연 붉은 나뭇잎 위에 글자가 적혀 있는 것을 발견하고는 나뭇잎을 건져 올렸다. 자세히 살펴보니 거기에는 다음과 같은 시 한 수가 적혀 있었다. '시냇물 쏜살같이 흘러가는데 깊은 궁 안 생활은 한가롭기만 하네. 고마운 붉은 나뭇잎아, 바깥 세상 구경 잘 하려무나' 가만히 음미할수록 어딘가 모르게 따뜻한 정감이 어려 있는 것이 감동적으로 느껴져서 우우는 처소로 돌아온 후 나뭇잎을 깨끗하게 말려서 여행 가방 속에 소중히 넣어두었다.

10년이 지나, 우우는 과거에 급제하여 관리가 되었다. 마침 당 선종(宣宗)이 조서를 내려 3천 궁녀를 해산시키고 조정의 관리들과 가정을 꾸리도록 하였다. 우우는 이 기회에 다행히도 한취평(韓翠萍)이라는 궁녀와 백년가약을 맺을 수 있었다.

화촉의 촛불이 부드럽게 넘실거리는 첫날 밤, 그는 문득 옛날 황궁 개울가에서 건져 올린 나뭇잎이 생각나서 그것을 꺼내서 취평에게 보여주면서 궁중에 있던 사람 중에 누구의 필적인지 알아볼 수 있겠냐고 물었다.

한취평은 자신이 시를 써서 흘려보낸 나뭇잎임을 알아보고 소스라치게 놀랐지만 또 한편으로는 감개무량해졌다. 일생일대의 인륜지대사인 자신의 혼인이 자기도 모르는 새에 이렇게 운명 지워져 있었다니, 세상에 이런 기묘한 인연이 또 있을까!

한취평은 당시 구중궁궐의 외로움을 떠올리며 자기도 모르게 한숨지었다. "그때 우연히 나뭇잎에 시를 적어 물 위에 떠내려 보냈는데 서방님이 가지고 계실 줄 미처 몰랐군요." 그리고 감격한 나머지 다음과 같은 시를 지었다고 한다.

'층층이 내 외로운 심사 나뭇잎에 적어 물에 띄웠지, 오늘 평생의 낭군님을 만나 보니 바로 그 나뭇잎이 이어준 인연이구나.'

023
마른하늘의 날벼락 같은 재앙
天有不測風雲(천유불측풍운)

보채는 오히려 담담하게 "맑은 하늘의 날벼락은 예측할 수 없듯이 인간사 행복과 불행이 뒤바뀌는 것은 순간라고는 옛말대로 되었군요. 이 모든 일이 전생에 이미 운명 지워진 일들이니 어머니께서는 그들 때문에 너무 상심하지 마세요."라고 위로하는 것이었다.

· 명언원어 : 하늘에 예측 못한 먹구름이 드리워지다. 재앙은 예고 없이 찾아옴을 비유한 말.

유상연은 원래 권문세가의 자손이었으나 양친이 일찍 세상을 뜨자 학문을 중도에 포기해야 했다. 그는 성격이 남자답고 호탕하여 무예와 예능 잡기에 능하고 술·도박·기방 출입까지 두루 섭렵하고 있었다. 또 그는 본디 용모가 아름답고 연기를 잘했는데 남녀 간의 사랑을 주제로 한 희곡의 생단(生旦) 역할을 특히 잘했다. 그래서 그를 잘 모르는 사람들은 전문 배우로 오해할 정도였다.

설반의 어머니 설 이모는 상연이 우삼저와 혼인하기로 했다는 소식을 듣고 진심으로 기뻐했다. 그녀는 상연이 설반을 구해준 은혜에 보답하기 위해 기꺼이 상연을 위해 집과 신혼살림을 준비하고 길일을 잡아 혼례 치룰 채비를 하였다. 그런데 난데없이 집안에서 부리는 심부름꾼이 뛰어 들어와 우삼저가 자살했다고 아뢰었다.

알고 보니 유상연이 보옥에게 들은 말을 오해하고 우삼저를 행실이 바르지 못한 처자로 여기고는 정표로 준 원앙검(鴛鴦劍)을 돌려주고 혼인을 취소하자고 하자 강직한 성품의 우삼저가 결국 칼을 뽑아 자결한 것이다. 소식을 들은 유상연은 자신의 성급한 판단을 후회하며 슬픔이 복받쳐 한바탕 대성통곡했다. 그러더니 칼을 뽑아 가슴속의 번민을 잘라내듯 단번에 머리카락을 잘라내고는 중이 되어 절름발이 도사를 따라 떠났다.

설 이모는 소식을 전해 듣고 탄식하던 차에 보채가 찾아오자 우삼저가 자결한 이야기며 상운이 출가한 이야기를 들려주었다. 그러나 보채는 담담하게 "맑은 하늘의 날벼락은 예측할 수 없듯이 인간사 행복과 불행이 뒤바뀌는 것은 순간이라는 옛말대로군요. 이 모든 일이 전생에 이미 운명 지워진 일들이니 어머니께서도 너무 상심하지 마세요."라고 위로하는 것이었다.

명언의 역사적 사례

한(漢)나라 무제(武帝) 만년의 일이다. 어떤 사람이 무제에게 하간부(河間府)라는 미녀를 바쳤는데 이 아가씨는 태어날 때부터 한쪽 손이 주먹 쥔 듯 오므려져 있었으며 한 번도 펴본 적이 없었다. 그런 그녀의 손이 무제를 배알한 순간 갑자기 펼쳐졌는데 그녀의 펼쳐진 손위에 놀랍게도 야광주가 쥐어져 있었다. 무제는 하간부를 매우 총애하여 그녀를 구익(鈎弋)부인으로 봉하였다. 무제가 70세 되던 해에 구익부인은 아들 불능(弗陵)을 낳았다. 황제는 늘그막에 아들을 얻고 더할 나위 없이 기뻐했으며 구익부인은 황제의 총애를 독차지하였다.

불능이 다섯 살이 되자 무제는 그를 태자로 책봉하려고 하였다. 그리되기만 하면 구익부인은 자연히 태후의 자리에 오르게 될 터였다. 그런데 마른하늘의 날벼락 같은 재앙이 구익부인의 운명에 장난을 쳤다. 무제는 원래 생각이 많고 냉혹한 성격의 소유자였다. 그가 곰곰이 생각해보니 불능을 태자로 세우고 나서 행여 자기가 일찍 죽기라도 하면 불능이 아직 나이가 어리므로 구익부인이 여후(呂后)처럼 황권을 장악하고 조정을 좌지우지할 것만 같았다. 그래서 그는 구익부인을 먼저 제거하기로 결심했다.

어느 날 무제는 구익부인을 어전 앞으로 불러와서는 큰소리로 꾸짖었다. 젊은 미녀는 황제가 벽력처럼 화를 내는 것을 보고 무서워서 바들바들 떨었다. 그녀는 비녀를 뽑아 머리를 풀어헤치고는 머리를 땅에 조아리며 이유도 모른 채로 용서를 빌었다. 황제는 구익부인을 액정옥(掖庭獄)에 가두도록 명령했다. 그녀는 호위병에게 붙들려 끌려가면서 고개를 돌려 황제를 바라보았다. 눈물을 흘리는 그 모습은 마치 비에 젖은 배꽃처럼 처연하게 아름다워 보는 이의 마음을 뭉클하게 하였다. 혹시라도 황제의 분노한 마음이 누그러져서 죄를 사면해 주지는 않을까 하는 부질없는 바램을 품어봤지만 노황제의 결심은 단호했다. 그는 "어서 가오. 그대는 이미 죽은 목숨이오."라고 말했고 오래지 않아 구익부인은 사약을 받고 죽었다.

024
사소한 일로 공연한 소란을 떨다
小題大做(소제대주)

탐춘(探春)이 물었다. "방금 전에 안에서 싸우는 소리가 들리는 것 같던데?" 그러자 영춘(迎春)은 웃으면서 "아무것도 아니에요. 그저 시녀들이 사소한 일로 공연한 소란을 떠는 것뿐이니 물을 필요도 없어요."라고 대답했다.

영춘(迎春)은 가씨 문중의 둘째 딸로 가사와 첩 사이에서 태어났다. 그녀는 착실하긴 했지만 재주가 없고 마음이 약했다. 그래서 얻은 별명이 '둘째 목석'이다.

영춘은 다른 자매들처럼 재능이 뛰어난 것도 아닌데다 무조건 남에게 양보하는 유순한 성격이었기 때문에 걸핏하면 괴롭힘을 당하곤 했다. 그녀의 이런 성격을 잘 아는 유모는 영춘의 누금봉(累金鳳) 비녀를 전당포에 맡기고 종잣돈을 마련해서 도박판을 벌였다. 그러나 영춘은 비녀가 없어진 것을 알고도 유모를 나무라지 않았다.

형 부인은 그런 영춘을 나무랐다. 수귤(繡橘)과 사기(司棋)가 대신 금비녀를 되찾으려고 나서자 영춘은 도리어 "없어진 셈 치면 되는 것을 화를 낼 필요가 뭐가 있어?"라며 막아섰다. 유모의 며느리 왕주아(王主兒)는 시어머니 대신 잘못을 빌고 용서를 받으려고 영춘을 찾아왔다가 서기, 소귤과 말싸움이 붙었다.

세 사람이 한데 엉켜서 옥신각신하고 있는데 보채·대옥·보금·탐춘이 영춘을 위로하러 찾아왔다. 탐춘이 "방금 전에 안에서 싸우는 소리가 들리는 것 같던데?"라고 묻자 영춘은 웃으면서 "아무 일도 아니야. 시녀들이 사소한 일로 호들갑을 떠는 것뿐인데 물어서 뭐하려고?"라고 대답했다.

그러자 탐춘은 생글거리면서 "방금 무슨 금봉황이니, 또 뭐라더라. 돈이 없어서 우리 종년들에게 빌려 썼으니 하고 떠드는 것 같던데? 설마 언니가 우리처럼 월당을 받지 못하고 하녀들에게 돈을 빌려 쓴 건 아니겠지?"라고 떠보듯이 물었다. 그러자 사기와 수귤은 입을 모아 말했다. "아가씨 말씀이 맞습니다요. 다들 그러시겠지만 아가씨들의 돈은 모두 유모들이 손에 넣고 관리하고 있잖아요. 우리도 계산이 어떻게 돌아가는지 모르지만 물건 살 때 얘기해서 타서 쓸 뿐이에요. 그런데 지금 이 여편네가 끝까지 아가씨가 한도 이상의 많은 돈을 써서 자기가 채워 넣었다고 우기는데 대체 우리 아가씨가 무슨 돈을 빌려 썼단 거냐고요!" 그러자 탐춘은 평아를 불러 이 일을 처리하도록 시키고는 영춘 대신 나서서 사소한 일을 일부러 크게 벌린 괘씸한 종복들을 혼내 주었다.

명언의 역사적 사례

삼국시대의 일이다. 동오(東吳)의 사대부(士大夫) 여범(呂範)이 한번은 주군 손책(孫策)과 장기를 두다가는 "지금 장군의 사업이 나날이 번창하고 군대는 강성해지고 있습니다. 그런데 제가 변방에 있을 때 들리는 소문이 아직도 군율(軍律)이 엄격하지 못한 곳이 있다고 하더군요. 청컨대 제가 잠시 도독(都督)직을 맡아 군기를 바로 잡도록 해 주십시오."라고 아뢰었다. 그 말을 듣고 손책은 "자형(子衡), 그대는 이미 지위와 명성을 얻은 사람이오. 휘하에 문객이 넘쳐나고 전장에서도 매번 큰 공을 세우고 있지 않소. 군대 내에서는 의례 규율을 어기는 일이 생기기 마련인데 지금 그대가 그런 하찮은 일로 근심하여 한낱 도독의 직책을 맡아 보고자 한다면 사소한 일 때문에 공연히 소란을 떠는 게 아닌가 싶구려." 라며 그를 만류하였다. 그러나 여범이 "그렇지 않습니다. 제가 고향을 떠나 주군을 따르는 것은 처자식을 위해서가 아니라 오직 어지러운 세상을 바로잡기 위해서입니다. 지금 저와 주군은 한 배를 타고 바다를 건너는 운명이니 매사에 조금이라도 소홀하여 조심하지 않았다가는 그로 인해 함께 망하게 될 것입니다. 그러므로 제가 이렇게 간청을 드리는 것은 주군과 저 자신을 위한 것이기도 합니다!"라고 호소하자 손책은 그제야 여범의 말에 수긍하였다.

여범이 관복 대신에 군복으로 갈아입고 서둘러 부임지로 달려가 공무를 담당하니 그때부터 군대의 기강이 엄정하게 바로 서서 군의 사기가 하늘을 찌를 듯하였다.

025
자기도 모르게
不由自主(불유자주)

그러자 왕희봉은 웃으면서 "저도 기억나는 게 없어요. 다만 그 당시 제 몸이 자기도 모르게 움직여서 마치 귀신이 뒤에서 제 몸을 조종하면서 닥치는 대로 물건을 빼앗고 보이는 것은 모두 죽이라고 시키는 것 같았죠. 저 자신도 극도로 피곤했지만 멈출 수가 없었답니다."

어느 날 가정은 대부인께 보옥의 수양어미(義母)가 요망한 계집이라 죄를 짓고 금의부(錦衣府)에 붙들려가 형부(刑部)에 갇혀 있다고 고했다. 그러자 대부인은 사람을 시켜 보옥을 방으로 데려오게 해서는 물었다. "재작년에 네가 큰 병이 났을 때 다행히도 어느 미친 스님과 절름발이 도사 덕분에 고칠 수 있었잖니. 병이 들었을 때 넌 어떤 기분이었느냐?" 그러자 보옥은 잠시 생각에 잠기더니 "그 당시 분명히 발을 땅에 딛고 서 있는 대도 마치 등 뒤에서 누군가가 몽둥이로 머리를 내리치는 것 같았어요. 머리가 아파서 눈앞이 온통 까맣게만 보이고 푸른 얼굴에 사나운 어금니를 드러낸 악귀들이 손에 칼과

몽둥이를 들고 온 방안에 득실거렸고요. 바닥에 눕자 머리에 단단한 띠를 몇 겹은 조이는 듯이 아팠는데 그 뒤론 아무것도 기억나지 않아요. 그러다가 황금빛 광채가 제 방에 비추자 그 악귀들은 허겁지겁 도망가 버렸어요. 그때부터 제 두통이 말끔히 사라졌지요. 그것만은 제가 분명히 기억하고 있어요." 라고 대답했다.

왕 부인은 왕희봉에게도 "재작년에 귀신 들렸을 때 일을 아직 기억하느냐?"라고 물었다. 그러자 왕희봉은 웃으면서 "저도 아무것도 기억나지 않아요. 그냥 몸이 나도 모르게 움직이는 것이 마치 귀신이 뒤에서 제 몸을 맘대로 조종하면서 닥치는 대로 물건을 빼앗고 보이는 것은 모두 죽이라고 시키는 것 같았죠. 그래서 나중에는 지쳐서 기진맥진할 지경이었지만 제 몸이 움직이는 것을 멈출 수가 없었답니다."라고 했다.

명언의 역사적 사례

청(淸)나라 말엽, 염(閻)씨 성을 가진 고위 관료가 있었다. 그는 지나치게 주색을 탐닉한 나머지 병이 들어 몸이 허약해졌으며 오한과 고열이 반복되곤 했는데 고열에 시달릴 때면 정신이 혼미하고 의식이 몽롱해지면서 땀이 비 오듯이 흘렀다. 그의 가족들은 명의 시금묵(施今墨)에게 진료를 부탁했다.

시금묵은 꼼꼼히 환자에게 상태를 물어본 후에 갑자기 몸을 돌려 가족들에게 평소 환자가 가장 애지중지하는 물건이 무엇인지 물었다. 가족들은 "값을 매길 수 없는 진귀한 골동품 화병이 하나 있는데 끔찍하게 아끼십니다." 라고 대답했다.

시금묵은 잠시 생각한 후 붓을 들어 처방을 썼다. 그는 가족들에게 처방에 들어 있는 약재는 어느 한 가지라도 절대 빠뜨려서는 안 된다고 신신당부했다. 그러자 다급해진 가족들은 "아무리 구하기 어려운 약재라도 말씀만 하십시오."라며 시금묵의 다음 말을 기다렸다. 시금묵은 "반드시 넣어야 할 약재가 하나 있는데 그건 바로 댁의 영감님께서 아끼신다는 그 골동품 화병입니다. 그것을 부수어서 다른 약재와 함께 달여서 복용하시도록 해야 하오. 만약 처방을 따르실 수 없다면 다른 명의를 찾도록 하시오."라고 했다. 가족들은 뜻밖의 처방에 순간 크게 놀랐지만 오로지 가족의 병을 고치기 위해 눈물을 머금고 화병을 부수어 약을 달였다.

염씨 관료는 약을 들이켜고 나서야 평소 아끼던 골동 화병이 자기 탕약에 재료로 쓰인 것을 알았다. 그는 아까운 생각에 저도 모르게 온몸에 땀이 주르륵 흘렀다. 그러더니 그 후로는 병세가 점차 호전되었다.

시금묵은 처음부터 염씨 관료가 매우 인색한 사람이란 것을 알고 이런 기묘한 처방을 내린 것이다. 환자는 몸이 쇠약해서 원기를 보(補)할 수 없는 상태인데다가 수시로 반복되는 오한 때문에 땀이 막혀 버렸다. 땀을 내지 못하면 병을 치료할 방법이 없었기 때문에 시금묵은 환자가 애지중지하는 물건을 깨뜨려서 환자가 놀란 마음에 절로 식은땀을 흘리도록 한 것이다. 실제로 그의 처방은 온화한 약재가 전부였다.

026
변변치 못한 사람
不稂不莠(불랑불유)

가정도 "어머님 분부대로 따르겠습니다. 하지만 배필 될 아가씨가 아무리 훌륭해도 그 애 자신이 학문을 잘 연마하는 게 우선되어야 할 것입니다. 변변치 못한 사내가 되어 남의 집 훌륭한 아가씨 인생마저 망친다면 안타까운 일이 아닐 수 없지요."라고 대답했다.

원비(元妃)는 병이 낫자 태감(太監)을 시켜 가씨 관저에 황궁의 물품을 보내왔다. 그 후 대부인은 가정과 이야기 중에 "원비마마께서 우리 보옥이를 각별하게 생각하신단다. 일전에 궁으로 찾아뵈었을 때도 그 아이 일을 특별히 물어보셨거든."라고 넌지시 말했다. 그러자 가정은 웃는 낯으로 "그런데 그놈이 좀처럼 공부를 하려하지 않으니 원비 마마의 기대를 저버리고 있지요."라고 아뢰었다. 그러자 대부인은 "아무리 그래도 마마 면전에서야 그리 아뢸 수 있나. 그 애가 요즘은 문장을 곧잘 짓는다고 말씀드렸지."라고 했다. 가정이 "문장을 곧잘 짓는다니 당치도 않습니다."라며 부정하자 대부인은 "너희들이 걸핏하면 보옥이를 불러내서 시문을 짓게 하지 않느냐? 그때마다 그 애가 어디 한 번이라도 지어 올리지 못한 적이 있더냐? 아직 어린애니까 천천히 잘 타이르고 가르쳐야지. 한술 밥에 배부른 일이 어디 있겠니?"라며 보옥의 역성을 들었다. 그제야 가정도 웃으면서 "어머님 말씀이 지당하십니다."라고 수긍했다.

이어서 대부인이 "보옥이 말이 나왔으니 말인데 그 애에 대해 상의할 일이 하나 더 있다. 이제 보옥이도 다 컸으니 배필감을 눈여겨보았다가 혼인을 시켜야지. 그 애에겐 평생 한 번 있는 큰일이니 혈연이나 재산 같은 것은 따지지 말고 생김새가 단정하고 성격 좋은 아가씨를 물색하면 될 것 같구나."라고 하니 가정도 "어머님 분부대로 따르겠습니다. 하지만 배필 될 아가씨가 아무리 훌륭해도 그 애 자신이 학문을 잘 연마하는 게 우선되어야 할 것입니다. 변변치 못한 사내가 되어 남의 집 훌륭한 아가씨 인생마저 망친다면 안타까운 일이 아닐 수 없지요."라고 대답했다. 대부인이 그 말을 듣고 내심 기분이 상해서는 "따지고 보면 부모인 너희들이 어련히 잘 알아서 결정할 테니 내가 걱정하고 나설 일이 아니지. 그렇지만 보옥이 그 애는 어릴 때부터 나를 무척 따랐어. 물론 내가 좀 지나치게 그 애 어리광을 받아줘 버릇해서 철이 좀 덜 들긴 했지. 하지만 내가 보기엔 그 앤 원래가 생김새도 단정하고 심성도 바른 아이이니 인간 구실 못하여 남의 집 아가씨 인생을 망치는 일은 결코 없을 거야."라고 했다.

명언의 역사적 사례

남북조(南北朝) 때 주(周) 무제(武帝) 우문옹(宇文邕)은 무예가 뛰어나고 제왕의 자질을 갖춘 사람이었다. 그러나 애석하게도 그의 아들들은 하나같이 변변치 못했다.

우문옹은 아들들을 매우 엄격하게 단속하였는데 특히 태자인 우문모(宇文贇)에게 더욱 심하였다. 간혹 그가 사소한 잘못을 저지르기라도 하면 사람을 시켜 매질하고 태자궁의 시종에게 매달 태자의 일거수일투족을 소상히 살펴서 보고서를 올리게 했다. 이런 숨 막히는 환경에서 본래 주색을 좋아하는 태자는 과도한 스트레스를 받았다.

그는 자기의 감정을 필사적으로 억누르고 근면한 모습을 가장하게 되었는데 심지어는 추운 겨울에도 다른 대신들처럼 새벽 다섯 시에 어전 앞에 나와 아침 조회를 기다렸다.

그러나 대신 왕궤(王軌)만은 태자의 숨겨진 본성을 꿰뚫어 보았다. 어느 날 궁중 연회 석상에서 그는 대담하게도 무제의 수염을 쓰다듬으면서 이렇게 말했다. "이렇게 훌륭한 아버지에게 번듯한 아들 하나 없다니! 애석한 노릇이외다." 무왕은 말뜻을 알아듣고 한동안 침묵했다. 왕궤가 이어 단도직입적으로 "황태자는 일국의 군주감이 아닙니다."라고 간언하자 무제는 매우 불쾌해했다. 실은 무왕 자신도 우문모가 주색이나 탐하는 변변치 못한 그릇임을 잘 알고 있었다. 게다가 둘째 아들 우문찬(宇文贊) 역시 형과 마찬가지로 별반 다를 것 없다는 것도 말이다. 그러나 나머지 아들들은 나이가 너무 어렸기 때문에 무제는 난장이 무리에서 키 큰 난장이를 골라내는 심정으로 우문모를 계속 태자로 삼았다.

마침내 주 무제가 세상을 떠났다. 그의 관이 아직 궁궐에 놓여 있을 때 태자 우문모는 종아리에 난 회초리 자국을 매만지며 아버지의 관에 대고 "진작

죽을 일이지 이제야 죽다니!"라며 욕설을 퍼부었다.

   그리고 몇 년이 지난 후 주나라는 양견용(楊堅用)의 수나라에 의해 멸망하였다.

027
전생의 인연
前世因緣(전세인연)

석춘이 "노마님이 관음(觀音)이 되면 언니야말로 용녀(龍女)가 되겠네요." 라고 말하자 원앙은 "용녀라니 당치도 않습니다. 하지만 노마님 말고 다른 사람은 모시고 싶지도 않으니 어쩌면 저와 노마님은 전생에 무슨 인연이 있었나 봐요." 라고 대답했다.

석춘은 가진의 여동생이다. 아버지 가경(賈敬)이 도에 심취하여 자식을 돌보지 않는데다 어머니도 일찍 돌아가셔서 그녀는 영국부(榮國府) 대부인 손에 자랐다. 석춘은 사람들과 어울리는 것을 싫어하고 심성이 차갑고 냉정하였다. 대관원에서 가택 수색이 진행되자 그녀는 아무 죄 없는 몸종 입주(入畫)를 내쫓았으며 다른 사람들이 눈물을 흘리며 슬퍼해도 조금도 동요하지 않았다.

어느 날 석춘은 자기 방에서 장기 두는 법을 연구하고 있는데 원앙이 노란 비단보를 든 어린 계집아이를 데리고 들어왔다. 알고 보니 대부인의 지시로 집안의 며느리와 아가씨들이 '반야심경(般若心經)' 적는 일을 돕게 되었기로 원앙이 종이를 가지고 온 것이었다.

석춘은 웃으면서 "원앙 언니, 언니도 한번 써볼래요?"라고 물었다. 원앙은 "농담도 잘하세요. 그전까지는 그럭저럭했었는데 최근 삼사 년 동안 붓도 잡아 보지 못했어요."라고 대답했다. 그러자 석춘은 "그거야말로 공덕이 있어야 가능한 일이지요."라고 했다. 이에 원앙은 "저라고 아무 것도 하지 않고 지내는 건 아니에요. 노마님이 잠자리에 드시면 혼자 미경(米經)을 읽는데 벌써 삼 년 째 하고 있는 걸요. 부처님 이름을 부를 때마다 세어둔 쌀을 잘 보관해두었다가 노마님께서 좋은 일을 하실 때에 절에 시주해서 제 조그만 성의를 보이려고요."라고 대답했다. 석춘이 "노마님이 관음(觀音)이 되면 언니야말로 용녀(龍女)가 되겠네요."라고 말하자 원앙은 "용녀라니 당치도 않습니다. 하지만 노마님 말고 다른 사람은 모시고 싶지도 않으니 어쩌면 저와 노마님은 전생에 무슨 인연이 있었나 봐요."라고 대답했다.

그 후 가씨 집안이 몰락하고 대관원의 아가씨들이 모두 비참한 말로를 맞이하자 석춘은 세상사를 달관하고는 롱취암(櫳翠庵)에 들어가 비구니가 되었다.

명언의 역사적 사례

당(唐)나라 때 위고(韋固)라는 사람이 있었다. 어느 날 밤, 그는 도성을 혼자 거닐다가 우연히 길에서 붉은색 실이 가득 들어 있는 자루를 짊어진 노인을 보게 되었다. 그 노인은 달빛 아래에서 열심히 책장을 넘기는 중이었다. 위고는 호기심이 생겨 노인 쪽으로 다가가 이렇게 물었다. "노인장, 지금 무슨 책을 보고 계시나요?" 그러자 노인은 위고를 훑어보더니 "이 책은 천하 남녀의 인연이 적혀 있는 혼인부(婚姻簿)라오."라고 대답했다. 위고가 "그렇다면 자루에 가득 찬 붉은 실은 또 어디에 쓰이는 것들인가요?"라고 재차 묻자 노인은 붉은 실은 남녀 간에 부부의 연을 이어 주는데 쓰이는 것이며 이 세상의 모든 남녀는 전생에 인연이 있어야 현세에서 부부로 맺어질 수 있는 법이라고 설명해주었다.

두 사람이 막 이야기를 나누고 있는데 마침 한 노파가 강보에 싸인 아기를 안고 그들을 지나쳤다. 노인은 그 여자 아기를 가리키면서 위고에게 말했다. "저 아기가 바로 그대의 부인이오." 위고는 그 말을 듣고 매우 화가 나서 하인을 시켜 그들을 뒤쫓게 했다. 그러고는 여자 아기를 죽여 버리라고 명령했다. 하인은 명령대로 그들을 공격했으나 어둡고 경황이 없던 터라 아기의 이마에 상처만 냈다. 그러나 돌아와서는 아기를 죽였다고 보고했다.

그리고 14년의 세월이 흘러 위고는 상주척사(相州刺史)의 딸과 혼인하게 되었다. 상추척사 댁 아가씨는 자태가 그린 듯 아름다웠는데 이마에 자그마한 상처가 나 있었다. 위고가 그 상처의 연유를 물어보자 그녀는 이렇게 대답하는 것이었다. "14년 전 보모가 저를 안고 외출을 했었는데 웬 칼을 든 미친 자가 뛰어들어 제게 상처를 입혔답니다." 위고는 그 말을 듣고 소스라치게 놀라서 그제야 자신과 부인은 전생의 인연으로 맺어진 사이임을 깨달았다. 14년 전 우연히 마주친 그 노인은 바로 혼인을 관장하는 신선이었던 것이다.

028
체통을 지키지 못하다
不成體統(불성체통)

대부인은 "나도 한마디 해야겠구나. 보옥이와 임(林)씨댁 아가씨는 어려서부터 함께 지내온 사이가 아닌가. 옛날에야 둘 다 어린애니 문제될 게 없었지만 지금에 와서 대옥이가 병이 도졌다 나아졌다하는 것을 보니 좀 수상한 생각이 드는구나. 만약에 지금 그 애들을 따로 떼어 놓는다고 해도 모양새가 좋지 않을 테니 이 일을 어떻게 처리하면 좋겠느냐?"라고 물었다.

대옥과 보옥이 서로에게 마음을 쏟으면서 반려자로 맺어지기를 간절히 원했지만 혼사는 결코 그들 당사자의 마음처럼 결정되지 않았다. 집안 어른들은 점차 보채에게 마음이 기울었다. 대옥이 보옥의 혼사에 대해 전해 듣고 근심하여 몸져누웠는데 병이 나았다 심해졌다하니 모두가 그녀의 병을 기괴하다고 여기면서도 한편으로는 의심을 하게 되었다. 대부인 역시 그 속사정을 거의 짐작하고 있었다.

어느 날 형 부인과 왕 부인, 왕희봉 등은 대부인의 방에서 담소를 나누다가 대옥의 병을 화제에 올렸다. 그때 대부인은 "나도 한마디 해야겠구나. 보옥이와 임씨 댁 아가씨는 어려서부터 함께 뒹굴며 자라온 사이가 아니냐. 옛날에야 둘 다 어린애니 문제될 게 없다고 생각했지. 그런데 지금에 와서 대옥이가 수시로 병이 도졌다 나아졌다하는 것을 보니 좀 수상한 생각이 드는구나. 만약에 그 애들을 그냥 한 곳에 있게 내버려 둔다면 모양새가 좋지 않을 테니 이 일을 어떻게 처리하면 좋겠느냐?"라고 물었다. 왕 부인이 대부인의 말을 듣고 순간 말문을 잇지 못하더니 "임씨 댁 아가씨는 속이 여물고 상황 판단이 빠른 사람이니 문제없겠지만 우리 보옥이는 어수룩해서 생각한대로 행동하는 아이이니 지금 갑자기 대옥을 대관원에서 내보낸다면 자칫 문제가 더 커지지 않겠어요? 속담에 남자는 장성하면 장가들고 여자는 혼기가 차면 시집보내라고 했으니 대부인께서 혼례를 서둘러 주시는 것이 좋을 것 같습니다."라고 아뢰었다. 대부인이 듣고는 이맛살을 찌푸리며 "임씨 아가씨가 성격이 좀 괴팍스럽긴 하나 좋은 점도 많은 아이지. 하지만 난 임씨 아가씨를 우리 보옥이와 짝 지워 주고 싶지 않구나. 게다가 그 애 몸이 저다지도 쇠약하니 오래 살지 못하기라도 하면 어쩌나 걱정이야. 역시 보채가 보옥이에겐 가장 알맞은 배필이지."라고 했다. 왕 부인은 "노마님 생각이 그러시다면 저희도 따르겠습니다. 하지만 임씨 아가씨에게도 마땅한 혼처를 마련해 줘야 할 거예요. 만약 보옥이에게 마음을 쏟고 있다가 보옥이 보채와 혼인하는 것을 알기라도 하는 날에는……" 하며 말꼬리를 흐렸다. 대부인은 "먼저 보옥이부터 약혼 시키고 나서 대옥 혼처를 알아보자꾸나. 대신 보옥이와 보채가 약혼한 일은 절대로 임씨 댁 아가씨에게 알려서는 안 돼."라고 못 박았다.

집안 어른들의 일방적인 결정으로 보옥은 결국 보채와 약혼했다. 소식을 전해 들은 대옥은 병이 더욱 악화되어 피를 토하고 죽었다.

명언의 역사적 사례

송(宋)나라 진종(眞宗) 때 정위(丁渭)라는 사람이 있었다. 그는 재상 구준(寇準)에게 천거되어 부재상(副宰相)인 참지정사(參知政事) 자리에 올랐다. 때문에 구준을 스승이나 부모 대하듯 공손하고 예의바르게 대했다.

어느 날, 관원들이 다 같이 중서성(中書省)에 모여 회식을 하고 있는데 정위는 문득 식사 중이던 구준의 수염에 탕 국물이 묻어 있는 것을 발견했다. 그래서 그는 급히 자리에서 일어나 자기 소매로 그의 수염을 닦았다. 구준은 평소에 아첨을 매우 싫어하는 강직한 인물이었으므로 정위에게 웃으며 말했다. "값진 호의는 내 잊지 않겠네. 그러나 좌우지간 그대도 이제 어엿한 조정의 관리인데 그에 맞게 체통을 지켜야 하지 않겠나? 이런 알랑거리는 행동은 앞으로 삼가 주게." 그 말을 들은 정위는 부끄러워서 감히 얼굴을 들지 못하였다. 그 후로 그는 구준에게 앙심을 품고 황제 앞에서 그를 중상 모략했다.

1019년, 구준은 다시 재상으로 천거되었다. 이때 진종(眞宗)이 병들어 유(劉)왕후가 국정에 간여하게 되었는데 구준은 마침 진종에게 밀서(密書)를 올려 태자가 나라를 다스리게 하라고 간언한 일이 발각되어 재상 자리에서 물러났다. 정위는 이 기회에 구준을 모함하여 그를 도주사마(道州司馬)로 좌천시키고 아예 뢰주사마(雷州司馬)로 쫓아 보냈다.

구준이 좌천되고 오래지 않아 정위는 환관과 결탁하여 길조를 꾸며낸 죄로 애주사호참군(崖州司戶參軍)으로 강직되었다. 그가 뢰주(雷州)를 지나는 길에 구준은 찐 양요리를 보내어 그를 접대했지만 뵙고 싶다는 그의 간청만은 단호하게 거절했다. 소식을 전해들은 구준의 머슴들은 이참에 주인의 원수를 갚겠다며 난리였다. 그러나 구준은 대문을 걸어 잠그고 그들을 만류했다. 그리고 정위의 행렬이 멀리 떠나고 난 후에야 대문을 열어 주었다고 한다.

029
약수 삼천 리 한결같은 사랑
弱水三千(약수삼천)

보옥이 얼이 빠져서 한동안 말을 잇지 못하다가 갑자기 큰 소리로 웃으면서 말했다. "약수(弱水) 삼천 리(三千里)라도 나는 한 표주박 물을 마시리라." 대옥이 다시 물었다. "표주박이 물에 떠내려가면 어쩔 테야?" 그러자 보옥은 "표주박이 물에 떠내려가는 것이 아니지. 물이 흐르는 대로 표주박도 떠내려 가는 것뿐." 이라고 대답했다.

· 명언 원어 : 약수는 중국 서쪽에 있는 전설의 강으로 길이가 삼천리나 되는데 물 위에 배를 띄울 수 없다고 한다. 약수 삼천 리란 어떠한 변화에도 일편단심의 마음은 변치 않을 것이라는 사랑의 맹세이다.

보옥과 대옥 두 사람은 비록 서로 사랑하는 사이였지만 보옥이 보채에게도 살갑게 대하는 까닭에 대옥은 끊임없이 보옥의 진심을 의심했다.

어느 날 저녁, 보옥이 학숙에서 돌아오는 길에 소상관을 찾아왔다. 한참 동안 보채가 병이 났다는 이야기를 하다가 대옥이 마침내 별러 오던 말을 입 밖으로 뱉었다. "내가 묻는 말에 대답해 줄 테야?" 그러자 보옥은 양반다리를 하고 앉아 두 손을 합장하더니 두 눈을 지그시 감았다. 그러더니 숨을 천천히 내쉬며 "말해보렴." 하고 대답했다.

대옥은 "보채 언니와 네가 잘 맞는다면 어쩔 테야? 또 보채 언니가 너와 잘 맞지 않으면 어쩔 거고? 만약 보채 언니가 전생에 너와 잘 맞는 사이였는데 현세에는 잘 안 맞게 되었다면 넌 어쩔 셈이지? 또 현세에는 너와 잘 맞는데 내세에 너와 안 맞게 된다면 또 어쩔 거지? 그리고 네가 그 사람과 잘 지내고 싶은데 그 사람이 한사코 내켜하지 않으면 어쩔 거야? 또 네가 내켜하지 않는데 그 사람이 한사코 너와 잘 지내고 싶어 한다면?" 하고 속사포처럼 쏟아냈다. 보옥이 얼이 빠져서 한동안 말을 잇지 못하더니 갑자기 큰 소리로 웃으면서 말했다. "약수 삼천 리라도 나는 한 표주박의 물만 마시리라." 대옥이 재차 "표주박이 물에 떠내려가면 어쩔 테야?"라고 물었다. 그러자 보옥은 "표주박이 물에 떠내려가는 것이 아니지. 물이 흘러가는 대로 표주박도 떠내려가는 것뿐." 이라고 대답했다.

대옥이 이번에는 "만약에 물이 흐르기를 멈추어 진주가 물 밑바닥에 가라앉아 버리면 어쩔래?"라고 묻자 보옥은 "선심(禪心)이 이미 진흙 속의 솜꽃이거늘 봄바람 향해 자고새도 춤추지 않으리라."라고 대답했다. 만약 대옥이 그를 믿지 못한다면 더 이상 속세의 정에 연연하지 않고 출가하여 중이 되겠다는 뜻이었다. 이 말을 들은 대옥은 "불문의 첫 번째 계율은 거짓말 하지 않는 것이라고 했어."라고 했다. 보옥도 "내 말은 삼보(三寶 佛, 法, 僧)의 진실이야." 라고 대답했다.

그가 이런 말로 대옥을 향한 자신의 일편단심이 결코 변치 않을 것임을 맹세하니 대옥은 고개를 떨어뜨린 채로 아무 말도 하지 못했다. 그때 추문(秋紋)이 헐레벌떡 뛰어와서 가정이 보옥을 찾는다고 전하자 보옥은 깜짝 놀라 몸을 일으키더니 황황히 자리를 떴다.

명언의 역사적 사례

송홍(宋弘)은 광무제 유수의 신하로 그는 관리의 공무를 감찰하는 대사공(大司空)이라는 자리에 있었는데 정직하기로 유명하였다.

한번은 유수가 박학다식한 인재를 찾으므로 송홍은 환담(桓譚)을 추천했다. 그러나 그 후 환담이 유수 앞에서 정나라의 퇴폐적인 음악을 연주하는 것을 발견하고는 즉시 그를 불러와 꾸짖었다. 그리고 유수에게 나아가 "소신이 애초에 환담이 충심으로 전하를 보좌할 것이라 생각했습니다만 지금 조정 전체가 그로 인해 망국의 음악을 즐겨 듣게 되었으니 저의 죄를 다스려 주십시오." 라고 사죄하였다. 이에 유수는 환담을 파직시키고 더 이상 송홍의 죄를 묻지 않았다.

누나인 호양(湖陽) 공주가 과부가 되자 유수는 조정 대신들 중에서 남편감을 물색하여 재가(再嫁)하도록 권유하였다. 그러자 호양 공주는 "조정 중신들 중에서 용모와 재능, 품행이 송홍을 따라갈 사람이 없는 것 같습니다." 라며 은근히 송홍에게 마음이 있음을 비쳤다. 그래서 유수는 송홍을 불러 이렇게 말했다. "옛말에 높은 지위에 오른 사람은 재력 있는 친구를 사귀어야 하고 부유해지면 처를 따로 얻는 것이 인지상정(人之常情)이라 하였습니다." 그러자 송홍은 "제가 듣기로는 가난하고 비천한 시절에 사귄 친구는 평생을 함께 하는 친구요, 함께 어려움을 겪은 조강지처(糟糠之妻)는 버리지 않는 법이라 했습니다."라고 대답했다.

　송홍이 이렇듯 자기 부인에게 일편단심 애정을 바치는 모습을 보고 유수와 호양 공주도 어쩔 수 없이 생각을 접어야만 했다.

030
양식이나 축내고
일처리는 데면데면하다
吃糧不管事(흘량불관사)

가련이 주서(周瑞)를 불러오라고 명령했지만 마침 주서가 집에 없었다. 가련이 다시 왕아(旺兒)를 찾았더니 아침나절에 나가서 아직 돌아오지 않았다고 전한다. 이에 가련은 노발대발하며 호통을 쳤다. "이런 죽일 놈들! 한 놈도 집에 붙어 있질 않는구나! 일 년 내내 식량만 축내고 도대체 제대로 하는 일이 뭐가 있냔 말이다!"

학가장(郝家莊)에서 소작료를 관리하는 일꾼 두 사람이 가씨 관저를 찾아왔다. 가련이 그들에게 정황을 보고토록 하니 그중 한 사람이 말하길 "10월 소작료는 쇤네가 진작 실어 올렸습니다. 예정대로라면 내일이면 도착할 수 있었지요. 그런데 성문 밖에서 갑자기 수레를 징발해 간다면서 수레위의 물건들을 다짜고짜로 땅바닥에 내동댕이치는 겁니다. 제가 몇 번이나 이 수레는 가씨 관저의 소작료 수레지 파는 수레가 아니라고 했는데도 들은 척도 하지 않았습니다. 소인이 마부에게 상관 말고 그냥 끌고 가자고 했더니 관부의 포졸 몇이 마부를 두들겨 패고는 수레 두 개를 빼앗아 가버렸습니다. 그래서 대감께 아뢰고 사람 몇을 관부로 보내어 되돌려 받으려고 이렇게 먼저 관저로 보고를 드리러 왔습니다."라고 말하는 것이었다.

가련은 일꾼의 말을 듣고는 바로 편지 한 장을 쓰더니 하인을 불러 "이 편지를 가지고 수레를 징발하는 관부로 가서 빼앗긴 수레와 물건들을 찾아오너라. 하나도 빠뜨려서는 안 되느니라. 어서 주서(周瑞)를 불러와라."라고 명령했다.

마침 주서가 집에 없었다. 가련이 다시 왕아(旺兒)를 찾았더니 아침나절에 나가서 아직 돌아오지 않았다고 전한다. 이에 가련은 노발대발하며 호통을 쳤다. "이런 죽여도 시원치 않을 놈들! 한 놈도 집에 붙어 있질 않는구나! 일년 내내 식량만 축내고 도대체 제대로 하는 일이 뭐가 있단 말이다!" 그래서 가련은 어쩔 수 없이 머슴들에게 물건을 되찾아 오도록 지시하고는 자기 방으로 돌아가서 잠을 청했다.

명언의 역사적 사례

당(唐)나라 현종(玄宗) 개원(開元)년간에 노회신(盧懷愼)이라는 청렴한 관리가 있었다. 그는 생활이 검소하고 공무 외에 사업을 도모하지 않았으며 옷가지와 생활 용품에 일절 금과 옥으로 된 사치스런 장식을 사용하지 않았다. 그래서 비록 노회신은 높은 관직에 있었지만 그의 처자식은 늘 굶주림을 근근이 면하면서 지냈다. 간혹 조정에서 녹봉으로 재물이라도 내려 주면 그는 그것을 아낌없이 친구와 친지들에게 가져다주곤 했다.

한번은 그가 병이 나서 몸져누웠다는 소식을 듣고 동료인 송경(宋璟)과 노종원(盧從願)이 그의 집으로 병문안을 간 일이 있는데 집안에 들어서니 바닥에 깔린 돗자리는 얇고 너덜너덜하게 닳아 있고 방문에는 비바람을 막아줄 변변한 발 하나 걸려 있지 않으므로 어쩔 수 없이 바닥에 깔린 돗자리를 걷어 올려 바람을 막았다. 날이 저물어 노회신의 처가 저녁상을 내와서 손님들을 접대하는데 찐 콩 두 접시와 야채 몇 접시가 전부였다.

그 후 노회신은 재상의 자리에 올랐다. 그는 스스로 자기 재능이 동료 재상 요숭(姚崇)에 미치지 못한다고 생각하고는 처리할 일이 생길 때마다 그에게 도움을 청했다. 그래서 당시 사람들은 이런 그를 쓸모없이 자리나 지키는 재상이라며 비웃었다. 그러나 당 현종만은 "양식이나 축내고 일처리가 데면데면하다"고 조롱받는 그에게 유독 관대하였다.

한번은 요숭이 아들의 장례를 치르기 위해 10여 일간 휴가를 내고 떠나자 처리해야 할 공무가 산더미처럼 쌓였다. 요숭 없이는 업무상의 판단을 내릴 수 없는 노회신은 거의 패닉 상태에 빠졌다. 그는 입궐해서 현종에게 엎드려 용서를 빌었다. 그러자 현종은 웃으면서 "짐이 천하의 일을 모두 요숭에게 맡긴 것은 그대가 안심하고 자기 자리에서 세상의 민심을 다독이게 하기 위함이었으니 염려치 말라." 라며 그를 위로했다. 요숭이 휴가 기간을 채우고 다시 복직하니 단번에 밀린 업무를 깨끗하게 처리하였다.

031
괴이한 일을 담담히 지나치다
見怪不怪 基怪自敗(견괴불괴 기괴자패)

그러자 가정(賈政)은 "아무리 괴이한 일이라도 담담히 지나치면 아무 일도 아닌 거야. 베어 버릴 필요 없으니 그냥 두어라."라고 말했다.

이홍원(怡紅院)에 피어 있는 해당화 나무는 이미 말라 죽어 누구하나 물주고 가꾸는 이가 없었다. 그런데 어느 날 보옥이 그 앞을 지나가다가 나뭇가지에 꽃봉오리가 맺혀 있는 것을 발견했다. 그는 놀랍고 신기해서 다른 이들에게 이야기해 주었는데 누구 하나 그의 말을 믿으려 하지 않았다. 그 다음날 해당화가 나무 가득 탐스럽게 피어났다. 사람들은 괴이하게 여기고 앞다투어 구경했으며 심지어는 대부인과 왕 부인까지도 친히 찾아왔다.

대옥과 대부인, 왕 부인등이 이 기이한 일에 대해 이야기하고 있을 때 가사·가정·가환·가란 일행도 꽃나무를 구경하러 도착했다. 가사는 "이건 필경 요괴의 장난질이니 제 생각에는 이 나무를 베어 버리는 게 좋을 것 같아요."라고 말했다. 그러자 가정은 "아무리 괴이한 일이라도 담담히 지나치면 아무 일도 아닌 거야. 베어 버릴 필요 없으니 그냥 두어라."라고 했다. 대부인이 그 말을 듣고는 "그게 무슨 터무니없는 소리더냐! 좋은 일이 있을 징조가 분명한데 괴이하니 어쩌니 하는 소리를 하다니! 좋은 일이 있으면 너희 모두가 누리게 하고 안 좋은 일이 있으면 늙은 내가 모두 감당할 테니 다시는 그런 소리 입에 담지도 말거라!"라고 꾸중했다. 가정은 대부인이 이렇게까지 이야기하자 감히 대꾸할 엄두를 내지 못하고 무안해 하다가 가사 일행과 함께 돌아갔다.

대부인은 다시 기분이 좋아져서는 주방에 알려 야외에 술자리를 차리게 하고는 모두와 꽃놀이를 즐겼다.

명언의 역사적 사례

무측천(武則天)이 통치하던 시절, 위원충(魏元忠)이라는 재상이 있었다. 그는 심성이 착하고 남의 뜻을 잘 헤아려서 말하고 행동하였기 때문에 평생 사업이 순조로웠다.

한번은 위원충 집의 시녀 하나가 물을 길으러 나갔다 돌아와 보니 원숭이 한 마리가 부엌 부뚜막위에 서 있었다. 시녀는 화들짝 놀라서는 급히 달려가 위원충에게 아뢰었다. 그러나 위원충은 그 말을 듣고는 "그 원숭이가 우리 집에 집 지키는 사람이 없는 것을 걱정하여 대신 들어와 화롯불을 지켜 줬나 보구나. 이는 좋은 징조이니 호들갑 떨 필요 없다."라고 말했다.

얼마 후에 위원충의 집에 손님이 찾아와 하인에게 심부름 시킬 일이 생겼다. 그런데 위원충이 하인을 불렀는데 하인의 대답 소리는 없고 멀리서 개 짖는 소리만 들렸다. 위원충은 웃으면서 손님에게 이렇게 말했다. "하인이 자리를 뜬 것을 알고 대신 짖어 대답하다니 충견이로고."

또한 이런 일도 있었다. 위원충이 혼자 집에 있는데 쥐들이 무리지어 나타나서는 대담하게도 그의 앞을 막아서고 그를 향해 윗몸을 굽히는데 그 모습이 마치 위원충에게 절을 하는 듯하였다. 이를 보고 위원충은 혼잣말로 "오, 배가 고파서 내게 먹을 것을 달라는 것이구나."라고 중얼거리고는 음식물을 던져 주었다.

그리고 어느 저녁, 부엉이 한 마리가 위원충의 집 지붕 위에서 시끄럽게 우는 바람에 집안 식구들은 견딜 수 없는 지경에 이르렀다. 이에 하인 하나가 나서서 활을 쏴서 부엉이를 쫓아 보내려고 하자 위원충은 "부엉이는 본디 낮에 활동하지 않다가 밤이 되면 나타나는 동물이다. 지금 우리가 집에서 쫓아 보내면 부엉이는 또 어디서 휴식을 취한단 말이냐?"라며 하인을 만류했다.

위언충이 일련의 괴이한 일들을 담담히 지나쳐 버리고 난 뒤로는 그의 집에 다시는 이상한 일들이 일어나지 않았다.

032
반짝하고 마지막 회생의 기미를 보이다
廻光返照(회광반조)

이환은 대옥의 상태가 조금 나아진 것이 죽기 전 마지막으로 회생의 기미를 보이는 것임을 직감하고 반나절이나 하루 정도 지나면 자신도 도향촌(稻香村)으로 돌아가 남은 일들을 처리해야겠다고 생각했다.

보옥이 혼인하던 날, 대옥은 하루 종일 혼수상태였다. 마지막 숨만 간신히 붙어 있을 뿐이었다. 이환과 자견은 그런 대옥의 곁을 지키며 목 놓아 울었다. 저녁이 되자 대옥은 상태가 좀 나아지는 듯했다. 그녀는 천천히 눈을 뜨고는 목을 축일 것을 찾았다. 그때 대옥의 병상을 지키는 사람은 자견과 이환 둘뿐이었다. 자견은 계원(桂圓)에 배즙을 타 와서 작은 숟가락으로 입을 축여 주었다. 대옥은 눈을 감고 잠시 쉬고 나니 기운을 좀 차린 것처럼 느껴졌다. 이환은 대옥의 상태가 조금 나아진 것이 죽기 전 마지막으로 회생의 기미를 보이는 것임을 직감하고 반나절이나 하루 정도 지나면 자신도 도향촌(稻

香村)으로 돌아가 남은 일들을 처리해야겠다고 생각했다. 대옥은 자견의 손을 잡아끌며 자기가 죽으면 영구를 고향으로 돌려 보내달라고 당부하고는 다시 정신을 잃었다. 마지막에 그녀는 가쁜 숨을 몰아쉬며 "보옥, 보옥, 당신 잘……" 이라고 외치고는 말을 끝맺지 못한 채 절명했다.

명언의 역사적 사례

당태종 이세민의 가신 중에 유능한 재상이 둘 있었는데 한 사람은 상서우복사(尙書右僕射) 두여회(杜如晦)이고 다른 한 사람은 상서좌복사(尙書左僕射) 방현령(房玄齡)이었다.

당나라 초기의 규칙과 법령은 모두 이 두 사람이 상의하여 제정한 것이다. 당태종과 같은 방에서 국사를 논의할 때면 방현령은 치밀한 생각과 구체적인 방법을 제시하곤 했다. 그러나 그는 늘 결정을 내리는데 주저했다. 그러면 당태종은 두여회를 불러들여 그에게 현안을 분석하도록 시키고 방현령이 생각해 낸 방법의 사용여부를 검토하고 결정하도록 했다. 그래서 당시 사람들 사이에는 '방모두단(房謀杜斷)'이란 말이 유행하였는데, 즉 방현령이 계획하고 두여회가 결정한다는 말로 두 사람이 각기 다른 특기와 재능을 지니고 있음을 이르는 말이었다.

두 사람은 힘을 모아 당태종의 국정을 보조하였는데 서로 조화롭게 협력하였으므로 "생황과 경쇠의 소리가 잘 조화되어 울리듯이 방현령과 두여회도 마음이 잘 맞는다."라고 칭송받았다.

정관(貞觀) 22년(648), 방현령이 도성을 지키다가 병세가 위중해지자 태종은 그의 거처를 옥화궁(玉華宮)으로 옮겨 오도록 하고 와병 중인 그가 가마에 오른 채 어전으로 들어올 수 있도록 특별히 배려했다. 방현령의 가마가 옥좌 옆에 도착하여 그가 가마에서 내리니 태종과 방현령은 서로를 바라보며 말없이 눈물만 흘렸다. 태종은 방현령을 궁에 머무르게 하고 그의 병세가 좋아졌다는 소식을 들으면 얼굴에 희색이 만면하였고 병세가 악화되었다는 소식을 들으면 용안이 초췌해지도록 근심했다.

죽음이 임박한 어느 날, 마지막 회생의 기미를 보이던 방현령은 아들들을 불러 놓고 말했다. "황상의 은덕으로 지금 천하가 태평성세를 누리고 있다. 안타까운 일이 하나 있다면 내가 건강할 때 동쪽에 있는 고려(高麗)를 정벌하는 일에 반대하지 않은 일이다. 나뿐 아니라 당시 조정의 중신들 모두가 감히 간언 드리지 못했지. 잘못된 일임을 알면서도 황상께 아뢰지 못한 것이니 죽어서 마지막 여한이 남는 일은 오직 그 일뿐이다." 그러면서 자리에서 일어나 상소문을 써서 고려 정벌을 중지하라고 간언하였다.

태종이 그의 상소문을 읽어 보고는 친히 그를 찾아와 방현령의 손을 잡고 이별을 고했다. 그리고 슬픔이 복받쳐 그 자리에서 목 놓아 통곡하였다. 오래지 않아 방현령은 세상을 떠났다.